行政处罚法
一本通

法规应用研究中心　编

中国法治出版社
CHINA LEGAL PUBLISHING HOUSE

编辑说明

"法律一本通"系列丛书自2005年出版以来，以其科学的体系、实用的内容，深受广大读者的喜爱。2007年、2011年、2014年、2016年、2018年、2019年、2021年、2023年我们对其进行了改版，丰富了其内容，增强了其实用性，博得了广大读者的赞誉。

我们秉承"以法释法"的宗旨，在保持原有的体例之上，今年再次对"法律一本通"系列丛书进行改版，以达到"应办案所需，适学习所用"的目标。新版丛书具有以下特点：

1. 丛书以主体法的条文为序，逐条穿插关联的现行有效的法律、行政法规、部门规章、司法解释、请示答复和部分地方规范性文件，以方便读者理解和适用。

2. 丛书紧扣实践和学习两个主题，在目录上标注了重点法条，并在某些重点法条的相关规定之前，对收录的相关文件进行分类，再按分类归纳核心要点，以便读者最便捷地查找使用。

3. 丛书紧扣法律条文，在主法条的相关规定之后附上案例指引，收录最高人民法院、最高人民检察院指导性案例、公报案例以及相关机构公布的典型案例的裁判摘要、案例要旨或案情摘要等。通过相关案例，可以进一步领会和把握法律条文的适用，从而作为解决实际问题的参考。并对案例指引制作索引目录，方便读者查找。

4. 丛书以脚注的形式，对各类法律文件之间或者同一法律文件不同条文之间的适用关系、重点法条疑难之处进行说明，以便读者系统地理解我国现行各个法律部门的规则体系，从而更好地为教学科研和司法实践服务。

5. 丛书结合二维码技术的应用为广大读者提供增值服务，扫描前勒口二维码，即可在图书出版之日起一年内免费部分使用中国法治出版社推出的【法融】数据库。【法融】数据库中"国家法律法规"栏目便于读者查阅法律文件准确全文及效力，"最高法指导案例"和"最高检指导案例"两个栏目提供最高人民法院和最高人民检察院指导性案例的全文，为读者提供更多增值服务。

目 录

中华人民共和国行政处罚法

第一章 总 则

　　第 一 条【立法目的和依据】 …………………… 2
★ 第 二 条【行政处罚的定义】 …………………… 2
　　第 三 条【适用范围】 …………………………… 2
　　第 四 条【适用对象】 …………………………… 2
★ 第 五 条【适用原则】 …………………………… 3
　　第 六 条【处罚与教育相结合原则】 …………… 4
　　第 七 条【行政处罚当事人的权利】 …………… 5
　　第 八 条【被处罚者的其他法律责任】 ………… 10

第二章 行政处罚的种类和设定

★ 第 九 条【行政处罚的种类】 …………………… 14
★ 第 十 条【法律的行政处罚设定权】 …………… 34
　　第十一条【行政法规的行政处罚设定权】 ……… 36
　　第十二条【地方性法规的行政处罚设定权】 …… 36
　　第十三条【国务院部门规章的行政处罚设定权】 … 36
　　第十四条【地方政府规章的行政处罚设定权】 … 37
　　第十五条【行政处罚的立法后评估】 …………… 37
★ 第十六条【其他规范性文件禁止设定行政处罚】 …… 37

1

第三章 行政处罚的实施机关

  第十七条【行政处罚的实施】 ················ 38
  第十八条【特殊类型的行政处罚实施机关】 ······ 38
★ 第十九条【授权实施行政处罚】 ············· 38
★ 第二十条【委托实施行政处罚】 ············· 38
  第二十一条【受委托组织的条件】 ············· 40

第四章 行政处罚的管辖和适用

★ 第二十二条【行政处罚的管辖】 ·············· 40
  第二十三条【县级以上政府的管辖权】 ·········· 47
  第二十四条【乡镇政府和街道办事处的管辖权】 ·· 47
  第二十五条【管辖权争议】 ·················· 47
  第二十六条【执法协助】 ···················· 50
★ 第二十七条【行政处罚与刑事司法的衔接】 ······ 52
  第二十八条【改正违法行为及没收违法所得】 ···· 53
★ 第二十九条【同一行为不得重复处罚】 ·········· 54
  第三十条【对未成年人处罚的限制】 ············ 55
  第三十一条【对精神病人、智力残疾人处罚的限制】 ··· 56
  第三十二条【从轻、减轻处罚的条件】 ·········· 56
  第三十三条【不予处罚的条件】 ················ 61
★ 第三十四条【行政处罚裁量基准】 ············· 62
  第三十五条【刑罚的折抵】 ···················· 82
  第三十六条【行政处罚的时效】 ················ 83
  第三十七条【法律适用的从旧兼从轻原则】 ······ 84
  第三十八条【行政处罚的无效】 ················ 84

第五章 行政处罚的决定

第一节 一般规定

★ 第三十九条【行政处罚信息公示】 …………………… 85
　第四十条【行政处罚应当查明事实】 …………………… 86
★ 第四十一条【电子技术监控设备的适用】 …………… 87
　第四十二条【公正文明执法】 …………………………… 89
★ 第四十三条【回避制度】 ………………………………… 89
　第四十四条【行政机关的告知义务】 …………………… 91
★ 第四十五条【当事人的陈述、申辩权】 ……………… 91
　第四十六条【证据种类及适用规则】 …………………… 94
　第四十七条【行政处罚全过程记录】 …………………… 94
　第四十八条【行政处罚决定的公开与撤回】 ………… 95
　第四十九条【突发事件应对】 …………………………… 96
　第五十条【保密条款】 …………………………………… 96

第二节 简易程序

★ 第五十一条【简易程序的适用条件】 ………………… 97
　第五十二条【简易程序的适用要求】 …………………… 99
　第五十三条【简易程序的履行】 ………………………… 100

第三节 普通程序

　第五十四条【取证与立案】 ……………………………… 101
　第五十五条【执法调查检查程序】 ……………………… 103
　第五十六条【证据收集程序】 …………………………… 105
　第五十七条【处罚决定】 ………………………………… 106
★ 第五十八条【法制审核】 ………………………………… 111
　第五十九条【处罚决定书的内容】 ……………………… 114
　第六十条【行政处罚决定作出期限】 …………………… 117
　第六十一条【行政处罚决定书的送达】 ………………… 117
　第六十二条【行政机关不履行告知义务不得作出处罚】 … 124

第四节 听证程序

- ★ 第六十三条【听证的适用范围】················ 124
- 第六十四条【听证的基本程序】················ 130
- 第六十五条【听证结束后的处理】·············· 146

第六章 行政处罚的执行

- 第六十六条【处罚决定的自行履行】············ 147
- ★ 第六十七条【罚款的缴纳】···················· 148
- 第六十八条【当场收缴罚款】·················· 153
- ★ 第六十九条【可以当场收缴罚款的特殊规定】···· 155
- 第七十条【行政机关出具专用票据的义务】······ 155
- ★ 第七十一条【当场收缴罚款的缴纳期限】········ 155
- 第七十二条【执行措施】······················ 156
- 第七十三条【申请复议、提起诉讼不停止处罚执行及
  例外】·························· 160
- 第七十四条【依法没收非法财物的处理】········ 161
- 第七十五条【行政处罚的监督】················ 162

第七章 法律责任

- ★ 第七十六条【违法实施行政处罚的法律责任】···· 162
- 第七十七条【不使用或使用非法罚没财物单据的法律
  责任】·························· 163
- 第七十八条【自行收缴罚款的处理】············ 163
- 第七十九条【私分罚没财物的处理】············ 163
- ★ 第八十条【使用、损毁查封、扣押财物的法律责任】··· 164
- 第八十一条【违法实行检查和执行措施的法律责任】··· 166
- ★ 第八十二条【以罚代刑的法律责任】············ 166
- ★ 第八十三条【行政不作为的法律责任】·········· 167

第八章 附 则

第八十四条【涉外行政处罚】 ·················· 167
★ 第八十五条【期限的计算】 ·················· 167
第八十六条【施行日期】 ······················ 167

附录一

中华人民共和国治安管理处罚法 ············· 168
　　（2025年6月27日）
中华人民共和国行政强制法 ················· 203
　　（2011年6月30日）
中华人民共和国行政复议法 ················· 219
　　（2023年9月1日）
市场监督管理行政处罚程序规定 ············· 240
　　（2022年9月29日）
农业行政处罚程序规定 ····················· 261
　　（2021年12月21日）
证券期货违法行为行政处罚办法 ············· 284
　　（2021年7月14日）
国家金融监督管理总局行政处罚裁量权实施办法 ··· 292
　　（2024年3月27日）
自然资源行政处罚办法 ····················· 300
　　（2024年1月24日）

附录二

本书所涉文件目录 ························· 313

案例索引目录

- 陈某诉成都市成华区环境保护局环境行政处罚案 …………… 2
- 盐城市某食品有限公司东台分公司诉盐城市东台工商行政管理局工商行政处罚案 …………………………… 3
- 贝某诉海宁市公安局交通警察大队道路交通管理行政处罚案 …………………………………………………… 3
- 龙某诉某市交警支队公安交通管理行政处罚案 …………… 3
- 陈某诉某市客管中心客运管理行政处罚案 ………………… 4
- 某船舶燃料有限公司诉某市质量技术监督局行政处罚决定案 ………………………………………………………… 5
- 某公司诉某省应急管理厅、某市应急管理局其他行政管理案 ………………………………………………………… 32
- 某公司诉某市政府行政复议案 ……………………………… 33
- 湖北省某市人民检察院督促保护零售药品安全行政公益诉讼案 …………………………………………………… 34
- 卢某诉福建省某市公安局交警支队道路交通行政处罚检察监督案 ………………………………………………… 53
- 陆某诉某市综合行政执法局责令限期拆除行为案 ………… 53
- 李某诉某交通大队公安交通管理行政处罚决定案 ………… 54
- 某经济开发区保税物流分公司等诉某县交通运输局公路交通行政处罚再审案 …………………………………… 55
- 北海市乃志海洋科技有限公司诉北海市海洋与渔业局行政处罚案 ………………………………………………… 61
- 某公司诉某市场监督管理局行政处罚案 …………………… 86
- 高某诉北京某职业学院行政处罚案 ………………………… 91
- 焦某诉某公安分局治安管理处罚决定行政纠纷案 ………… 93

1

- 上海鑫晶山建材开发有限公司诉上海市金山区环境保护局环境行政处罚案 …………………………………… 110
- 毛某诉某市自然资源局行政处罚案 …………………… 114
- 黄某富、何某琼、何某诉四川省成都市金堂工商行政管理局行政处罚案 ……………………………………… 129

中华人民共和国行政处罚法

（1996年3月17日第八届全国人民代表大会第四次会议通过 根据2009年8月27日第十一届全国人民代表大会常务委员会第十次会议《关于修改部分法律的决定》第一次修正 根据2017年9月1日第十二届全国人民代表大会常务委员会第二十九次会议《关于修改〈中华人民共和国法官法〉等八部法律的决定》第二次修正 2021年1月22日第十三届全国人民代表大会常务委员会第二十五次会议修订 2021年1月22日中华人民共和国主席令第70号公布 自2021年7月15日起施行）

目　　录

第一章　总　　则
第二章　行政处罚的种类和设定
第三章　行政处罚的实施机关
第四章　行政处罚的管辖和适用
第五章　行政处罚的决定
　第一节　一般规定
　第二节　简易程序
　第三节　普通程序
　第四节　听证程序
第六章　行政处罚的执行
第七章　法律责任
第八章　附　　则

第一章 总 则

第一条 立法目的和依据[①]

为了规范行政处罚的设定和实施，保障和监督行政机关有效实施行政管理，维护公共利益和社会秩序，保护公民、法人或者其他组织的合法权益，根据宪法，制定本法。

第二条 行政处罚的定义

行政处罚是指行政机关依法对违反行政管理秩序的公民、法人或者其他组织，以减损权益或者增加义务的方式予以惩戒的行为。

● 案例指引

陈某诉成都市成华区环境保护局环境行政处罚案（最高人民法院指导案例138号）

案例要旨：企业事业单位和其他生产经营者通过私设暗管等逃避监管的方式排放水污染物的，依法应当予以行政处罚；污染者以其排放的水污染物达标、没有对环境造成损害为由，主张不应受到行政处罚的，人民法院不予支持。

第三条 适用范围

行政处罚的设定和实施，适用本法。

第四条 适用对象

公民、法人或者其他组织违反行政管理秩序的行为，应当给予行政处罚的，依照本法由法律、法规、规章规定，并由行政机关依照本法规定的程序实施。

---

① 条文主旨为编者所加，下同。

● 案例指引

1. **盐城市某食品有限公司东台分公司诉盐城市东台工商行政管理局工商行政处罚案**（最高人民法院指导案例60号）

　　案例要旨：食品经营者在食品标签、食品说明书上特别强调添加、含有一种或多种有价值、有特性的配料、成分，应标示所强调配料、成分的添加量或含量，未标示的，属于违反《中华人民共和国食品安全法》的行为，工商行政管理部门依法对其实施行政处罚的，人民法院应予支持。

2. **贝某诉海宁市公安局交通警察大队道路交通管理行政处罚案**（最高人民法院指导案例90号）

　　案例要旨：礼让行人是文明安全驾驶的基本要求。机动车驾驶人驾驶车辆行经人行横道，遇行人正在人行横道通行或者停留时，应当主动停车让行，除非行人明确示意机动车先通过。公安机关交通管理部门对不礼让行人的机动车驾驶人依法作出行政处罚的，人民法院应予支持。

第五条 适用原则

　　行政处罚遵循公正、公开的原则。
　　设定和实施行政处罚必须以事实为依据，与违法行为的事实、性质、情节以及社会危害程度相当。
　　对违法行为给予行政处罚的规定必须公布；未经公布的，不得作为行政处罚的依据。

● 案例指引

1. **龙某诉某市交警支队公安交通管理行政处罚案**［山东省济南市中级人民法院（2019）鲁01行终1059号行政判决书[1]］

　　案例要旨：被诉处罚决定存在不合理、不适当之处。本案中，

---

[1] 如无特别说明，本书所引裁判文书来源均为中国裁判文书网。以下不再单独说明。

龙某没有醉酒驾驶机动车的主观过错，其驾驶行为亦未造成严重社会后果，情节轻微，危害程度不大。在这种情况下，某市交警支队对龙某作出吊销机动车驾驶证，五年内不得重新取得机动车驾驶证的行政处罚，与行政处罚法规定的过罚相当原则不完全符合，具有不合理性，应予撤销。

2. 陈某诉某市客管中心客运管理行政处罚案（《最高人民法院公报》2018年第2期）

案例要旨：一方面，网约车作为客运服务的新业态和分享经济的产物，有助于缓解客运服务的供需矛盾，满足公众多样化出行需求，符合社会发展的趋势，对其应当保持适度宽容。另一方面，这种新业态在一定程度上给既有客运管理秩序带来了负面影响，甚至存有安全隐患等问题，确需加强规范引导。《网络预约出租汽车经营服务管理暂行办法》的出台，也从侧面对此予以佐证。当一种新生事物在满足社会需求、促进创新创业方面起到积极推动作用时，对其所带来的社会危害的评判既要遵从现行法律法规的规定，亦应充分考虑是否符合社会公众感受。本案被上诉人陈某通过网络约车软件进行道路运输经营的行为社会危害性较小，符合一般社会认知。行政机关在依据现行法律法规对其进行处罚时，应当尽可能将对当事人的不利影响控制在最小范围和限度内，以达到实现行政管理目标和保护新生事物之间的平衡。另外，该行为中有哪些主体受益、最终产生的车费是否已经实际支付或结算完毕，某市客管中心未提供证据予以证明。在上述事实尚不明确以及该行为社会危害性较小的情况下，将该行为的后果全部归于陈某，并对其个人作出较重处罚，有违比例原则，构成明显不当。

第六条 处罚与教育相结合原则

实施行政处罚，纠正违法行为，应当坚持处罚与教育相结合，教育公民、法人或者其他组织自觉守法。

● 案例指引

某船舶燃料有限公司诉某市质量技术监督局行政处罚决定案
(《最高人民法院公报》2020年第10期)

案例要旨：根据有关法律、法规、规章规定，涉诉行政规范性文件如果与国家标准、行业标准、地方标准和企业标准存在一定区别，且构成检验、判定在一定地域生产、销售的普通柴油产品质量依据的，对该行政规范性文件的实施问题应当在行政处罚适当性审查中予以衡平考量。故从行政裁量上依法调整处罚结果，进一步提升行政处罚决定的适当性，以更好地体现坚持处罚与教育相结合的行政处罚原则。

第七条 行政处罚当事人的权利

公民、法人或者其他组织对行政机关所给予的行政处罚，享有陈述权、申辩权；对行政处罚不服的，有权依法申请行政复议或者提起行政诉讼。

公民、法人或者其他组织因行政机关违法给予行政处罚受到损害的，有权依法提出赔偿要求。

● 法　律

1. 《国家赔偿法》（2012年10月26日）[①]

第2条　国家机关和国家机关工作人员行使职权，有本法规定的侵犯公民、法人和其他组织合法权益的情形，造成损害的，受害人有依照本法取得国家赔偿的权利。

本法规定的赔偿义务机关，应当依照本法及时履行赔偿义务。

第3条　行政机关及其工作人员在行使行政职权时有下列侵

[①] 本书法律文件使用简称，以下不再标注。本书所标规范性文件的日期为该文件的通过、发布、修改后公布日期之一。以下不再标注。

犯人身权情形之一的，受害人有取得赔偿的权利：

（一）违法拘留或者违法采取限制公民人身自由的行政强制措施的；

（二）非法拘禁或者以其他方法非法剥夺公民人身自由的；

（三）以殴打、虐待等行为或者唆使、放纵他人以殴打、虐待等行为造成公民身体伤害或者死亡的；

（四）违法使用武器、警械造成公民身体伤害或者死亡的；

（五）造成公民身体伤害或者死亡的其他违法行为。

第4条　行政机关及其工作人员在行使行政职权时有下列侵犯财产权情形之一的，受害人有取得赔偿的权利：

（一）违法实施罚款、吊销许可证和执照、责令停产停业、没收财物等行政处罚的；

（二）违法对财产采取查封、扣押、冻结等行政强制措施的；

（三）违法征收、征用财产的；

（四）造成财产损害的其他违法行为。

第5条　属于下列情形之一的，国家不承担赔偿责任：

（一）行政机关工作人员与行使职权无关的个人行为；

（二）因公民、法人和其他组织自己的行为致使损害发生的；

（三）法律规定的其他情形。

第6条　受害的公民、法人和其他组织有权要求赔偿。

受害的公民死亡，其继承人和其他有扶养关系的亲属有权要求赔偿。

受害的法人或者其他组织终止的，其权利承受人有权要求赔偿。

第7条　行政机关及其工作人员行使行政职权侵犯公民、法人和其他组织的合法权益造成损害的，该行政机关为赔偿义务机关。

两个以上行政机关共同行使行政职权时侵犯公民、法人和其他组织的合法权益造成损害的,共同行使行政职权的行政机关为共同赔偿义务机关。

法律、法规授权的组织在行使授予的行政权力时侵犯公民、法人和其他组织的合法权益造成损害的,被授权的组织为赔偿义务机关。

受行政机关委托的组织或者个人在行使受委托的行政权力时侵犯公民、法人和其他组织的合法权益造成损害的,委托的行政机关为赔偿义务机关。

赔偿义务机关被撤销的,继续行使其职权的行政机关为赔偿义务机关;没有继续行使其职权的行政机关的,撤销该赔偿义务机关的行政机关为赔偿义务机关。

第8条 经复议机关复议的,最初造成侵权行为的行政机关为赔偿义务机关,但复议机关的复议决定加重损害的,复议机关对加重的部分履行赔偿义务。

2.《行政诉讼法》(2017年6月27日)

第12条 人民法院受理公民、法人或者其他组织提起的下列诉讼:

(一)对行政拘留、暂扣或者吊销许可证和执照、责令停产停业、没收违法所得、没收非法财物、罚款、警告等行政处罚不服的;

(二)对限制人身自由或者对财产的查封、扣押、冻结等行政强制措施和行政强制执行不服的;

(三)申请行政许可,行政机关拒绝或者在法定期限内不予答复,或者对行政机关作出的有关行政许可的其他决定不服的;

(四)对行政机关作出的关于确认土地、矿藏、水流、森林、山岭、草原、荒地、滩涂、海域等自然资源的所有权或者使用权的决定不服的;

(五)对征收、征用决定及其补偿决定不服的;

（六）申请行政机关履行保护人身权、财产权等合法权益的法定职责，行政机关拒绝履行或者不予答复的；

（七）认为行政机关侵犯其经营自主权或者农村土地承包经营权、农村土地经营权的；

（八）认为行政机关滥用行政权力排除或者限制竞争的；

（九）认为行政机关违法集资、摊派费用或者违法要求履行其他义务的；

（十）认为行政机关没有依法支付抚恤金、最低生活保障待遇或者社会保险待遇的；

（十一）认为行政机关不依法履行、未按照约定履行或者违法变更、解除政府特许经营协议、土地房屋征收补偿协议等协议的；

（十二）认为行政机关侵犯其他人身权、财产权等合法权益的。

除前款规定外，人民法院受理法律、法规规定可以提起诉讼的其他行政案件。

3.《**行政复议法**》（2023年9月1日）

第11条 有下列情形之一的，公民、法人或者其他组织可以依照本法申请行政复议：

（一）对行政机关作出的行政处罚决定不服；

（二）对行政机关作出的行政强制措施、行政强制执行决定不服；

（三）申请行政许可，行政机关拒绝或者在法定期限内不予答复，或者对行政机关作出的有关行政许可的其他决定不服；

（四）对行政机关作出的确认自然资源的所有权或者使用权的决定不服；

（五）对行政机关作出的征收征用决定及其补偿决定不服；

（六）对行政机关作出的赔偿决定或者不予赔偿决定不服；

（七）对行政机关作出的不予受理工伤认定申请的决定或者工伤认定结论不服；

（八）认为行政机关侵犯其经营自主权或者农村土地承包经营权、农村土地经营权；

（九）认为行政机关滥用行政权力排除或者限制竞争；

（十）认为行政机关违法集资、摊派费用或者违法要求履行其他义务；

（十一）申请行政机关履行保护人身权利、财产权利、受教育权利等合法权益的法定职责，行政机关拒绝履行、未依法履行或者不予答复；

（十二）申请行政机关依法给付抚恤金、社会保险待遇或者最低生活保障等社会保障，行政机关没有依法给付；

（十三）认为行政机关不依法订立、不依法履行、未按照约定履行或者违法变更、解除政府特许经营协议、土地房屋征收补偿协议等行政协议；

（十四）认为行政机关在政府信息公开工作中侵犯其合法权益；

（十五）认为行政机关的其他行政行为侵犯其合法权益。

● 司法解释及文件

4.《最高人民法院关于适用〈中华人民共和国行政诉讼法〉的解释》（2018年2月6日）

第1条 公民、法人或者其他组织对行政机关及其工作人员的行政行为不服，依法提起诉讼的，属于人民法院行政诉讼的受案范围。

下列行为不属于人民法院行政诉讼的受案范围：

（一）公安、国家安全等机关依照刑事诉讼法的明确授权实施的行为；

（二）调解行为以及法律规定的仲裁行为；

（三）行政指导行为；

（四）驳回当事人对行政行为提起申诉的重复处理行为；

（五）行政机关作出的不产生外部法律效力的行为；

（六）行政机关为作出行政行为而实施的准备、论证、研究、层报、咨询等过程性行为；

（七）行政机关根据人民法院的生效裁判、协助执行通知书作出的执行行为，但行政机关扩大执行范围或者采取违法方式实施的除外；

（八）上级行政机关基于内部层级监督关系对下级行政机关作出的听取报告、执法检查、督促履责等行为；

（九）行政机关针对信访事项作出的登记、受理、交办、转送、复查、复核意见等行为；

（十）对公民、法人或者其他组织权利义务不产生实际影响的行为。

第八条　被处罚者的其他法律责任

公民、法人或者其他组织因违法行为受到行政处罚，其违法行为对他人造成损害的，应当依法承担民事责任。

违法行为构成犯罪，应当依法追究刑事责任的，不得以行政处罚代替刑事处罚。

● 法　律

1.《道路交通安全法》（2021年4月29日）

第94条　机动车安全技术检验机构实施机动车安全技术检验超过国务院价格主管部门核定的收费标准收取费用的，退还多收取的费用，并由价格主管部门依照《中华人民共和国价格法》的有关规定给予处罚。

机动车安全技术检验机构不按照机动车国家安全技术标准进行检验，出具虚假检验结果的，由公安机关交通管理部门处所收检验费用五倍以上十倍以下罚款，并依法撤销其检验资格；构成犯罪的，依法追究刑事责任。

第96条　伪造、变造或者使用伪造、变造的机动车登记证书、号牌、行驶证、驾驶证的，由公安机关交通管理部门予以收缴，扣留该机动车，处十五日以下拘留，并处二千元以上五千元以下罚款；构成犯罪的，依法追究刑事责任。

伪造、变造或者使用伪造、变造的检验合格标志、保险标志的，由公安机关交通管理部门予以收缴，扣留该机动车，处十日以下拘留，并处一千元以上三千元以下罚款；构成犯罪的，依法追究刑事责任。

使用其他车辆的机动车登记证书、号牌、行驶证、检验合格标志、保险标志的，由公安机关交通管理部门予以收缴，扣留该机动车，处二千元以上五千元以下罚款。

当事人提供相应的合法证明或者补办相应手续的，应当及时退还机动车。

第101条　违反道路交通安全法律、法规的规定，发生重大交通事故，构成犯罪的，依法追究刑事责任，并由公安机关交通管理部门吊销机动车驾驶证。

造成交通事故后逃逸的，由公安机关交通管理部门吊销机动车驾驶证，且终生不得重新取得机动车驾驶证。

第103条　国家机动车产品主管部门未按照机动车国家安全技术标准严格审查，许可不合格机动车型投入生产的，对负有责任的主管人员和其他直接责任人员给予降级或者撤职的行政处分。

机动车生产企业经国家机动车产品主管部门许可生产的机动车型，不执行机动车国家安全技术标准或者不严格进行机动车成品质量检验，致使质量不合格的机动车出厂销售的，由质量技术监督部门依照《中华人民共和国产品质量法》的有关规定给予处罚。

擅自生产、销售未经国家机动车产品主管部门许可生产的机动车型的，没收非法生产、销售的机动车成品及配件，可以并处非法产品价值三倍以上五倍以下罚款；有营业执照的，由工商行政管理部门吊销营业执照，没有营业执照的，予以查封。

生产、销售拼装的机动车或者生产、销售擅自改装的机动车的，依照本条第三款的规定处罚。

有本条第二款、第三款、第四款所列违法行为，生产或者销售不符合机动车国家安全技术标准的机动车，构成犯罪的，依法追究刑事责任。

2.《治安管理处罚法》(2025年6月27日)

第2条 治安管理工作坚持中国共产党的领导，坚持综合治理。

各级人民政府应当加强社会治安综合治理，采取有效措施，预防和化解社会矛盾纠纷，增进社会和谐，维护社会稳定。

3.《税收征收管理法》(2015年4月24日)

第63条 纳税人伪造、变造、隐匿、擅自销毁账簿、记账凭证，或者在账簿上多列支出或者不列、少列收入，或者经税务机关通知申报而拒不申报或者进行虚假的纳税申报，不缴或者少缴应纳税款的，是偷税。对纳税人偷税的，由税务机关追缴其不缴或者少缴的税款、滞纳金，并处不缴或者少缴的税款百分之五十以上五倍以下的罚款；构成犯罪的，依法追究刑事责任。

扣缴义务人采取前款所列手段，不缴或者少缴已扣、已收税款，由税务机关追缴其不缴或者少缴的税款、滞纳金，并处不缴或者少缴的税款百分之五十以上五倍以下的罚款；构成犯罪的，依法追究刑事责任。

第65条　纳税人欠缴应纳税款，采取转移或者隐匿财产的手段，妨碍税务机关追缴欠缴的税款的，由税务机关追缴欠缴的税款、滞纳金，并处欠缴税款百分之五十以上五倍以下的罚款；构成犯罪的，依法追究刑事责任。

第67条　以暴力、威胁方法拒不缴纳税款的，是抗税，除由税务机关追缴其拒缴的税款、滞纳金外，依法追究刑事责任。情节轻微，未构成犯罪的，由税务机关追缴其拒缴的税款、滞纳金，并处拒缴税款一倍以上五倍以下的罚款。

第71条　违反本法第二十二条规定，非法印制发票的，由税务机关销毁非法印制的发票，没收违法所得和作案工具，并处一万元以上五万元以下的罚款；构成犯罪的，依法追究刑事责任。

第77条　纳税人、扣缴义务人有本法第六十三条、第六十五条、第六十六条、第六十七条、第七十一条规定的行为涉嫌犯罪的，税务机关应当依法移交司法机关追究刑事责任。

税务人员徇私舞弊，对依法应当移交司法机关追究刑事责任的不移交，情节严重的，依法追究刑事责任。

第79条　税务机关、税务人员查封、扣押纳税人个人及其所扶养家属维持生活必需的住房和用品的，责令退还，依法给予行政处分；构成犯罪的，依法追究刑事责任。

第80条　税务人员与纳税人、扣缴义务人勾结，唆使或者协助纳税人、扣缴义务人有本法第六十三条、第六十五条、第六十六条规定的行为，构成犯罪的，依法追究刑事责任；尚不构成犯罪的，依法给予行政处分。

第81条　税务人员利用职务上的便利，收受或者索取纳税人、扣缴义务人财物或者谋取其他不正当利益，构成犯罪的，依法追究刑事责任；尚不构成犯罪的，依法给予行政处分。

第82条　税务人员徇私舞弊或者玩忽职守，不征或者少征应征税款,致使国家税收遭受重大损失,构成犯罪的,依法追究刑事责任;尚不构成犯罪的,依法给予行政处分。

税务人员滥用职权,故意刁难纳税人、扣缴义务人的,调离税收工作岗位,并依法给予行政处分。

税务人员对控告、检举税收违法违纪行为的纳税人、扣缴义务人以及其他检举人进行打击报复的,依法给予行政处分;构成犯罪的,依法追究刑事责任。

税务人员违反法律、行政法规的规定,故意高估或者低估农业税计税产量,致使多征或者少征税款,侵犯农民合法权益或者损害国家利益,构成犯罪的,依法追究刑事责任;尚不构成犯罪的,依法给予行政处分。

第84条　违反法律、行政法规的规定,擅自作出税收的开征、停征或者减税、免税、退税、补税以及其他同税收法律、行政法规相抵触的决定的,除依照本法规定撤销其擅自作出的决定外,补征应征未征税款,退还不应征收而征收的税款,并由上级机关追究直接负责的主管人员和其他直接责任人员的行政责任;构成犯罪的,依法追究刑事责任。

第二章　行政处罚的种类和设定

第九条　行政处罚的种类

行政处罚的种类:
(一) 警告、通报批评;
(二) 罚款、没收违法所得、没收非法财物;
(三) 暂扣许可证件、降低资质等级、吊销许可证件;
(四) 限制开展生产经营活动、责令停产停业、责令关闭、限制从业;

（五）行政拘留；

（六）法律、行政法规规定的其他行政处罚。

● 法　律

1. 《反电信网络诈骗法》（2022 年 9 月 2 日）

第 38 条　组织、策划、实施、参与电信网络诈骗活动或者为电信网络诈骗活动提供帮助，构成犯罪的，依法追究刑事责任。

前款行为尚不构成犯罪的，由公安机关处十日以上十五日以下拘留；没收违法所得，处违法所得一倍以上十倍以下罚款，没有违法所得或者违法所得不足一万元的，处十万元以下罚款。

第 39 条　电信业务经营者违反本法规定，有下列情形之一的，由有关主管部门责令改正，情节较轻的，给予警告、通报批评，或者处五万元以上五十万元以下罚款；情节严重的，处五十万元以上五百万元以下罚款，并可以由有关主管部门责令暂停相关业务、停业整顿、吊销相关业务许可证或者吊销营业执照，对其直接负责的主管人员和其他直接责任人员，处一万元以上二十万元以下罚款：

（一）未落实国家有关规定确定的反电信网络诈骗内部控制机制的；

（二）未履行电话卡、物联网卡实名制登记职责的；

（三）未履行对电话卡、物联网卡的监测识别、监测预警和相关处置职责的；

（四）未对物联网卡用户进行风险评估，或者未限定物联网卡的开通功能、使用场景和适用设备的；

（五）未采取措施对改号电话、虚假主叫或者具有相应功能的非法设备进行监测处置的。

第 40 条　银行业金融机构、非银行支付机构违反本法规定，有下列情形之一的,由有关主管部门责令改正,情节较轻的,给予警告、通报批评,或者处五万元以上五十万元以下罚款;情节严重的,处五十万元以上五百万元以下罚款,并可以由有关主管部门责令停止新增业务、缩减业务类型或者业务范围、暂停相关业务、停业整顿、吊销相关业务许可证或者吊销营业执照,对其直接负责的主管人员和其他直接责任人员,处一万元以上二十万元以下罚款:

(一)未落实国家有关规定确定的反电信网络诈骗内部控制机制的;

(二)未履行尽职调查义务和有关风险管理措施的;

(三)未履行对异常账户、可疑交易的风险监测和相关处置义务的;

(四)未按照规定完整、准确传输有关交易信息的。

第41条 电信业务经营者、互联网服务提供者违反本法规定,有下列情形之一的,由有关主管部门责令改正,情节较轻的,给予警告、通报批评,或者处五万元以上五十万元以下罚款;情节严重的,处五十万元以上五百万元以下罚款,并可以由有关主管部门责令暂停相关业务、停业整顿、关闭网站或者应用程序、吊销相关业务许可证或者吊销营业执照,对其直接负责的主管人员和其他直接责任人员,处一万元以上二十万元以下罚款:

(一)未落实国家有关规定确定的反电信网络诈骗内部控制机制的;

(二)未履行网络服务实名制职责,或者未对涉案、涉诈电话卡关联注册互联网账号进行核验的;

(三)未按照国家有关规定,核验域名注册、解析信息和互联网协议地址的真实性、准确性,规范域名跳转,或者记录并留存所提供相应服务的日志信息的;

（四）未登记核验移动互联网应用程序开发运营者的真实身份信息或者未核验应用程序的功能、用途，为其提供应用程序封装、分发服务的；

（五）未履行对涉诈互联网账号和应用程序，以及其他电信网络诈骗信息、活动的监测识别和处置义务的；

（六）拒不依法为查处电信网络诈骗犯罪提供技术支持和协助，或者未按规定移送有关违法犯罪线索、风险信息的。

第42条 违反本法第十四条、第二十五条第一款规定的，没收违法所得，由公安机关或者有关主管部门处违法所得一倍以上十倍以下罚款，没有违法所得或者违法所得不足五万元的，处五十万元以下罚款；情节严重的，由公安机关并处十五日以下拘留。

第43条 违反本法第二十五条第二款规定，由有关主管部门责令改正，情节较轻的，给予警告、通报批评，或者处五万元以上五十万元以下罚款；情节严重的，处五十万元以上五百万元以下罚款，并可以由有关主管部门责令暂停相关业务、停业整顿、关闭网站或者应用程序，对其直接负责的主管人员和其他直接责任人员，处一万元以上二十万元以下罚款。

第44条 违反本法第三十一条第一款规定的，没收违法所得，由公安机关处违法所得一倍以上十倍以下罚款，没有违法所得或者违法所得不足二万元的，处二十万元以下罚款；情节严重的，并处十五日以下拘留。

2.《广告法》（2021年4月29日）

第55条 违反本法规定，发布虚假广告的，由市场监督管理部门责令停止发布广告，责令广告主在相应范围内消除影响，处广告费用三倍以上五倍以下的罚款，广告费用无法计算或者明显偏低的，处二十万元以上一百万元以下的罚款；两年内有三次以上违法行为或者有其他严重情节的，处广告费用五倍以上十倍以下的罚款，广告费用无法计算或者明显偏低的，处一百万元以上二百万元以下的罚款，可以吊销营业执照，并由广告审查机关撤销广告审查批准文件、一年内不受理其广告审查申请。

医疗机构有前款规定违法行为，情节严重的，除由市场监督管理部门依照本法处罚外，卫生行政部门可以吊销诊疗科目或者吊销医疗机构执业许可证。

广告经营者、广告发布者明知或者应知广告虚假仍设计、制作、代理、发布的，由市场监督管理部门没收广告费用，并处广告费用三倍以上五倍以下的罚款，广告费用无法计算或者明显偏低的，处二十万元以上一百万元以下的罚款；两年内有三次以上违法行为或者有其他严重情节的，处广告费用五倍以上十倍以下的罚款，广告费用无法计算或者明显偏低的，处一百万元以上二百万元以下的罚款，并可以由有关部门暂停广告发布业务、吊销营业执照。

广告主、广告经营者、广告发布者有本条第一款、第三款规定行为，构成犯罪的，依法追究刑事责任。

第56条 违反本法规定，发布虚假广告，欺骗、误导消费者，使购买商品或者接受服务的消费者的合法权益受到损害的，由广告主依法承担民事责任。广告经营者、广告发布者不能提供广告主的真实名称、地址和有效联系方式的，消费者可以要求广告经营者、广告发布者先行赔偿。

关系消费者生命健康的商品或者服务的虚假广告，造成消费者损害的，其广告经营者、广告发布者、广告代言人应当与广告主承担连带责任。

前款规定以外的商品或者服务的虚假广告，造成消费者损害的，其广告经营者、广告发布者、广告代言人，明知或者应知广告虚假仍设计、制作、代理、发布或者作推荐、证明的，应当与广告主承担连带责任。

第57条　有下列行为之一的，由市场监督管理部门责令停止发布广告，对广告主处二十万元以上一百万元以下的罚款，情节严重的，并可以吊销营业执照，由广告审查机关撤销广告审查批准文件、一年内不受理其广告审查申请；对广告经营者、广告发布者，由市场监督管理部门没收广告费用，处二十万元以上一百万元以下的罚款，情节严重的，并可以吊销营业执照：

（一）发布有本法第九条、第十条规定的禁止情形的广告的；

（二）违反本法第十五条规定发布处方药广告、药品类易制毒化学品广告、戒毒治疗的医疗器械和治疗方法广告的；

（三）违反本法第二十条规定，发布声称全部或者部分替代母乳的婴儿乳制品、饮料和其他食品广告的；

（四）违反本法第二十二条规定发布烟草广告的；

（五）违反本法第三十七条规定，利用广告推销禁止生产、销售的产品或者提供的服务，或者禁止发布广告的商品或者服务的；

（六）违反本法第四十条第一款规定，在针对未成年人的大众传播媒介上发布医疗、药品、保健食品、医疗器械、化妆品、酒类、美容广告，以及不利于未成年人身心健康的网络游戏广告的。

第58条　有下列行为之一的，由市场监督管理部门责令停止发布广告，责令广告主在相应范围内消除影响，处广告费用一倍以上三倍以下的罚款，广告费用无法计算或者明显偏低的，处十万元以上二十万元以下的罚款；情节严重的，处广告费用三倍以上五倍以下的罚款，广告费用无法计算或者明显偏低的，处二十万元以上一百万元以下的罚款，可以吊销营业执照，并由广告审查机关撤销广告审查批准文件、一年内不受理其广告审查申请：

（一）违反本法第十六条规定发布医疗、药品、医疗器械广

告的;

（二）违反本法第十七条规定，在广告中涉及疾病治疗功能，以及使用医疗用语或者易使推销的商品与药品、医疗器械相混淆的用语的;

（三）违反本法第十八条规定发布保健食品广告的;

（四）违反本法第二十一条规定发布农药、兽药、饲料和饲料添加剂广告的;

（五）违反本法第二十三条规定发布酒类广告的;

（六）违反本法第二十四条规定发布教育、培训广告的;

（七）违反本法第二十五条规定发布招商等有投资回报预期的商品或者服务广告的;

（八）违反本法第二十六条规定发布房地产广告的;

（九）违反本法第二十七条规定发布农作物种子、林木种子、草种子、种畜禽、水产苗种和种养殖广告的;

（十）违反本法第三十八条第二款规定，利用不满十周岁的未成年人作为广告代言人的;

（十一）违反本法第三十八条第三款规定，利用自然人、法人或者其他组织作为广告代言人的;

（十二）违反本法第三十九条规定，在中小学校、幼儿园内或者利用与中小学生、幼儿有关的物品发布广告的;

（十三）违反本法第四十条第二款规定，发布针对不满十四周岁的未成年人的商品或者服务的广告的;

（十四）违反本法第四十六条规定，未经审查发布广告的。

医疗机构有前款规定违法行为，情节严重的，除由市场监督管理部门依照本法处罚外，卫生行政部门可以吊销诊疗科目或者吊销医疗机构执业许可证。

广告经营者、广告发布者明知或者应知有本条第一款规定违法行为仍设计、制作、代理、发布的，由市场监督管理部门没收广告费用，并处广告费用一倍以上三倍以下的罚款，广告费用无法计算或者明显偏低的，处十万元以上二十万元以下的罚款；情节严重的，处广告费用三倍以上五倍以下的罚款，广告费用无法计算或者明显偏低的，处二十万元以上一百万元以下的罚款，并可以由有关部门暂停广告发布业务、吊销营业执照。

第59条 有下列行为之一的，由市场监督管理部门责令停止发布广告，对广告主处十万元以下的罚款：

（一）广告内容违反本法第八条规定的；

（二）广告引证内容违反本法第十一条规定的；

（三）涉及专利的广告违反本法第十二条规定的；

（四）违反本法第十三条规定，广告贬低其他生产经营者的商品或者服务的。

广告经营者、广告发布者明知或者应知有前款规定违法行为仍设计、制作、代理、发布的，由市场监督管理部门处十万元以下的罚款。

广告违反本法第十四条规定，不具有可识别性的，或者违反本法第十九条规定，变相发布医疗、药品、医疗器械、保健食品广告的，由市场监督管理部门责令改正，对广告发布者处十万元以下的罚款。

第60条 违反本法第三十四条规定，广告经营者、广告发布者未按照国家有关规定建立、健全广告业务管理制度的，或者未对广告内容进行核对的，由市场监督管理部门责令改正，可以处五万元以下的罚款。

违反本法第三十五条规定，广告经营者、广告发布者未公布其收费标准和收费办法的，由价格主管部门责令改正，可以处五万元以下的罚款。

第61条 广告代言人有下列情形之一的，由市场监督管理部门没收违法所得，并处违法所得一倍以上二倍以下的罚款：

21

（一）违反本法第十六条第一款第四项规定，在医疗、药品、医疗器械广告中作推荐、证明的；

（二）违反本法第十八条第一款第五项规定，在保健食品广告中作推荐、证明的；

（三）违反本法第三十八条第一款规定，为其未使用过的商品或者未接受过的服务作推荐、证明的；

（四）明知或者应知广告虚假仍在广告中对商品、服务作推荐、证明的。

第62条 违反本法第四十三条规定发送广告的，由有关部门责令停止违法行为，对广告主处五千元以上三万元以下的罚款。

违反本法第四十四条第二款规定，利用互联网发布广告，未显著标明关闭标志，确保一键关闭的，由市场监督管理部门责令改正，对广告主处五千元以上三万元以下的罚款。

第63条 违反本法第四十五条规定，公共场所的管理者和电信业务经营者、互联网信息服务提供者，明知或者应知广告活动违法不予制止的，由市场监督管理部门没收违法所得，违法所得五万元以上的，并处违法所得一倍以上三倍以下的罚款，违法所得不足五万元的，并处一万元以上五万元以下的罚款；情节严重的，由有关部门依法停止相关业务。

第64条 违反本法规定，隐瞒真实情况或者提供虚假材料申请广告审查的，广告审查机关不予受理或者不予批准，予以警告，一年内不受理该申请人的广告审查申请；以欺骗、贿赂等不正当手段取得广告审查批准的，广告审查机关予以撤销，处十万元以上二十万元以下的罚款，三年内不受理该申请人的广告审查申请。

第65条 违反本法规定，伪造、变造或者转让广告审查批准文件的，由市场监督管理部门没收违法所得，并处一万元以上十万元以下的罚款。

3.《**安全生产法**》（2021年6月10日）

　　第92条　承担安全评价、认证、检测、检验职责的机构出具失实报告的，责令停业整顿，并处三万元以上十万元以下的罚款；给他人造成损害的，依法承担赔偿责任。

　　承担安全评价、认证、检测、检验职责的机构租借资质、挂靠、出具虚假报告的，没收违法所得；违法所得在十万元以上的，并处违法所得二倍以上五倍以下的罚款，没有违法所得或者违法所得不足十万元的，单处或者并处十万元以上二十万元以下的罚款；对其直接负责的主管人员和其他直接责任人员处五万元以上十万元以下的罚款；给他人造成损害的，与生产经营单位承担连带赔偿责任；构成犯罪的，依照刑法有关规定追究刑事责任。

　　对有前款违法行为的机构及其直接责任人员，吊销其相应资质和资格，五年内不得从事安全评价、认证、检测、检验等工作；情节严重的，实行终身行业和职业禁入。

　　第93条　生产经营单位的决策机构、主要负责人或者个人经营的投资人不依照本法规定保证安全生产所必需的资金投入，致使生产经营单位不具备安全生产条件的，责令限期改正，提供必需的资金；逾期未改正的，责令生产经营单位停产停业整顿。

　　有前款违法行为，导致发生生产安全事故的，对生产经营单位的主要负责人给予撤职处分，对个人经营的投资人处二万元以上二十万元以下的罚款；构成犯罪的，依照刑法有关规定追究刑事责任。

　　第94条　生产经营单位的主要负责人未履行本法规定的安全生产管理职责的，责令限期改正，处二万元以上五万元以下的罚款；逾期未改正的，处五万元以上十万元以下的罚款，责令生产经营单位停产停业整顿。

23

生产经营单位的主要负责人有前款违法行为，导致发生生产安全事故的，给予撤职处分；构成犯罪的，依照刑法有关规定追究刑事责任。

生产经营单位的主要负责人依照前款规定受刑事处罚或者撤职处分的，自刑罚执行完毕或者受处分之日起，五年内不得担任任何生产经营单位的主要负责人；对重大、特别重大生产安全事故负有责任的，终身不得担任本行业生产经营单位的主要负责人。

第95条　生产经营单位的主要负责人未履行本法规定的安全生产管理职责，导致发生生产安全事故的，由应急管理部门依照下列规定处以罚款：

（一）发生一般事故的，处上一年年收入百分之四十的罚款；

（二）发生较大事故的，处上一年年收入百分之六十的罚款；

（三）发生重大事故的，处上一年年收入百分之八十的罚款；

（四）发生特别重大事故的，处上一年年收入百分之一百的罚款。

第96条　生产经营单位的其他负责人和安全生产管理人员未履行本法规定的安全生产管理职责的，责令限期改正，处一万元以上三万元以下的罚款；导致发生生产安全事故的，暂停或者吊销其与安全生产有关的资格，并处上一年年收入百分之二十以上百分之五十以下的罚款；构成犯罪的，依照刑法有关规定追究刑事责任。

第97条　生产经营单位有下列行为之一的，责令限期改正，处十万元以下的罚款；逾期未改正的，责令停产停业整顿，并处十万元以上二十万元以下的罚款，对其直接负责的主管人员和其他直接责任人员处二万元以上五万元以下的罚款：

（一）未按照规定设置安全生产管理机构或者配备安全生产管理人员、注册安全工程师的；

（二）危险物品的生产、经营、储存、装卸单位以及矿山、金属冶炼、建筑施工、运输单位的主要负责人和安全生产管理人员未按照规定经考核合格的；

（三）未按照规定对从业人员、被派遣劳动者、实习学生进行安全生产教育和培训，或者未按照规定如实告知有关的安全生产事项的；

（四）未如实记录安全生产教育和培训情况的；

（五）未将事故隐患排查治理情况如实记录或者未向从业人员通报的；

（六）未按照规定制定生产安全事故应急救援预案或者未定期组织演练的；

（七）特种作业人员未按照规定经专门的安全作业培训并取得相应资格，上岗作业的。

第98条　生产经营单位有下列行为之一的，责令停止建设或者停产停业整顿，限期改正，并处十万元以上五十万元以下的罚款，对其直接负责的主管人员和其他直接责任人员处二万元以上五万元以下的罚款；逾期未改正的，处五十万元以上一百万元以下的罚款，对其直接负责的主管人员和其他直接责任人员处五万元以上十万元以下的罚款；构成犯罪的，依照刑法有关规定追究刑事责任：

（一）未按照规定对矿山、金属冶炼建设项目或者用于生产、储存、装卸危险物品的建设项目进行安全评价的；

（二）矿山、金属冶炼建设项目或者用于生产、储存、装卸危险物品的建设项目没有安全设施设计或者安全设施设计未按照规定报经有关部门审查同意的；

（三）矿山、金属冶炼建设项目或者用于生产、储存、装卸危险物品的建设项目的施工单位未按照批准的安全设施设计施工的；

（四）矿山、金属冶炼建设项目或者用于生产、储存、装卸危险物品的建设项目竣工投入生产或者使用前，安全设施未经验收合格的。

第99条　生产经营单位有下列行为之一的，责令限期改正，处五万元以下的罚款；逾期未改正的，处五万元以上二十万元以下的罚款，对其直接负责的主管人员和其他直接责任人员处一万元以上二万元以下的罚款；情节严重的，责令停产停业整顿；构成犯罪的，依照刑法有关规定追究刑事责任：

（一）未在有较大危险因素的生产经营场所和有关设施、设备上设置明显的安全警示标志的；

（二）安全设备的安装、使用、检测、改造和报废不符合国家标准或者行业标准的；

（三）未对安全设备进行经常性维护、保养和定期检测的；

（四）关闭、破坏直接关系生产安全的监控、报警、防护、救生设备、设施，或者篡改、隐瞒、销毁其相关数据、信息的；

（五）未为从业人员提供符合国家标准或者行业标准的劳动防护用品的；

（六）危险物品的容器、运输工具，以及涉及人身安全、危险性较大的海洋石油开采特种设备和矿山井下特种设备未经具有专业资质的机构检测、检验合格，取得安全使用证或者安全标志，投入使用的；

（七）使用应当淘汰的危及生产安全的工艺、设备的；

（八）餐饮等行业的生产经营单位使用燃气未安装可燃气体报警装置的。

第100条　未经依法批准，擅自生产、经营、运输、储存、使用危险物品或者处置废弃危险物品的，依照有关危险物品安全管理的法律、行政法规的规定予以处罚；构成犯罪的，依照刑法有关规定追究刑事责任。

第 101 条　生产经营单位有下列行为之一的，责令限期改正，处十万元以下的罚款；逾期未改正的，责令停产停业整顿，并处十万元以上二十万元以下的罚款，对其直接负责的主管人员和其他直接责任人员处二万元以上五万元以下的罚款；构成犯罪的，依照刑法有关规定追究刑事责任：

（一）生产、经营、运输、储存、使用危险物品或者处置废弃危险物品，未建立专门安全管理制度、未采取可靠的安全措施的；

（二）对重大危险源未登记建档，未进行定期检测、评估、监控，未制定应急预案，或者未告知应急措施的；

（三）进行爆破、吊装、动火、临时用电以及国务院应急管理部门会同国务院有关部门规定的其他危险作业，未安排专门人员进行现场安全管理的；

（四）未建立安全风险分级管控制度或者未按照安全风险分级采取相应管控措施的；

（五）未建立事故隐患排查治理制度，或者重大事故隐患排查治理情况未按照规定报告的。

第 102 条　生产经营单位未采取措施消除事故隐患的，责令立即消除或者限期消除，处五万元以下的罚款；生产经营单位拒不执行的，责令停产停业整顿，对其直接负责的主管人员和其他直接责任人员处五万元以上十万元以下的罚款；构成犯罪的，依照刑法有关规定追究刑事责任。

第 103 条　生产经营单位将生产经营项目、场所、设备发包或者出租给不具备安全生产条件或者相应资质的单位或者个人的，责令限期改正，没收违法所得；违法所得十万元以上的，并处违法所得二倍以上五倍以下的罚款；没有违法所得或者违法所得不足十万元的，单处或者并处十万元以上二十万元以下的罚款；对其直接负责的主管人员和其他直接责任人员处一万元以上二万元以下的罚款；导致发生生产安全事故给他人造成损害的，与承包方、承租方承担连带赔偿责任。

生产经营单位未与承包单位、承租单位签订专门的安全生产管理协议或者未在承包合同、租赁合同中明确各自的安全生产管理职责，或者未对承包单位、承租单位的安全生产统一协调、管理的，责令限期改正，处五万元以下的罚款，对其直接负责的主管人员和其他直接责任人员处一万元以下的罚款；逾期未改正的，责令停产停业整顿。

矿山、金属冶炼建设项目和用于生产、储存、装卸危险物品的建设项目的施工单位未按照规定对施工项目进行安全管理的，责令限期改正，处十万元以下的罚款，对其直接负责的主管人员和其他直接责任人员处二万元以下的罚款；逾期未改正的，责令停产停业整顿。以上施工单位倒卖、出租、出借、挂靠或者以其他形式非法转让施工资质的，责令停产停业整顿，吊销资质证书，没收违法所得；违法所得十万元以上的，并处违法所得二倍以上五倍以下的罚款，没有违法所得或者违法所得不足十万元的，单处或者并处十万元以上二十万元以下的罚款；对其直接负责的主管人员和其他直接责任人员处五万元以上十万元以下的罚款；构成犯罪的，依照刑法有关规定追究刑事责任。

第104条 两个以上生产经营单位在同一作业区域内进行可能危及对方安全生产的生产经营活动，未签订安全生产管理协议或者未指定专职安全生产管理人员进行安全检查与协调的，责令限期改正，处五万元以下的罚款，对其直接负责的主管人员和其他直接责任人员处一万元以下的罚款；逾期未改正的，责令停产停业。

第105条 生产经营单位有下列行为之一的，责令限期改正，处五万元以下的罚款，对其直接负责的主管人员和其他直接责任人员处一万元以下的罚款；逾期未改正的，责令停产停业整顿；构成犯罪的，依照刑法有关规定追究刑事责任：

（一）生产、经营、储存、使用危险物品的车间、商店、仓库与员工宿舍在同一座建筑内，或者与员工宿舍的距离不符合安全要求的；

（二）生产经营场所和员工宿舍未设有符合紧急疏散需要、标志明显、保持畅通的出口、疏散通道，或者占用、锁闭、封堵生产经营场所或者员工宿舍出口、疏散通道的。

第106条　生产经营单位与从业人员订立协议，免除或者减轻其对从业人员因生产安全事故伤亡依法应承担的责任的，该协议无效；对生产经营单位的主要负责人、个人经营的投资人处二万元以上十万元以下的罚款。

第107条　生产经营单位的从业人员不落实岗位安全责任，不服从管理，违反安全生产规章制度或者操作规程的，由生产经营单位给予批评教育，依照有关规章制度给予处分；构成犯罪的，依照刑法有关规定追究刑事责任。

第108条　违反本法规定，生产经营单位拒绝、阻碍负有安全生产监督管理职责的部门依法实施监督检查的，责令改正；拒不改正的，处二万元以上二十万元以下的罚款；对其直接负责的主管人员和其他直接责任人员处一万元以上二万元以下的罚款；构成犯罪的，依照刑法有关规定追究刑事责任。

第109条　高危行业、领域的生产经营单位未按照国家规定投保安全生产责任保险的，责令限期改正，处五万元以上十万元以下的罚款；逾期未改正的，处十万元以上二十万元以下的罚款。

第110条　生产经营单位的主要负责人在本单位发生生产安全事故时，不立即组织抢救或者在事故调查处理期间擅离职守或者逃匿的，给予降级、撤职的处分，并由应急管理部门处上一年年收入百分之六十至百分之一百的罚款；对逃匿的处十五日以下拘留；构成犯罪的，依照刑法有关规定追究刑事责任。

生产经营单位的主要负责人对生产安全事故隐瞒不报、谎报或者迟报的，依照前款规定处罚。

4.《个人信息保护法》（2021年8月20日）

第66条 违反本法规定处理个人信息，或者处理个人信息未履行本法规定的个人信息保护义务的，由履行个人信息保护职责的部门责令改正，给予警告，没收违法所得，对违法处理个人信息的应用程序，责令暂停或者终止提供服务；拒不改正的，并处一百万元以下罚款；对直接负责的主管人员和其他直接责任人员处一万元以上十万元以下罚款。

有前款规定的违法行为，情节严重的，由省级以上履行个人信息保护职责的部门责令改正，没收违法所得，并处五千万元以下或者上一年度营业额百分之五以下罚款，并可以责令暂停相关业务或者停业整顿、通报有关主管部门吊销相关业务许可或者吊销营业执照；对直接负责的主管人员和其他直接责任人员处十万元以上一百万元以下罚款，并可以决定禁止其在一定期限内担任相关企业的董事、监事、高级管理人员和个人信息保护负责人。

● 部门规章及文件

5.《著作权行政处罚实施办法》（2009年5月7日 国家版权局令第6号）

第4条 对本办法列举的违法行为，著作权行政管理部门可以依法责令停止侵权行为，并给予下列行政处罚：

（一）警告；

（二）罚款；

（三）没收违法所得；

（四）没收侵权制品；

（五）没收安装存储侵权制品的设备；

（六）没收主要用于制作侵权制品的材料、工具、设备等；

（七）法律、法规、规章规定的其他行政处罚。

6. 《安全生产违法行为行政处罚办法》（2015年4月2日 国家安全生产监督管理总局令第77号）

第5条 安全生产违法行为行政处罚的种类：

（一）警告；

（二）罚款；

（三）没收违法所得、没收非法开采的煤炭产品、采掘设备；

（四）责令停产停业整顿、责令停产停业、责令停止建设、责令停止施工；

（五）暂扣或者吊销有关许可证，暂停或者撤销有关执业资格、岗位证书；

（六）关闭；

（七）拘留；

（八）安全生产法律、行政法规规定的其他行政处罚。

7. 《中国银保监会行政处罚办法》（2020年6月15日 中国银行保险监督管理委员会令2020年第8号）

第3条 本办法所指的行政处罚包括：

（一）警告；

（二）罚款；

（三）没收违法所得；

（四）责令停业整顿；

（五）吊销金融、业务许可证；

（六）取消、撤销任职资格；

（七）限制保险业机构业务范围；

（八）责令保险业机构停止接受新业务；

（九）撤销外国银行代表处、撤销外国保险机构驻华代表机构；

（十）要求撤换外国银行首席代表、责令撤换外国保险机构驻华代表机构的首席代表；

（十一）禁止从事银行业工作或者禁止进入保险业；

（十二）法律、行政法规规定的其他行政处罚。

8.《民用航空行政处罚实施办法》（2024年12月30日 交通运输部令2024年第12号）

第5条 民航行政机关实施的行政处罚的种类包括：

（一）警告、通报批评；

（二）罚款、没收违法所得、没收非法财物；

（三）暂扣许可证件、降低资质等级、吊销许可证件；

（四）限制开展生产经营活动、责令停产停业、责令关闭、限制从业；

（五）法律、行政法规规定的其他行政处罚。

第6条 涉及民航管理的规章规定行政处罚，应当在法律、行政法规规定的给予行政处罚的行为、种类和幅度的范围内作出具体规定。

尚未制定法律、行政法规的，涉及民航管理的规章对违反民用航空行政管理秩序的行为，可以设定警告、通报批评或者国务院规定限额内罚款的行政处罚。

第7条 民航地区管理局可以制定行政处罚的具体工作程序，但不得与法律、行政法规以及本办法相抵触。

● 案例指引

1. 某公司诉某省应急管理厅、某市应急管理局其他行政管理案

[广州铁路运输中级法院（2020）粤71行终441号行政判决书]

案例要旨：责令停产停业作为行政处罚的一个种类，是行政机关在法律授权的范围内，针对经营者存在严重的违法问题或安全隐患，责令其停止生产经营活动，通过暂时剥夺其生产、经营权利，以督促经营者彻底消除安全隐患，或认真完成教育整顿，当经营者在规定期限内纠正了违法行为，就可以恢复生产和经营。如果经营者针对自身实际情况，主动配合政府自行停止生产经营活动且不打算恢复生产的，行政机关经核实审查后，无须再对经营者作出责令停产停业的行政处罚，而应选择对经营者损害最小的其他行政措施，及时消除安全隐患，确保安全生产。

2. 某公司诉某市政府行政复议案［最高人民法院（2018）最高法行申4718号行政裁定书］

案例要旨：关于责令改正或限期改正违法行为是否属于行政处罚的问题，第一，责令改正（或者限期改正）与行政处罚概念有别。行政处罚是行政主体对违反行政管理秩序的行为依法定程序所给予的法律制裁；而责令改正或限期改正违法行为是指行政机关在实施行政处罚的过程中对违法行为人发出的一种作为命令。第二，两者性质、内容不同。行政处罚是法律制裁，是对违法行为人的人身自由、财产权利的限制和剥夺，是对违法行为人精神和声誉造成损害的惩戒；而责令改正或者限期改正违法行为，其本身并不是制裁，只是要求违法行为人履行法定义务，停止违法行为，消除不良后果，恢复原状。第三，两者的规制角度不同。行政处罚是从惩戒的角度，对行政相对人科处新的义务，以告诫违法行为人不得再违法，否则将受罚；而责令改正或者限期改正则是命令违法行为人履行既有的法定义务。第四，两者形式不同。《行政处罚法》规定了行政处罚的具体种类：警告，罚款，没收违法所得、非法财物，责令停产停业，暂扣或者吊销许可证、执照和行政拘留等；而责令改正或者限期改正违法行为，因各种具体违法行为不同而分别表现为停止违法行为、责令退还、责令赔偿、责令改正、限期拆除等形式。综上，责令改正或限期改正违法行为是与行政处罚不同的一种行政行为，二审法院认为其不属于行政处罚，并无不当。

3. 湖北省某市人民检察院督促保护零售药品安全行政公益诉讼案

(选自"3·15"食品药品安全消费者权益保护检察公益诉讼典型案例)①

案例要旨：对于行政机关将案件移送司法机关后，仍然需要作出责令停产停业、暂扣或者吊销许可证等与刑罚措施不同种类、性质的行政处罚或决定的，检察机关可以通过提出检察建议或者提起诉讼的方式，督促行政机关依法履行职责。从事药品违法行为的企业注销后，行政机关仍要依法追究相关责任人的法律责任，确保药品安全领域"处罚到人"制度的落实。

第十条　法律的行政处罚设定权

法律可以设定各种行政处罚。

限制人身自由的行政处罚，只能由法律设定。

● 法　律

《立法法》(2023年3月13日)

第7条　立法应当从实际出发，适应经济社会发展和全面深化改革的要求，科学合理地规定公民、法人和其他组织的权利与义务、国家机关的权力与责任。

法律规范应当明确、具体，具有针对性和可执行性。

第8条　立法应当倡导和弘扬社会主义核心价值观，坚持依法治国和以德治国相结合，铸牢中华民族共同体意识，推动社会主义精神文明建设。

第9条　立法应当适应改革需要，坚持在法治下推进改革和在改革中完善法治相统一，引导、推动、规范、保障相关改革，

---

① 《最高检发布"3·15"食品药品安全消费者权益保护检察公益诉讼典型案例》，载最高人民检察院网站，https://www.spp.gov.cn/spp/xwfbh/wsfbt/202103/t20210315_512526.shtml#2. 最后访问时间：2025年2月24日。

发挥法治在国家治理体系和治理能力现代化中的重要作用。

第10条　全国人民代表大会和全国人民代表大会常务委员会根据宪法规定行使国家立法权。

全国人民代表大会制定和修改刑事、民事、国家机构的和其他的基本法律。

全国人民代表大会常务委员会制定和修改除应当由全国人民代表大会制定的法律以外的其他法律；在全国人民代表大会闭会期间，对全国人民代表大会制定的法律进行部分补充和修改，但是不得同该法律的基本原则相抵触。

全国人民代表大会可以授权全国人民代表大会常务委员会制定相关法律。

第11条　下列事项只能制定法律：

（一）国家主权的事项；

（二）各级人民代表大会、人民政府、监察委员会、人民法院和人民检察院的产生、组织和职权；

（三）民族区域自治制度、特别行政区制度、基层群众自治制度；

（四）犯罪和刑罚；

（五）对公民政治权利的剥夺、限制人身自由的强制措施和处罚；

（六）税种的设立、税率的确定和税收征收管理等税收基本制度；

（七）对非国有财产的征收、征用；

（八）民事基本制度；

（九）基本经济制度以及财政、海关、金融和外贸的基本制度；

（十）诉讼制度和仲裁基本制度；

（十一）必须由全国人民代表大会及其常务委员会制定法律的其他事项。

第十一条　行政法规的行政处罚设定权

行政法规可以设定除限制人身自由以外的行政处罚。

法律对违法行为已经作出行政处罚规定，行政法规需要作出具体规定的，必须在法律规定的给予行政处罚的行为、种类和幅度的范围内规定。

法律对违法行为未作出行政处罚规定，行政法规为实施法律，可以补充设定行政处罚。拟补充设定行政处罚的，应当通过听证会、论证会等形式广泛听取意见，并向制定机关作出书面说明。行政法规报送备案时，应当说明补充设定行政处罚的情况。

第十二条　地方性法规的行政处罚设定权

地方性法规可以设定除限制人身自由、吊销营业执照以外的行政处罚。

法律、行政法规对违法行为已经作出行政处罚规定，地方性法规需要作出具体规定的，必须在法律、行政法规规定的给予行政处罚的行为、种类和幅度的范围内规定。

法律、行政法规对违法行为未作出行政处罚规定，地方性法规为实施法律、行政法规，可以补充设定行政处罚。拟补充设定行政处罚的，应当通过听证会、论会等形式广泛听取意见，并向制定机关作出书面说明。地方性法规报送备案时，应当说明补充设定行政处罚的情况。

第十三条　国务院部门规章的行政处罚设定权

国务院部门规章可以在法律、行政法规规定的给予行政处罚的行为、种类和幅度的范围内作出具体规定。

尚未制定法律、行政法规的，国务院部门规章对违反行政管理秩序的行为，可以设定警告、通报批评或者一定数额罚款的行政处罚。罚款的限额由国务院规定。

第十四条　地方政府规章的行政处罚设定权

　　地方政府规章可以在法律、法规规定的给予行政处罚的行为、种类和幅度的范围内作出具体规定。

　　尚未制定法律、法规的，地方政府规章对违反行政管理秩序的行为，可以设定警告、通报批评或者一定数额罚款的行政处罚。罚款的限额由省、自治区、直辖市人民代表大会常务委员会规定。

第十五条　行政处罚的立法后评估

　　国务院部门和省、自治区、直辖市人民政府及其有关部门应当定期组织评估行政处罚的实施情况和必要性，对不适当的行政处罚事项及种类、罚款数额等，应当提出修改或者废止的建议。

第十六条　其他规范性文件禁止设定行政处罚

　　除法律、法规、规章外，其他规范性文件不得设定行政处罚。

第三章 行政处罚的实施机关

第十七条 行政处罚的实施

行政处罚由具有行政处罚权的行政机关在法定职权范围内实施。

第十八条 特殊类型的行政处罚实施机关

国家在城市管理、市场监管、生态环境、文化市场、交通运输、应急管理、农业等领域推行建立综合行政执法制度，相对集中行政处罚权。

国务院或者省、自治区、直辖市人民政府可以决定一个行政机关行使有关行政机关的行政处罚权。

限制人身自由的行政处罚权只能由公安机关和法律规定的其他机关行使。

第十九条 授权实施行政处罚

法律、法规授权的具有管理公共事务职能的组织可以在法定授权范围内实施行政处罚。

第二十条 委托实施行政处罚

行政机关依照法律、法规、规章的规定，可以在其法定权限内书面委托符合本法第二十一条规定条件的组织实施行政处罚。行政机关不得委托其他组织或者个人实施行政处罚。

委托书应当载明委托的具体事项、权限、期限等内容。委托行政机关和受委托组织应当将委托书向社会公布。

委托行政机关对受委托组织实施行政处罚的行为应当负责监督，并对该行为的后果承担法律责任。

受委托组织在委托范围内，以委托行政机关名义实施行政处罚；不得再委托其他组织或者个人实施行政处罚。

● 部门规章及文件

1.《旅游行政处罚办法》（2013年5月12日 国家旅游局令第38号）

第9条 旅游主管部门可以在其法定职权范围内委托符合法定条件的旅游质监执法机构实施行政处罚，并对该行为的后果承担法律责任。受委托机构在委托范围内，以作出委托的旅游主管部门的名义实施行政处罚。

旅游主管部门委托实施行政处罚的，应当与受委托机构签订书面委托书，载明受委托机构名称、委托的依据、事项、权限和责任等内容，报上一级旅游主管部门备案，并将受委托机构名称、委托权限和事项向社会公示。

委托实施行政处罚，可以设定委托期限。

2.《医疗保障行政处罚程序暂行规定》（2021年6月11日 国家医疗保障局令第4号）

第8条 各级医疗保障行政部门可以依法委托符合法定条件的组织开展行政执法工作。行政强制措施权不得委托。

受委托组织在委托范围内，以委托行政机关的名义实施行政处罚，不得再委托其他组织或者个人实施行政处罚。

委托书应当载明委托的具体事项、权限、期限等内容。委托行政机关和受委托组织应当将委托书向社会公布。

委托行政机关对受委托组织实施行政处罚的行为应当负责监督，并对该行为的后果承担法律责任。

3.《广播电视行政处罚程序规定》（2021年12月10日　国家广播电视总局令第11号）

第6条　县级以上广播电视行政部门可以根据工作需要，在法定权限内以书面委托书形式委托符合《中华人民共和国行政处罚法》规定的组织实施行政处罚。委托书应当规定委托的具体事项、权限及期限，并由委托广播电视行政部门和受委托组织向社会公布。

| 第二十一条 | 受委托组织的条件 |

受委托组织必须符合以下条件：
（一）依法成立并具有管理公共事务职能；
（二）有熟悉有关法律、法规、规章和业务并取得行政执法资格的工作人员；
（三）需要进行技术检查或者技术鉴定的，应当有条件组织进行相应的技术检查或者技术鉴定。

第四章　行政处罚的管辖和适用

| 第二十二条 | 行政处罚的管辖 |

行政处罚由违法行为发生地的行政机关管辖。法律、行政法规、部门规章另有规定的，从其规定。

● 行政法规及文件

1.《海关行政处罚实施条例》（2022年3月29日　国务院令第752号）

第3条　海关行政处罚由发现违法行为的海关管辖，也可以由违法行为发生地海关管辖。

2个以上海关都有管辖权的案件，由最先发现违法行为的海关管辖。

管辖不明确的案件，由有关海关协商确定管辖，协商不成的，报请共同的上级海关指定管辖。

重大、复杂的案件，可以由海关总署指定管辖。

第4条 海关发现的依法应当由其他行政机关处理的违法行为，应当移送有关行政机关处理；违法行为涉嫌犯罪的，应当移送海关侦查走私犯罪公安机构、地方公安机关依法办理。

● 部门规章及文件

2.《道路交通安全违法行为处理程序规定》（2020年4月7日公安部令第157号）

第4条 交通警察执勤执法中发现的违法行为由违法行为发生地的公安机关交通管理部门管辖。

对管辖权发生争议的，报请共同的上一级公安机关交通管理部门指定管辖。上一级公安机关交通管理部门应当及时确定管辖主体，并通知争议各方。

3.《农业行政处罚程序规定》（2021年12月21日 农业农村部令2021年第4号）

第12条 农业行政处罚由违法行为发生地的农业行政处罚机关管辖。法律、行政法规以及农业农村部规章另有规定的，从其规定。

省、自治区、直辖市农业行政处罚机关应当按照职权法定、属地管理、重心下移的原则，结合违法行为涉及区域、案情复杂程度、社会影响范围等因素，厘清本行政区域内不同层级农业行政处罚机关行政执法权限，明确职责分工。

第13条 渔业行政违法行为有下列情况之一的，适用"谁查获、谁处理"的原则：

（一）违法行为发生在共管区、叠区；

（二）违法行为发生在管辖权不明确或者有争议的区域；

（三）违法行为发生地与查获地不一致。

4.《住房和城乡建设行政处罚程序规定》（2022年3月10日 住房和城乡建设部令第55号）

第5条 行政处罚由违法行为发生地的执法机关管辖。法律、行政法规、部门规章另有规定的，从其规定。

行政处罚由县级以上地方人民政府执法机关管辖。法律、行政法规另有规定的，从其规定。

5.《市场监督管理行政处罚程序规定》（2022年9月29日 国家市场监督管理总局令第61号）

第7条 行政处罚由违法行为发生地的县级以上市场监督管理部门管辖。法律、行政法规、部门规章另有规定的，从其规定。

第8条 县级、设区的市级市场监督管理部门依职权管辖本辖区内发生的行政处罚案件。法律、法规、规章规定由省级以上市场监督管理部门管辖的，从其规定。

第9条 市场监督管理部门派出机构在本部门确定的权限范围内以本部门的名义实施行政处罚，法律、法规授权以派出机构名义实施行政处罚的除外。

县级以上市场监督管理部门可以在法定权限内书面委托符合《中华人民共和国行政处罚法》规定条件的组织实施行政处罚。受委托组织在委托范围内，以委托行政机关名义实施行政处罚；不得再委托其他任何组织或者个人实施行政处罚。

委托书应当载明委托的具体事项、权限、期限等内容。委托行政机关和受委托组织应当将委托书向社会公布。

第10条 网络交易平台经营者和通过自建网站、其他网络服务销售商品或者提供服务的网络交易经营者的违法行为由其住所地县级以上市场监督管理部门管辖。

平台内经营者的违法行为由其实际经营地县级以上市场监督管理部门管辖。网络交易平台经营者住所地县级以上市场监督管理部门先行发现违法线索或者收到投诉、举报的，也可以进行管辖。

第11条　对利用广播、电影、电视、报纸、期刊、互联网等大众传播媒介发布违法广告的行为实施行政处罚，由广告发布者所在地市场监督管理部门管辖。广告发布者所在地市场监督管理部门管辖异地广告主、广告经营者有困难的，可以将广告主、广告经营者的违法情况移送广告主、广告经营者所在地市场监督管理部门处理。

对于互联网广告违法行为，广告主所在地、广告经营者所在地市场监督管理部门先行发现违法线索或者收到投诉、举报的，也可以进行管辖。

对广告主自行发布违法互联网广告的行为实施行政处罚，由广告主所在地市场监督管理部门管辖。

第12条　对当事人的同一违法行为，两个以上市场监督管理部门都有管辖权的，由最先立案的市场监督管理部门管辖。

第13条　两个以上市场监督管理部门因管辖权发生争议的，应当自发生争议之日起七个工作日内协商解决，协商不成的，报请共同的上一级市场监督管理部门指定管辖；也可以直接由共同的上一级市场监督管理部门指定管辖。

第14条　市场监督管理部门发现立案查处的案件不属于本部门管辖的，应当将案件移送有管辖权的市场监督管理部门。受移送的市场监督管理部门对管辖权有异议的，应当报请共同的上一级市场监督管理部门指定管辖，不得再自行移送。

第15条　上级市场监督管理部门认为必要时，可以将本部门管辖的案件交由下级市场监督管理部门管辖。法律、法规、规章明确规定案件应当由上级市场监督管理部门管辖的，上级市场监督管理部门不得将案件交由下级市场监督管理部门管辖。

上级市场监督管理部门认为必要时，可以直接查处下级市场监督管理部门管辖的案件，也可以将下级市场监督管理部门管辖的案件指定其他下级市场监督管理部门管辖。

下级市场监督管理部门认为依法由其管辖的案件存在特殊原因，难以办理的，可以报请上一级市场监督管理部门管辖或者指定管辖。

第16条　报请上一级市场监督管理部门管辖或者指定管辖的，上一级市场监督管理部门应当在收到报送材料之日起七个工作日内确定案件的管辖部门。

第17条　市场监督管理部门发现立案查处的案件属于其他行政管理部门管辖的，应当及时依法移送其他有关部门。

市场监督管理部门发现违法行为涉嫌犯罪的，应当及时将案件移送司法机关，并对涉案物品以及与案件有关的其他材料依照有关规定办理交接手续。

6.《旅游行政处罚办法》（2013年5月12日　国家旅游局令第38号）

第11条　旅游行政处罚由违法行为发生地的县级以上地方旅游主管部门管辖。

旅行社组织境内旅游，旅游主管部门在查处地接社的违法行为时，发现组团社有其他违法行为的，应当将有关材料或其副本送组团社所在地县级以上地方旅游主管部门。旅行社组织出境旅游违法行为的处罚，由组团社所在地县级以上地方旅游主管部门管辖。

第12条　国家旅游局负责查处在全国范围内有重大影响的案件。

省、自治区、直辖市旅游主管部门负责查处本地区内重大、复杂的案件。

设区的市级和县级旅游主管部门的管辖权限，由省、自治区、直辖市旅游主管部门确定。

吊销旅行社业务经营许可证、导游证、领队证或者取消出国（境）旅游业务经营资格的行政处罚，由设区的市级以上旅游主管部门作出。

第13条　旅游主管部门发现已立案的案件不属于自己管辖的，应当在10日内移送有管辖权的旅游主管部门或者其他部门处理。接受移送的旅游主管部门认为案件不属于本部门管辖的，应当报上级旅游主管部门指定管辖，不得再自行移送。

违法行为构成犯罪的，应当按照《行政执法机关移送涉嫌犯罪案件的规定》，将案件移送司法机关，不得以行政处罚代替刑事处罚。

第15条　上级旅游主管部门有权查处下级旅游主管部门管辖的案件，也可以把自己管辖的案件移交下级旅游主管部门查处。

下级旅游主管部门对其管辖的案件，认为需要由上级旅游主管部门查处的，可以报请上级旅游主管部门决定。

7.《安全生产违法行为行政处罚办法》（2015年4月2日　国家安全生产监督管理总局令第77号）

第6条　县级以上安全监管监察部门应当按照本章的规定，在各自的职责范围内对安全生产违法行为行政处罚行使管辖权。

安全生产违法行为的行政处罚，由安全生产违法行为发生地的县级以上安全监管监察部门管辖。中央企业及其所属企业、有关人员的安全生产违法行为的行政处罚，由安全生产违法行为发生地的设区的市级以上安全监管监察部门管辖。

暂扣、吊销有关许可证和暂停、撤销有关执业资格、岗位证书的行政处罚，由发证机关决定。其中，暂扣有关许可证和暂停有关执业资格、岗位证书的期限一般不得超过6个月；法律、行政法规另有规定的，依照其规定。

给予关闭的行政处罚,由县级以上安全监管监察部门报请县级以上人民政府按照国务院规定的权限决定。

给予拘留的行政处罚,由县级以上安全监管监察部门建议公安机关依照治安管理处罚法的规定决定。

第 10 条　上级安全监管监察部门可以直接查处下级安全监管监察部门管辖的案件,也可以将自己管辖的案件交由下级安全监管监察部门管辖。

下级安全监管监察部门可以将重大、疑难案件报请上级安全监管监察部门管辖。

第 11 条　上级安全监管监察部门有权对下级安全监管监察部门违法或者不适当的行政处罚予以纠正或者撤销。

8.《民用航空行政处罚实施办法》(2024 年 12 月 30 日　交通运输部令 2024 年第 12 号)

第 14 条　行政处罚由违法行为发生地的民航地区管理局管辖。对空中发生的违法行为,由违法行为发现后民用航空器首次降落地所属的民航地区管理局管辖。

难以确定违法行为发生地的,按照下列规则处理:

(一)违法主体有主运营基地或者持有民航行政机关颁发的行政许可证(书)的,由主运营基地、颁证(书)所在地最先立案的民航地区管理局管辖;

(二)前项以外其他难以确定违法行为发生地的,由违法主体住所地民航地区管理局管辖。

涉及不安全事件的行政处罚,原则上由负责调查该不安全事件的民航地区管理局管辖。

民航地区管理局对管辖有争议的,应当协商解决,协商不成的,报请中国民航局指定管辖。

法律、行政法规、涉及民航管理的规章对行政处罚的管辖另有规定的,从其规定。

第15条 中国民航局认为必要时,可以处理民航地区管理局管辖的行政处罚案件,但不得违反法律、行政法规的规定。

民航地区管理局认为行政处罚案件案情重大、情况复杂,或者由于特殊原因难以办理的,可以报请中国民航局直接管辖或者由中国民航局指定管辖。

第二十三条　县级以上政府的管辖权

行政处罚由县级以上地方人民政府具有行政处罚权的行政机关管辖。法律、行政法规另有规定的,从其规定。

第二十四条　乡镇政府和街道办事处的管辖权

省、自治区、直辖市根据当地实际情况,可以决定将基层管理迫切需要的县级人民政府部门的行政处罚权交由能够有效承接的乡镇人民政府、街道办事处行使,并定期组织评估。决定应当公布。

承接行政处罚权的乡镇人民政府、街道办事处应当加强执法能力建设,按照规定范围、依照法定程序实施行政处罚。

有关地方人民政府及其部门应当加强组织协调、业务指导、执法监督,建立健全行政处罚协调配合机制,完善评议、考核制度。

第二十五条　管辖权争议

两个以上行政机关都有管辖权的,由最先立案的行政机关管辖。

对管辖发生争议的,应当协商解决,协商不成的,报请共同的上一级行政机关指定管辖;也可以直接由共同的上一级行政机关指定管辖。

● 部门规章及文件

1.《住房和城乡建设行政处罚程序规定》（2022年3月10日　住房和城乡建设部令第55号）

第6条　执法机关发现案件不属于本机关管辖的，应当将案件移送有管辖权的行政机关。

行政处罚过程中发生的管辖权争议，应当自发生争议之日起七日内协商解决，并制作保存协商记录；协商不成的，报请共同的上一级行政机关指定管辖。上一级执法机关应当自收到报请材料之日起七日内指定案件的管辖机关。

2.《市场监督管理行政处罚程序规定》（2022年9月29日　国家市场监督管理总局令第61号）

第12条　对当事人的同一违法行为，两个以上市场监督管理部门都有管辖权的，由最先立案的市场监督管理部门管辖。

第13条　两个以上市场监督管理部门因管辖权发生争议的，应当自发生争议之日起七个工作日内协商解决，协商不成的，报请共同的上一级市场监督管理部门指定管辖；也可以直接由共同的上一级市场监督管理部门指定管辖。

3.《中国银保监会行政处罚办法》（2020年6月15日　中国银行保险监督管理委员会令2020年第8号）

第17条　派出机构发现不属于自己管辖的违法行为的，应当移送有管辖权的派出机构。两个以上派出机构对同一违法行为都有管辖权的，由最先立案的派出机构管辖。

对管辖权不明确或者有争议的，应当报请共同的上一级机构指定管辖。

4.《自然资源行政处罚办法》（2024年1月31日　自然资源部令第12号）

第11条　自然资源主管部门发现违法案件不属于本部门管

辖的，应当移送有管辖权的自然资源主管部门或者其他部门。

受移送的自然资源主管部门对管辖权有异议的，应当报请上一级自然资源主管部门指定管辖，不得再自行移送。

5.《医疗保障行政处罚程序暂行规定》（2021年6月11日　国家医疗保障局令第4号）

第10条　两个以上医疗保障行政部门因管辖权发生争议的，应当自发生争议之日起七个工作日内协商解决；协商不成的，报请共同的上一级医疗保障行政部门指定管辖；也可以直接由共同的上一级医疗保障行政部门指定管辖。

第11条　上级医疗保障行政部门认为有必要时，可以直接管辖下级医疗保障行政部门管辖的案件，也可以将本部门管辖的案件交由下级医疗保障行政部门管辖。法律、法规、规章明确规定案件应当由上级医疗保障行政部门管辖的，上级医疗保障部门不得将案件交由下级医疗保障行政部门管辖。

第12条　医疗保障行政部门发现所查处的案件属于其他医疗保障行政部门或其他行政管理部门管辖的，应当依法移送。

受移送的医疗保障行政部门对管辖权有异议的，应当报请共同的上一级医疗保障行政部门指定管辖，不得再自行移送。

6.《海关办理行政处罚案件程序规定》（2021年6月15日　海关总署第250号令）

第10条　海关行政处罚由发现违法行为的海关管辖，也可以由违法行为发生地海关管辖。

两个以上海关都有管辖权的案件，由最先立案的海关管辖。

对管辖发生争议的，应当协商解决，协商不成的，报请共同的上一级海关指定管辖；也可以直接由共同的上一级海关指定管辖。

重大、复杂的案件，可以由海关总署指定管辖。

7.《交通运输行政执法程序规定》(2021年6月30日　交通运输部令2021年第6号)

第7条　对当事人的同一违法行为,两个以上执法部门都有管辖权的,由最先立案的执法部门管辖。

第8条　两个以上执法部门因管辖权发生争议的,应当协商解决,协商不成的,报请共同的上一级部门指定管辖;也可以直接由共同的上一级部门指定管辖。

第9条　执法部门发现所查处的案件不属于本部门管辖的,应当移送有管辖权的其他部门。执法部门发现违法行为涉嫌犯罪的,应当及时依照《行政执法机关移送涉嫌犯罪案件的规定》将案件移送司法机关。

第10条　下级执法部门认为其管辖的案件属重大、疑难案件,或者由于特殊原因难以办理的,可以报请上一级部门指定管辖。

第二十六条　执法协助

行政机关因实施行政处罚的需要,可以向有关机关提出协助请求。协助事项属于被请求机关职权范围内的,应当依法予以协助。

● 部门规章及文件

1.《中国银保监会行政处罚办法》(2020年6月15日　中国银行保险监督管理委员会令2020年第8号)

第27条　需要银保监会派出机构协助调查的,调查机构应当出具协助调查函。协助机构应当在调查机构要求的期限内完成调查。需要延期的,协助机构应当及时告知调查机构。

2.《自然资源行政处罚办法》(2024年1月31日　自然资源部令第12号)

第20条　当事人拒绝调查取证或者采取暴力、威胁的方式阻碍自然资源主管部门调查取证的，自然资源主管部门可以提请公安机关、检察机关、监察机关或者相关部门协助，并向本级人民政府或者上一级自然资源主管部门报告。

3.《农业行政处罚程序规定》（2021年12月21日 农业农村部令2021年第4号）

第19条 农业行政处罚机关实施农业行政处罚时，需要其他行政机关协助的，可以向有关机关发送协助函，提出协助请求。

农业行政处罚机关在办理跨行政区域案件时，需要其他地区农业行政处罚机关协查的，可以发送协查函。收到协查函的农业行政处罚机关应当予以协助并及时书面告知协查结果。

4.《市场监督管理行政处罚程序规定》（2022年9月29日 国家市场监督管理总局令第61号）

第45条 市场监督管理部门在办理行政处罚案件时，确需有关机关或者其他市场监督管理部门协助调查取证的，应当出具协助调查函。

收到协助调查函的市场监督管理部门对属于本部门职权范围的协助事项应当予以协助，在接到协助调查函之日起十五个工作日内完成相关工作。需要延期完成的，应当在期限届满前告知提出协查请求的市场监督管理部门。

5.《证券期货违法行为行政处罚办法》（2021年7月14日 中国证券监督管理委员会令第186号）

第19条 中国证监会及其派出机构根据案情需要，可以委托下列单位和人员提供协助：

（一）委托具有法定鉴定资质的鉴定机构对涉案相关事项进行鉴定，鉴定意见应有鉴定人签名和鉴定机构盖章；

（二）委托会计师事务所、资产评估事务所、律师事务所等中介机构以及专家顾问提供专业支持；

（三）委托证券期货交易场所、登记结算机构等检验、测算相关数据或提供与其职能有关的其他协助。

第二十七条　行政处罚与刑事司法的衔接

违法行为涉嫌犯罪的，行政机关应当及时将案件移送司法机关，依法追究刑事责任。对依法不需要追究刑事责任或者免予刑事处罚，但应当给予行政处罚的，司法机关应当及时将案件移送有关行政机关。

行政处罚实施机关与司法机关之间应当加强协调配合，建立健全案件移送制度，加强证据材料移交、接收衔接，完善案件处理信息通报机制。

● 部门规章及文件

1.《海关办理行政处罚案件程序规定》（2021年6月15日　海关总署第250号令）

第21条　刑事案件转为行政处罚案件办理的，刑事案件办理过程中收集的证据材料，经依法收集、审查后，可以作为行政处罚案件定案的根据。

2.《证券期货违法行为行政处罚办法》（2021年7月14日　中国证券监督管理委员会令第186号）

第29条　中国证监会及其派出机构在行政处罚过程中发现违法行为涉嫌犯罪的，应当依法、及时将案件移送司法机关处理。

司法机关依法不追究刑事责任或者免予刑事处罚，但应当给予行政处罚的，中国证监会及其派出机构依法作出行政处罚决定。

● 案例指引

卢某诉福建省某市公安局交警支队道路交通行政处罚检察监督案（最高人民检察院检例第146号）

案例要旨：对于醉酒驾驶机动车被司法机关依法追究刑事责任的，应当由公安机关交通管理部门依法吊销行为人持有的所有准驾车型的机动车驾驶证。人民检察院办理行政诉讼监督案件，对行政执法与司法裁判存在适用法律不一致的共性问题，可以采取个案监督和类案监督相结合的方式，在监督纠正个案的同时，推动有关机关统一执法司法标准，保障法律正确统一实施。

第二十八条　改正违法行为及没收违法所得

行政机关实施行政处罚时，应当责令当事人改正或者限期改正违法行为。

当事人有违法所得，除依法应当退赔的外，应当予以没收。违法所得是指实施违法行为所取得的款项。法律、行政法规、部门规章对违法所得的计算另有规定的，从其规定。

● 案例指引

陆某诉某市综合行政执法局责令限期拆除行为案［江苏省南通市中级人民法院（2020）苏06行终4号行政判决书］

案例要旨：原行政处罚被自行撤销，且被复议机关确认违法，被告在重新作出决定时选择责令限期拆除的方式消除违法状态，避免了建设行为人已死亡，无被处罚对象的执法困境。以公告形式作出，避免了将上述人员确定为限期拆除的义务主体。在实际执法过程中，原告等人进行了陈述、申辩，实体权利并未受到侵害。在公告方式不违反法律的强制性规定，也未明显侵害原告等人权利的情况下，人民法院不应对该方式的合法性轻易予以否定。

第二十九条　同一行为不得重复处罚

> 对当事人的同一个违法行为，不得给予两次以上罚款的行政处罚。同一个违法行为违反多个法律规范应当给予罚款处罚的，按照罚款数额高的规定处罚。

● 部门规章及文件

《国家外汇管理局行政处罚办法》（2022年5月11日　国家外汇管理局公告2022年第1号）

第16条　对当事人的同一个外汇违法行为，不得给予两次以上罚款的行政处罚。同一个外汇违法行为违反多个外汇法律规范应当给予罚款处罚的，按照罚款数额高的规定处罚。

● 案例指引

1. 李某诉某交通大队公安交通管理行政处罚决定案［北京市第三中级人民法院（2020）京03行终393号行政判决书］

案例要旨：一事不二罚原则的确立，旨在防止重复处罚，保护行政相对人合法权益，体现了行政处罚的实施必须与违法行为的事实、性质、违法情节相当。本案的关键在于交通管理部门以违法告知的方式将自然意义的一行为处断为法律评价上的多行为是否违反上述规定及处罚原则。对此，切割处断的处罚方式符合过罚相当原则，其处断的次数并未超出合理限度。被告的执法方式与原告长期违法停车的主观故意、情节、性质相适应，且避免了因违法成本过低难以实现纠正违法行为的处罚目的，对于最大限度维护交通管理秩序具有一定的积极意义。同时，该执法方式属于已给予违法行为人合理的矫正期间但违法行为人并未主动纠正，因此所作的切割处断次数并未超出合理限度，亦不构成对违法行为人合法权益的侵害。综上，被诉行政处罚并未违反"一事不二罚"原则及法律规定。

2. **某经济开发区保税物流分公司等诉某县交通运输局公路交通行政处罚再审案**［山西省高级人民法院（2018）晋行申216号行政裁定书］

案例要旨：行政强制措施和行政处罚是两种独立的行政行为，对其合法性评价应当分别进行。在诉行政处罚决定的案件中，行政强制措施违法不一定必然导致行政处罚违法。只有行政强制措施是为收集或保全证据的情形下，才可能对行政处罚决定的合法性产生实际影响。如果行政机关只是为制止违法行为、避免危害发生、控制危险扩大等目的而实施行政强制措施，一般不会对后续的行政处理或行政处罚的合法性评价产生影响。

第三十条　对未成年人处罚的限制

不满十四周岁的未成年人有违法行为的，不予行政处罚，责令监护人加以管教；已满十四周岁不满十八周岁的未成年人有违法行为的，应当从轻或者减轻行政处罚。

● **法　律**

《治安管理处罚法》（2025年6月27日）

第12条　已满十四周岁不满十八周岁的人违反治安管理的，从轻或者减轻处罚；不满十四周岁的人违反治安管理的，不予处罚，但是应当责令其监护人严加管教。

第23条　违反治安管理行为人有下列情形之一，依照本法应当给予行政拘留处罚的，不执行行政拘留处罚：

（一）已满十四周岁不满十六周岁的；

（二）已满十六周岁不满十八周岁，初次违反治安管理的；

（三）七十周岁以上的；

（四）怀孕或者哺乳自己不满一周岁婴儿的。

前款第一项、第二项、第三项规定的行为人违反治安管理情节严重、影响恶劣的，或者第一项、第三项规定的行为人在一年以内二次以上违反治安管理的，不受前款规定的限制。

第三十一条 对精神病人、智力残疾人处罚的限制

精神病人、智力残疾人在不能辨认或者不能控制自己行为时有违法行为的,不予行政处罚,但应当责令其监护人严加看管和治疗。间歇性精神病人在精神正常时有违法行为的,应当给予行政处罚。尚未完全丧失辨认或者控制自己行为能力的精神病人、智力残疾人有违法行为的,可以从轻或者减轻行政处罚。

● 法　律

《治安管理处罚法》(2025年6月27日)

第13条　精神病人、智力残疾人在不能辨认或者不能控制自己行为的时候违反治安管理的,不予处罚,但是应当责令其监护人加强看护管理和治疗。间歇性的精神病人在精神正常的时候违反治安管理的,应当给予处罚。尚未完全丧失辨认或者控制自己行为能力的精神病人、智力残疾人违反治安管理的,应当给予处罚,但是可以从轻或者减轻处罚。

第三十二条 从轻、减轻处罚的条件

当事人有下列情形之一,应当从轻或者减轻行政处罚:

(一) 主动消除或者减轻违法行为危害后果的;
(二) 受他人胁迫或者诱骗实施违法行为的;
(三) 主动供述行政机关尚未掌握的违法行为的;
(四) 配合行政机关查处违法行为有立功表现的;
(五) 法律、法规、规章规定其他应当从轻或者减轻行政处罚的。

● 法　律

1.《治安管理处罚法》(2025年6月27日)

第20条　违反治安管理有下列情形之一的,从轻、减轻或

者不予处罚：

（一）情节轻微的；

（二）主动消除或者减轻违法后果的；

（三）取得被侵害人谅解的；

（四）出于他人胁迫或者诱骗的；

（五）主动投案，向公安机关如实陈述自己的违法行为的；

（六）有立功表现的。

第22条 违反治安管理有下列情形之一的，从重处罚：

（一）有较严重后果的；

（二）教唆、胁迫、诱骗他人违反治安管理的；

（三）对报案人、控告人、举报人、证人打击报复的；

（四）一年以内曾受过治安管理处罚的。

● 部门规章及文件

2.《安全生产违法行为行政处罚办法》（2015年4月2日 国家安全生产监督管理总局令第77号）

第55条 生产经营单位及其有关人员有下列情形之一的，应当从重处罚：

（一）危及公共安全或者其他生产经营单位安全的，经责令限期改正，逾期未改正的；

（二）一年内因同一违法行为受到两次以上行政处罚的；

（三）拒不整改或者整改不力，其违法行为呈持续状态的；

（四）拒绝、阻碍或者以暴力威胁行政执法人员的。

第56条 生产经营单位及其有关人员有下列情形之一的，应当依法从轻或者减轻行政处罚：

（一）已满14周岁不满18周岁的公民实施安全生产违法行为的；

（二）主动消除或者减轻安全生产违法行为危害后果的；

（三）受他人胁迫实施安全生产违法行为的；

（四）配合安全监管监察部门查处安全生产违法行为，有立功表现的；

（五）主动投案，向安全监管监察部门如实交待自己的违法行为的；

（六）具有法律、行政法规规定的其他从轻或者减轻处罚情形的。

有从轻处罚情节的，应当在法定处罚幅度的中档以下确定行政处罚标准，但不得低于法定处罚幅度的下限。

本条第一款第（四）项所称的立功表现，是指当事人有揭发他人安全生产违法行为，并经查证属实；或者提供查处其他安全生产违法行为的重要线索，并经查证属实；或者阻止他人实施安全生产违法行为；或者协助司法机关抓捕其他违法犯罪嫌疑人的行为。

安全生产违法行为轻微并及时纠正，没有造成危害后果的，不予行政处罚。

3.《国家外汇管理局行政处罚办法》（2022年5月11日 国家外汇管理局公告2022年第1号）

第19条 外汇违法行为当事人有下列情形之一的，应当依法从轻或者减轻行政处罚：

（一）主动消除或者减轻违法行为危害后果的；

（二）受他人胁迫或者诱骗实施违法行为的；

（三）主动供述行政机关尚未掌握的违法行为的；

（四）配合行政机关查处违法行为有立功表现的；

（五）法律、法规、规章规定其他应当从轻或者减轻行政处罚的。

第20条 外汇违法行为轻微并及时改正，没有造成危害后果的，不予行政处罚。初次违法且危害后果轻微并及时改正的，可以不予行政处罚。

当事人有证据足以证明没有主观过错的，不予行政处罚。法律、行政法规另有规定的，从其规定。

对当事人的外汇违法行为依法不予行政处罚的，外汇局应当对当事人进行教育。

4.《海上海事行政处罚规定》（2021年9月1日 交通运输部令2021年第27号）

第7条 海事行政违法行为的当事人有下列情形之一的，应当依法从轻或者减轻给予海事行政处罚：

（一）主动消除或者减轻海事行政违法行为危害后果的；

（二）受他人胁迫或者诱骗实施海事行政违法行为的；

（三）主动供述海事管理机构尚未掌握的违法行为的；

（四）配合海事管理机构查处海事行政违法行为有立功表现的；

（五）法律、法规、规章规定应当依法从轻或者减轻行政处罚的其他情形。

海事行政违法行为轻微并及时改正，没有造成危害后果的，不予海事行政处罚。初次违法且危害后果轻微并及时改正的，可以不予海事行政处罚。

本条第一款所称依法从轻给予海事行政处罚，是指在法定的海事行政处罚种类、幅度范围内给予较轻的海事行政处罚。

本条第一款所称依法减轻给予海事行政处罚，是指在法定的海事行政处罚种类、幅度最低限以下给予海事行政处罚。

有海事行政违法行为的中国籍船舶和船员在境外已经受到处罚的，不得重复给予海事行政处罚。

5.《民用航空行政处罚实施办法》（2024年12月30日 交通运输部令2024年第12号）

第19条 当事人有下列情形之一的，应当从轻或者减轻行政处罚：

（一）主动消除或者减轻违法行为危害后果的；

（二）受他人胁迫或者诱骗实施违法行为的；
（三）主动供述民航行政机关尚未掌握的违法行为的；
（四）配合民航行政机关查处违法行为有立功表现的；
（五）已满 14 周岁不满 18 周岁的未成年人有违法行为的；
（六）法律、法规、规章规定其他应当从轻或者减轻行政处罚的。

尚未完全丧失辨认或者控制自己行为能力的精神病人、智力残疾人有违法行为的，可以从轻或者减轻行政处罚。

间歇性精神病人在精神正常时有违法行为的，应当给予行政处罚。

6.《中国证监会行政处罚裁量基本规则》（2025 年 1 月 17 日　中国证券监督管理委员会令第 225 号）

第 9 条　有下列情形之一的，减轻处罚：
（一）主动采取补救措施，消除违法行为危害后果；
（二）受他人严重胁迫或者严重诱骗实施违法行为；
（三）单位违法的直接负责的主管人员和其他直接责任人员在案发前主动举报单位违法行为，并且积极配合查处；
（四）配合查处违法行为有重大立功表现；
（五）其他依法减轻处罚的情形。

第 10 条　有下列情形之一的，从轻处罚：
（一）主动减轻违法行为危害后果；
（二）受他人胁迫或者诱骗实施违法行为；
（三）主动供述监管机构尚未掌握的违法行为；
（四）配合查处违法行为有立功表现；
（五）其他依法从轻处罚的情形。

有下列情形之一的，可以从轻处罚：
（一）对资本市场秩序影响较小；
（二）对资本市场投资者、交易者权益损害较小；

（三）主观过错较小；

（四）如实陈述，积极配合查处；

（五）对违法事实没有异议，签署认错认罚具结书；

（六）其他依法可以从轻处罚的情形。

● 案例指引

北海市乃志海洋科技有限公司诉北海市海洋与渔业局行政处罚案（最高人民法院指导案例178号）

案例要旨：（1）行为人未依法取得海域使用权，在海岸线向海一侧以平整场地及围堰护岸等方式，实施筑堤围割海域，将海域填成土地并形成有效岸线，改变海域自然属性的用海活动可以认定为构成非法围海、填海。

（2）同一海域内，行为人在无共同违法意思联络的情形下，先后各自以其独立的行为进行围海、填海，并造成不同损害后果的，不属于共同违法的情形。行政机关认定各行为人的上述行为已构成独立的行政违法行为，并对各行为人进行相互独立的行政处罚，人民法院应予支持。对于同一海域内先后存在两个以上相互独立的非法围海、填海行为，行为人应各自承担相应的行政法律责任，在后的违法行为不因在先的违法行为适用从轻或者减轻行政处罚的有关规定。

第三十三条　不予处罚的条件

违法行为轻微并及时改正，没有造成危害后果的，不予行政处罚。初次违法且危害后果轻微并及时改正的，可以不予行政处罚。

当事人有证据足以证明没有主观过错的，不予行政处罚。法律、行政法规另有规定的，从其规定。

对当事人的违法行为依法不予行政处罚的，行政机关应当对当事人进行教育。

● 部门规章及文件

1.《海关办理行政处罚案件程序规定》(2021年6月15日 海关总署第250号令)

第56条 违法行为轻微并及时改正,没有造成危害后果的,不予行政处罚。初次违法且危害后果轻微并及时改正的,可以不予行政处罚。

对当事人的违法行为依法不予行政处罚的,海关应当对当事人进行教育。

2.《市场监督管理行政处罚程序规定》(2022年9月29日 国家市场监督管理总局令第61号)

第61条 对当事人的违法行为依法不予行政处罚的,市场监督管理部门应当对当事人进行教育。

3.《中国证监会行政处罚裁量基本规则》(2025年1月17日 中国证券监督管理委员会令第225号)

第7条 有下列情形之一的,不予处罚:
(一)违法行为轻微并及时改正,没有造成危害后果;
(二)当事人有证据足以证明没有主观过错,但是法律、行政法规另有规定的除外;
(三)其他依法不予处罚的情形。

初次违法且危害后果轻微并及时改正的,可以不予处罚。

第三十四条　行政处罚裁量基准

行政机关可以依法制定行政处罚裁量基准,规范行使行政处罚裁量权。行政处罚裁量基准应当向社会公布。

● 部门规章及文件

1.《市场监管总局关于规范市场监督管理行政处罚裁量权的指导意见》(2022年10月8日 国市监法规〔2022〕2号)

第1条 为了规范市场监督管理行政处罚行为,保障市场监管部门依法行使行政处罚裁量权，保护自然人、法人和其他组织的合法权益，根据《中华人民共和国行政处罚法》等法律、法规、规章和国家有关规定，结合市场监管工作实际，制定本意见。

第2条　本意见所称行政处罚裁量权，是指各级市场监管部门在实施行政处罚时，根据法律、法规、规章的规定，综合考虑违法行为的事实、性质、情节、社会危害程度以及当事人主观过错等因素，决定是否给予行政处罚、给予行政处罚的种类和幅度的权限。

第3条　市场监管部门行使行政处罚裁量权，应当坚持以下原则：

（一）合法原则。依据法定权限，符合法律、法规、规章规定的裁量条件、处罚种类和幅度，遵守法定程序。

（二）过罚相当原则。以事实为依据，处罚的种类和幅度与违法行为的事实、性质、情节、社会危害程度等相当。

（三）公平公正原则。对违法事实、性质、情节、社会危害程度等基本相同的违法行为实施行政处罚时，适用的法律依据、处罚种类和幅度基本一致。

（四）处罚和教育相结合原则。兼顾纠正违法行为和教育当事人，引导当事人自觉守法。

（五）综合裁量原则。综合考虑个案情况，兼顾地区经济社会发展状况、当事人主客观情况等相关因素，实现政治效果、社会效果、法律效果的统一。

第4条　省级和设区的市级市场监管部门可以参照本意见，结合地区实际制定行政处罚裁量权基准。

县级市场监管部门可以在法定范围内，对上级市场监管部门制定的行政处罚裁量权基准适用的标准、条件、种类、幅度、方式、时限予以合理细化量化。

第5条　对同一行政处罚事项，上级市场监管部门已经制定行政处罚裁量权基准的，下级市场监管部门原则上应当直接适用；如下级市场监管部门不能直接适用，可以结合地区经济社会发展状况，在法律、法规、规章规定的行政处罚裁量权范围内进行合理细化量化，但不能超出上级市场监管部门划定的阶次或者幅度。

下级市场监管部门制定的行政处罚裁量权基准与上级市场监管部门制定的行政处罚裁量权基准冲突的，应当适用上级市场监管部门制定的行政处罚裁量权基准。

第6条　行政处罚裁量权基准应当包括违法行为、法定依据、裁量阶次、适用条件和具体标准等内容。

制定行政处罚裁量权基准，应当对以下内容进行细化和量化：

（一）法律、法规、规章规定可以选择决定是否给予行政处罚的，明确是否给予处罚的具体情形；

（二）法律、法规、规章规定可以选择行政处罚种类的，明确适用不同处罚种类的具体情形；

（三）法律、法规、规章规定可以选择行政处罚幅度的，明确划分易于操作的裁量阶次，并确定适用不同阶次的具体情形；

（四）法律、法规、规章规定可以单处或者并处行政处罚的，明确规定单处或者并处行政处罚的具体情形；

（五）需要在法定处罚种类或者幅度以下减轻行政处罚的，应当在严格评估后明确具体情形、适用条件和处罚标准。

第7条　市场监管部门实施行政处罚应当以法律、法规、规章为依据。有行政处罚裁量权基准的，应当在行政处罚决定书中对行政处罚裁量权基准的适用情况予以明确。

第8条　市场监管部门实施行政处罚，适用本部门制定的行政处罚裁量权基准可能出现明显不当、显失公平，或者行政处罚裁量权基准适用的客观情况发生变化的，经本部门主要负责人批准或者集体讨论通过后可以调整适用，批准材料或者集体讨论记录应列入处罚案卷归档保存。

适用上级市场监管部门制定的行政处罚裁量权基准可能出现前款情形的，逐级报请该基准制定部门批准后，可以调整适用。

第9条 建立行政处罚裁量权基准动态调整机制，行政处罚裁量权基准所依据的法律、法规、规章作出修改，或者客观情况发生重大变化的，及时进行调整。

第10条 本意见中下列用语的含义如下：

（一）不予行政处罚是指因法定原因对特定违法行为不给予行政处罚。

（二）减轻行政处罚是指适用法定行政处罚最低限度以下的处罚种类或处罚幅度。包括在违法行为应当受到的一种或者几种处罚种类之外选择更轻的处罚种类，或者在应当并处时不并处，也包括在法定最低罚款限值以下确定罚款数额。

（三）从轻行政处罚是指在依法可以选择的处罚种类和处罚幅度内，适用较轻、较少的处罚种类或者较低的处罚幅度。其中，罚款的数额应当在从最低限到最高限这一幅度中较低的30%部分。

（四）从重行政处罚是指在依法可以选择的处罚种类和处罚幅度内，适用较重、较多的处罚种类或者较高的处罚幅度。其中，罚款的数额应当在从最低限到最高限这一幅度中较高的30%部分。

第11条 有下列情形之一的，应当依法不予行政处罚：

（一）不满十四周岁的未成年人有违法行为的；

（二）精神病人、智力残疾人在不能辨认或者不能控制自己行为时有违法行为的；

（三）违法行为轻微并及时改正，没有造成危害后果的；

（四）除法律、行政法规另有规定外，当事人有证据足以证明没有主观过错的；

（五）除法律另有规定外，涉及公民生命健康安全、金融安全且有危害后果的违法行为在五年内未被发现的，其他违法行为在二年内未被发现的；

（六）其他依法应当不予行政处罚的。

第12条 初次违法且危害后果轻微并及时改正的，可以不予行政处罚。

市场监管部门可以依照有关规定制定轻微违法行为依法免予处罚清单并进行动态调整。

第13条 有下列情形之一的，应当依法从轻或者减轻行政处罚：

（一）已满十四周岁不满十八周岁的未成年人有违法行为的；

（二）主动消除或者减轻违法行为危害后果的；

（三）受他人胁迫或者诱骗实施违法行为的；

（四）主动供述市场监管部门尚未掌握的违法行为的；

（五）配合市场监管部门查处违法行为有立功表现的，包括但不限于当事人揭发市场监管领域其他重大违法行为或者提供查处市场监管领域其他重大违法行为的关键线索或证据，并经查证属实的；

（六）其他依法应当从轻或者减轻行政处罚的。

第14条 有下列情形之一的，可以依法从轻或者减轻行政处罚：

（一）尚未完全丧失辨认或者控制自己行为能力的精神病人、智力残疾人有违法行为的；

（二）积极配合市场监管部门调查并主动提供证据材料的；

（三）违法行为轻微，社会危害性较小的；

（四）在共同违法行为中起次要或者辅助作用的；

（五）当事人因残疾或者重大疾病等原因生活确有困难的；

（六）其他依法可以从轻或者减轻行政处罚的。

第15条 有下列情形之一的，应当依法从重行政处罚：

（一）在重大传染病疫情等突发事件期间，有违反突发事件应对措施行为的；

（二）其他依法应当从重行政处罚的。

第16条 有下列情形之一的，可以依法从重行政处罚：

（一）违法行为造成他人人身伤亡或者重大财产损失等严重危害后果的；

（二）教唆、胁迫、诱骗他人实施违法行为的；

（三）因同一性质的违法行为受过刑事处罚，或者一年内因同一性质的违法行为受过行政处罚的；

（四）阻碍或者拒不配合行政执法人员依法执行职务或者对行政执法人员打击报复的；

（五）隐藏、转移、损毁、使用、处置市场监管部门依法查封、扣押的财物或者先行登记保存的证据的；

（六）伪造、隐匿、毁灭证据的；

（七）其他依法可以从重行政处罚的。

当事人因前款第四至六项所涉行为已被行政处罚的，该行为不再作为从重行政处罚情节。

第17条 当事人既有从轻或者减轻行政处罚情节，又有从重行政处罚情节的，市场监管部门应当结合案件情况综合考虑后作出裁量决定。

第18条 市场监管部门制定的行政处罚裁量权基准应当主动向社会公开。

第19条 市场监管部门应当按照《市场监督管理执法监督暂行规定》（市场监管总局令第22号）的要求，加强对行政处罚裁量权基准制度执行情况的监督检查。

2.《规范住房和城乡建设部工程建设行政处罚裁量权实施办法》

(2019年9月23日　建法规〔2019〕7号)

第1条　为规范住房和城乡建设部工程建设行政处罚行为，促进依法行政，保护公民、法人和其他组织的合法权益，根据《中华人民共和国行政处罚法》《中华人民共和国建筑法》等法律法规，以及《法治政府建设实施纲要（2015—2020年）》，制定本办法。

第2条　本办法所称工程建设行政处罚裁量权，是指住房和城乡建设部在工程建设领域行使法定的行政处罚权时，在法律法规规定的行政处罚种类和幅度范围内享有的自主决定权。

本办法所称规范工程建设行政处罚裁量权，是指住房和城乡建设部在法定的工程建设行政处罚权限范围内，通过制定《住房和城乡建设部工程建设行政处罚裁量基准》（以下简称《裁量基准》），视违法行为的情节轻重程度、后果影响大小，合理划分不同档次违法情形，明确行政处罚的具体标准。

第3条　工程建设法律法规未规定实施行政处罚可以选择处罚种类和幅度的，住房和城乡建设部应当严格依据法律法规的规定作出行政处罚。

第4条　住房和城乡建设部行使工程建设行政处罚裁量权，应当坚持合法合理、过罚相当、程序正当、行政效率、教育处罚相结合的原则。

第5条　依法应当由住房和城乡建设部实施的工程建设行政处罚，包括下列内容：

（一）对住房和城乡建设部核准资质的工程勘察设计企业、建筑施工企业、工程监理企业处以停业整顿、降低资质等级、吊销资质证书的行政处罚。

（二）对住房和城乡建设部核发注册执业证书的工程建设类注册执业人员，处以停止执业、吊销执业资格证书的行政处罚。

(三) 其他应当由住房和城乡建设部实施的行政处罚。

第6条 地方各级住房和城乡建设主管部门发现需要由住房和城乡建设部实施行政处罚的工程建设违法行为，应当依据法律法规、本办法和《裁量基准》提出行政处罚建议，并及时将行政处罚建议和相关证据材料逐级上报住房和城乡建设部。

住房和城乡建设部收到省级住房和城乡建设主管部门的行政处罚建议，或者直接发现应当由住房和城乡建设部实施行政处罚的工程建设违法行为，应当依据法律法规、本办法和《裁量基准》确定的行政处罚种类和幅度实施行政处罚。

第7条 住房和城乡建设部依照法律法规、本办法和《裁量基准》实施行政处罚，不影响地方住房和城乡建设主管部门依法实施罚款等其他种类的行政处罚。依法应当由住房和城乡建设部作出行政处罚，并需要处以罚款的，由地方住房和城乡建设主管部门作出罚款的行政处罚。

第8条 工程建设违法行为导致建设工程质量、安全事故，须由住房和城乡建设部实施行政处罚的，事故发生地住房和城乡建设主管部门应当在事故调查报告被批准后7个工作日内向上一级住房和城乡建设主管部门提出行政处罚建议，并移送案件证据材料；省级住房和城乡建设主管部门收到下一级住房和城乡建设主管部门上报的处罚建议后，应当在7个工作日内向住房和城乡建设部提出行政处罚建议，并移送案件证据材料。

第9条 住房和城乡建设部收到省级住房和城乡建设主管部门的行政处罚建议和证据材料后，认为证据不够充分的，可以要求地方住房和城乡建设主管部门补充调查，也可以直接调查取证。

住房和城乡建设部收到省级住房和城乡建设主管部门的行政处罚建议后，应当及时将处理结果告知该省级住房和城乡建设主管部门。

第 10 条　住房和城乡建设部实施行政处罚，应当按照《住房城乡建设部关于印发集中行使部机关行政处罚权工作规程的通知》（建督〔2017〕96 号）履行行政处罚程序。

行政处罚决定依法作出后，应当于 7 个工作日内在住房和城乡建设部门户网站办事大厅栏目公示，并记入全国建筑市场监管公共服务平台。

第 11 条　行政处罚决定书中应当明确履行停业整顿处罚的起止日期，起算日期应当考虑必要的文书制作、送达、合理范围知悉等因素，但不得超过处罚决定作出后 7 个工作日。

发生安全事故的建筑施工企业已经受到暂扣安全生产许可证处罚的，对其实施责令停业整顿处罚时，应当在折抵暂扣安全生产许可证的期限后，确定停业整顿的履行期限。

第 12 条　停业整顿期间，企业在全国范围内不得以承接发生违法行为的工程项目时所用资质类别承接新的工程项目；对于设计、监理综合类资质企业，在全国范围内不得以承接发生违法行为的工程项目时所用工程类别承接新的工程项目。

降低资质等级、吊销资质证书处罚的范围是企业承接发生违法行为的工程项目时所用资质类别。

责令停止执业、吊销执业资格证书处罚的范围是相应执业资格注册的全部专业。

第 13 条　当事人有下列情形之一的，应当根据法律法规和《裁量基准》从轻或者减轻处罚：

（一）主动消除或者减轻违法行为危害后果的；

（二）受他人胁迫有违法行为的；

（三）配合行政机关查处违法行为有立功表现的；

（四）其他依法从轻或者减轻行政处罚的。

第 14 条　当事人有下列情形之一的，应当依法在《裁量基准》相应档次内从重处罚。情节特别严重的，可以按高一档次处罚。

（一）工程勘察设计企业、建筑施工企业、工程监理企业在发生建设工程质量、安全事故后 2 年内再次发生建设工程质量、安全事故且负有事故责任的；

（二）工程勘察设计企业、建筑施工企业、工程监理企业对建设工程质量、安全事故负有责任且存在超越资质、转包（转让业务）、违法分包、挂靠、租借资质等行为的；

（三）注册执业人员对建设工程质量、安全事故负有责任且存在注册单位与实际工作单位不一致，或者买卖租借执业资格证书等"挂证"行为的；

（四）工程勘察设计企业、建筑施工企业、工程监理企业和注册执业人员多次实施违法行为，或在有关主管部门责令改正后，拒不改正，继续实施违法行为的。

第15条　住房和城乡建设部成立规范工程建设行政处罚裁量权专家委员会，对重大的工程建设行政处罚提供咨询意见。

住房和城乡建设部适时对本办法和《裁量基准》的实施情况，以及规范工程建设行政处罚裁量权工作情况进行评估。

第16条　地方住房和城乡建设主管部门根据权限实施责令停业整顿、降低资质等级、吊销资质证书以及停止执业、吊销执业资格证书等处罚，应当参照本办法和《裁量基准》制定相应基准。

第17条　在依法查处工程建设违法行为中发现涉嫌犯罪的，应当及时移送有关国家机关依法处理。

第18条　本办法自 2019 年 11 月 1 日起施行。《规范住房城乡建设部工程建设行政处罚裁量权实施办法（试行）》和《住房城乡建设部工程建设行政处罚裁量基准（试行）》（建法〔2011〕6号）同时废止。《住房城乡建设质量安全事故和其他重大突发事件督办处理办法》（建法〔2015〕37号）与本办法和《裁量基准》

规定不一致的，以本办法和《裁量基准》为准。

3.《生态环境部关于进一步规范适用环境行政处罚自由裁量权的指导意见》(2019年5月21日 环执法〔2019〕42号)

一、适用行政处罚自由裁量权的原则和制度

（一）基本原则。

1. 合法原则。生态环境部门应当在法律、法规、规章确定的裁量条件、种类、范围、幅度内行使行政处罚自由裁量权。

2. 合理原则。行使行政处罚自由裁量权，应当符合立法目的，充分考虑、全面衡量地区经济社会发展状况、执法对象情况、危害后果等相关因素，所采取的措施和手段应当必要、适当。

3. 过罚相当原则。行使行政处罚自由裁量权，必须以事实为依据，处罚种类和幅度应当与当事人违法过错程度相适应，与环境违法行为的性质、情节以及社会危害程度相当。

4. 公开公平公正原则。行使行政处罚自由裁量权，应当向社会公开裁量标准，向当事人告知裁量所基于的事实、理由、依据等内容；应当平等对待行政管理相对人，公平、公正实施处罚，对事实、性质、情节、后果相同的情况应当给予相同的处理。

（二）健全规范配套制度。

1. 查处分离制度。将生态环境执法的调查、审核、决定、执行等职能进行相对分离，使执法权力分段行使，执法人员相互监督，建立既相互协调、又相互制约的权力运行机制。

2. 执法回避制度。执法人员与其所管理事项或者当事人有直接利害关系、可能影响公平公正处理的，不得参与相关案件的调查和处理。

3. 执法公示制度。强化事前、事后公开，向社会主动公开环境保护法律法规、行政执法决定等信息。规范事中公示，行政执法人员在执法过程要主动表明身份，接受社会监督。

4. 执法全过程记录制度。对立案、调查、审查、决定、执行程序以及执法时间、地点、对象、事实、结果等做出详细记录，并全面系统归档保存，实现全过程留痕和可回溯管理。

5. 重大执法决定法制审核制度。对涉及重大公共利益，可能造成重大社会影响或引发社会风险，直接关系行政相对人或第三人重大权益，经过听证程序作出行政执法决定，以及案件情况疑难复杂、涉及多个法律关系的案件，设立专门机构和人员进行严格法制审核。

6. 案卷评查制度。上级生态环境部门可以结合工作实际，组织对下级生态环境部门的行政执法案卷评查，将案卷质量高低作为衡量执法水平的重要依据。

7. 执法统计制度。对本机构作出行政执法决定的情况进行全面、及时、准确的统计，认真分析执法统计信息，加强对信息的分析处理，注重分析成果的应用。

8. 裁量判例制度。生态环境部门可以针对常见环境违法行为，确定一批自由裁量权尺度把握适当的典型案例，为行政处罚自由裁量权的行使提供参照。

二、制定裁量规则和基准的总体要求

（三）制定的主体。省级生态环境部门应当根据本意见提供的制定方法，结合本地区法规和规章，制定本地区行政处罚自由裁量规则和基准。鼓励有条件的设区的市级生态环境部门对省级行政处罚自由裁量规则和基准进一步细化、量化。

（四）制定的原则。制定裁量规则和基准应当坚持合法、科学、公正、合理的原则，结合污染防治攻坚战的要求，充分考虑违法行为的特点，按照宽严相济的思路，突出对严重违法行为的惩处力度和对其他违法行为的震慑作用，鼓励和引导企业即时改正轻微违法行为，促进企业环境守法。

制定裁量规则和基准应当将主观标准与客观标准相结合，在法律、法规和规章规定的处罚种类、幅度内，细化裁量标准，压缩裁量空间，为严格执法、公正执法、精准执法提供有力支撑。

（五）制定的基本方法。制定裁量规则和基准，要在总结实践经验的基础上，根据违法行为构成要素和违法情节，科学设定裁量因子和运算规则，实现裁量额度与行政相对人违法行为相匹配，体现过罚相当的处罚原则。

制定自由裁量规则和基准，应当综合考虑以下因素：违法行为造成的环境污染、生态破坏以及社会影响；违法行为当事人的主观过错程度；违法行为的具体表现形式；违法行为危害的具体对象；违法行为当事人是初犯还是再犯；改正环境违法行为的态度和所采取的改正措施及效果。

制定裁量规则和基准，应当及时、全面贯彻落实新出台或修订法律法规规定，对主要违法行为对应的有处罚幅度的法律责任条款基本实现全覆盖。裁量规则和基准不应局限于罚款处罚，对其他种类行政处罚的具体适用也应加以规范。

严格按照环境保护法及其配套办法规定的适用范围和实施程序，进一步细化规定实施按日连续处罚、查封、扣押、限制生产、停产整治，以及移送公安机关适用行政拘留的案件类型和审查流程，统一法律适用。对符合上述措施实施条件的案件，严格按规定进行审查，依法、公正作出处理决定，并有充分的裁量依据和理由。对同类案件给予相同处理，避免执法的随意性、任意性。

有条件的生态环境部门可充分运用信息化手段，开发和运用电子化的自由裁量系统，严格按照裁量规则和基准设计并同步更新。有条件的省级生态环境部门，应当建立省级环境行政处罚管理系统，实现统一平台、统一系统、统一裁量，并与国家建立的环境行政处罚管理系统联网。

生态环境部将在"全国环境行政处罚案件办理系统"中设置

"行政处罚自由裁量计算器"功能,通过输入有关裁量因子,经过内设函数运算,对处罚额度进行模拟裁量,供各地参考。

三、制定裁量规则和基准的程序

(六)起草和发布。生态环境部门负责行政处罚案件审查的机构具体承担裁量规则和基准的起草和发布工作。起草时应当根据法律法规的制定和修改以及国家生态文明政策的调整,结合地方实际,参考以往的处罚案例,深入调查研究,广泛征求意见,按照规范性文件的制定程序组织实施。

(七)宣传和实施。生态环境部门发布裁量规则和基准后,应当配套编制解读材料,就裁量规则和基准的使用进行普法宣传和解读。有条件的地区还可以提供模拟裁量的演示系统。

(八)更新和修订。生态环境部门应当建立快速、严谨的动态更新机制,对已制定的裁量规则和基准进行补充和完善,提升其科学性和实用性。

四、裁量规则和基准的适用

(九)调查取证阶段。环境违法案件调查取证过程中,执法人员应当以裁量规则和基准为指导,全面调取有关违法行为和情节的证据;在提交行政处罚案件调查报告时,不仅要附有违法行为的定性证据,还应根据裁量因子提供有关定量证据。开发使用移动执法平台的,应当与裁量系统相衔接,为执法人员现场全面收集证据、正确适用法律提供帮助。

(十)案件审查阶段。案件审查过程中,案件审查人员应当严格遵守裁量规则和使用裁量基准,对具体案件的处罚额度提出合理的裁量建议;经集体审议的案件也应当专门对案件的裁量情况进行审议,书面记录审议结果,并随案卷归档。

(十一)告知和听证阶段。生态环境部门应当在告知当事人行政处罚有关违法事实、证据、处罚依据时,一并告知行政处罚裁量权的适用依据,及其陈述申辩权利。当事人陈述申辩时对自由裁量适用提出异议的，应当对异议情况进行核查，对合理的意见予以采纳，不得因当事人的陈述申辩而加重处罚。

（十二）决定阶段。生态环境部门在作出处罚决定时，应当在处罚决定书中载明行政处罚自由裁量的适用依据和理由，以及对当事人关于裁量的陈述申辩意见的采纳情况和理由。

（十三）裁量的特殊情形。

1. 有下列情形之一的，可以从重处罚。

（1）两年内因同类环境违法行为被处罚 3 次（含 3 次）以上的；

（2）重污染天气预警期间超标排放大气污染物的；

（3）在案件查处中对执法人员进行威胁、辱骂、殴打、恐吓或者打击报复的；

（4）环境违法行为造成跨行政区域环境污染的；

（5）环境违法行为引起不良社会反响的；

（6）其他具有从重情节的。

2. 有下列情形之一的，应当依法从轻或者减轻行政处罚。

（1）主动消除或者减轻环境违法行为危害后果的；

（2）受他人胁迫有环境违法行为的；

（3）配合生态环境部门查处环境违法行为有立功表现的；

（4）其他依法从轻或者减轻行政处罚的。

3. 有下列情形之一的，可以免予处罚。

（1）违法行为（如"未批先建"）未造成环境污染后果，且企业自行实施关停或者实施停止建设、停止生产等措施的；

（2）违法行为持续时间短、污染小（如"超标排放水污染物不超过 2 小时，且超标倍数小于 0.1 倍、日污水排放量小于 0.1 吨的"；又如"不规范贮存危险废物时间不超过 24 小时、数量小于 0.01 吨，且未污染外环境的"）且当日完成整改的；

（3）其他违法行为轻微并及时纠正，没有造成危害后果的。

五、裁量权运行的监督和考评

（十四）信息公开。生态环境部门制定的裁量规则和基准规范性文件，应当按照上级生态环境部门和同级政府信息公开的要求，在政府网站发布，接受社会监督。

（十五）备案管理。生态环境部门应当在裁量规则和基准制发或变更后15日内报上一级生态环境部门备案。

（十六）适用监督。上级生态环境部门应当通过对行政处罚案卷的抽查、考评以及对督办案件的审查等形式，加强对下级生态环境部门裁量规则和基准适用的指导；发现裁量规则和基准设定明显不合理、不全面的，应当提出更新或者修改的建议。对不按裁量规则和基准进行裁量，不规范行使行政处罚自由裁量权构成违法违纪的，依法追究法律责任。

六、《关于印发有关规范行使环境行政处罚自由裁量权文件的通知》（环办〔2009〕107号）同时废止。

4.《文化市场综合执法行政处罚裁量权适用办法》（2021年2月9日 文旅综执发〔2021〕11号）

第1条 为进一步规范文化市场综合执法行政处罚裁量权的适用和监督，保障文化和旅游行政部门和文化市场综合执法机构（以下合并简称"执法部门"）合法、合理地行使行政处罚裁量权，保护公民、法人和其他组织的合法权益，根据《中华人民共和国行政处罚法》以及国务院有关规定，制定本办法。

第2条 本办法所称文化市场综合执法行政处罚裁量权（以下简称"行政处罚裁量权"），是指执法部门对文化市场综合执法领域发生的违法行为实施行政处罚时，在法律、法规、规章规定的处罚种类和幅度内，综合考量违法行为的事实、性质、情节和社会危害程度等因素，决定是否给予处罚、给予何种种类和幅度的处罚的权限。

第3条 执法部门行使行政处罚裁量权，适用本办法。法律、法规、规章另有规定的，从其规定。

第4条 行使行政处罚裁量权，应当以事实为依据，与违法行为的事实、性质、情节以及社会危害程度相当，与违法行为发生地的经济社会发展水平相适应。同一行政区域对违法行为相同、相近或者相似的案件，适用的法律依据、处罚种类、处罚幅度应当基本一致。

第5条 行使行政处罚裁量权，应当坚持处罚与教育相结合的原则，纠正违法行为，教育公民、法人或者其他组织自觉守法。

第6条 同一违法行为违反不同法律、法规、规章的，在适用法律、法规、规章时应当遵循上位法优先、特别法优先的原则。

第7条 文化和旅游部可以根据需要，针对特定的行政处罚事项制定裁量基准，规范统一裁量尺度。

第8条 法律、法规、规章对行政处罚事项规定有裁量空间的，省级执法部门应当根据本办法的规定，综合考虑裁量因素，制定本地区行政处罚裁量基准，供本地区执法部门实施行政处罚时参照执行。省级行政处罚裁量基准应当根据行政处罚裁量权依据的变动和执法工作实际，及时修订。

鼓励市县两级执法部门对省级行政处罚裁量基准进一步细化、量化。

各级执法部门应当在裁量基准正式印发后十五日内报上级执法部门和同级司法部门备案。

第9条 制定行政处罚裁量基准，应当参考既往行政处罚案例，对具备裁量基准条件的行政处罚事项的下列内容进行细化和量化：

（一）法律、法规、规章规定可以选择是否给予行政处罚的，应当明确是否处罚的具体适用情形；

（二）法律、法规、规章规定可以选择行政处罚种类的，应当明确适用不同处罚种类的具体适用情形；

（三）法律、法规、规章规定可以选择处罚幅度的，应当明确划分易于操作的裁量阶次，并对每一阶次行政处罚的具体适用情形及幅度等作出规定；

（四）法律、法规、规章规定可以单处或者并处行政处罚的，应当明确规定单处或者并处行政处罚的具体适用情形。

第10条　法律、法规、规章设定的处罚种类和罚款数额，在相应的幅度范围内分为从轻处罚、一般处罚、从重处罚。

除法律、法规、规章另有规定外，罚款处罚的数额按照以下标准确定：

（一）罚款为一定幅度的数额，应当在最高罚款数额与最低罚款数额之间合理划分三个区间，从轻处罚的数额应当介于最低区间范围，一般处罚应当介于中间区间范围，从重处罚应当介于最高区间范围；

（二）罚款为一定金额的倍数，应当在最高罚款倍数与最低罚款倍数之间合理划分三个区间，从轻处罚的倍数应当介于最低区间范围，一般处罚应当介于中间区间范围，从重处罚应当介于最高区间范围。

第11条　同时具有两个以上从重情节且不具有从轻情节的，应当在违法行为对应的处罚幅度内按照最高档次实施行政处罚。

同时具有多种情节的，应当综合考虑违法行为的性质和主要情节，确定对应的处罚幅度实施行政处罚。

第12条　有下列情形之一的，应当依法不予行政处罚：

（一）不满十四周岁的未成年人有违法行为的；

（二）精神病人、智力残疾人在不能辨认或者不能控制自己行为时有违法行为的；

（三）违法行为轻微并及时改正，没有造成危害后果的；

（四）当事人有证据足以证明没有主观过错的（法律、行政法规另有规定的，从其规定）；

（五）法律、法规、规章规定的其他情形。

初次违法且危害后果轻微并及时改正的，可以不予行政处罚。

对当事人的违法行为依法不予行政处罚的，执法部门应当对当事人进行教育；有第一款第（一）项规定情形的，应当责令其监护人加以管教；有第一款第（二）项规定情形的，应当责令其监护人严加看管和治疗。

违法行为在二年内未被发现的，不再给予行政处罚，法律另有规定的除外。

第13条 有下列情形之一的，应当依法从轻或者减轻处罚：

（一）已满十四周岁不满十八周岁的未成年人有违法行为的；

（二）主动消除或者减轻违法行为危害后果的；

（三）受他人胁迫或者诱骗实施违法行为的；

（四）主动供述执法部门尚未掌握的违法行为的；

（五）配合执法部门查处违法行为有立功表现的；

（六）法律、法规、规章规定的其他情形。

尚未完全丧失辨认或者控制自己行为能力的精神病人、智力残疾人有违法行为的，可以从轻或者减轻行政处罚。

第14条 有下列情形之一的，应当依法从重处罚：

（一）危害国家文化安全和意识形态安全，严重扰乱市场经营秩序的；

（二）在共同实施的违法行为中起主要作用或者教唆、胁迫、诱骗他人实施违法行为的；

（三）经执法部门通过新闻媒体、发布公告等方式禁止或者告诫后，继续实施违法行为的；

（四）经执法部门责令改正违法行为后，继续实施同一违法行为的；

（五）因同种违法行为一年内受到三次及以上行政处罚的；

（六）隐匿、破坏、销毁、篡改有关证据，或者拒不配合、阻碍、以暴力威胁执法人员依法执行职务的；

（七）对证人、举报人或者执法人员打击报复的；

（八）违法行为引起群众强烈反映、引发群体性事件或者造成其他不良社会影响的；

（九）违反未成年人保护相关规定且情节严重的；

（十）扰乱公共秩序、妨害公共安全和社会管理，情节严重、尚未构成犯罪的；

（十一）法律、法规、规章规定的其他情形。

第15条 违法行为不具有从轻或者减轻、从重情形的，应当给予一般处罚。

第16条 案件调查终结后，承办案件的执法人员应当在充分考虑当事人的陈述和申辩后，对拟作出行政处罚的种类和幅度提出建议，并说明行使行政处罚裁量权的理由和依据；案件审核人员应当对行使行政处罚裁量权的情况提出审核意见，并逐级报批。

第17条 从事法制审核工作的执法人员应当对行政处罚裁量权的行使进行合法性、合理性审核。

对情节复杂或者重大违法行为给予行政处罚的，还应当履行集体讨论程序，并在集体讨论笔录中说明理由和依据。

第18条 行政处罚事先告知书和行政处罚决定书应当具体说明行使行政处罚裁量权的理由和依据。

第19条 除法律、法规、规章另有规定外，执法部门应当自立案之日起九十日内作出行政处罚决定。

执法部门在作出行政处罚决定前，依法需要公告、鉴定、听证的，所需时间不计算在前款规定的期限内。

第20条 各级执法部门应当建立文化市场综合执法行政处

罚典型案例指导、案卷评查、评议考核等制度，规范本地区行政处罚裁量权的行使。

第 21 条　执法部门应当应用文化市场综合执法信息化管理平台对行政处罚裁量权的行使情况实施监督检查。

第 22 条　执法部门发现本部门行政处罚裁量权行使不当的，应当及时、主动改正。

上级执法部门应当对下级执法部门行使行政处罚裁量权的情况进行指导、监督，发现下级执法部门行政处罚裁量权行使不当的，应当责令其及时改正。

第 23 条　执法人员滥用行政处罚裁量权的，依法追究行政责任；涉嫌违纪、犯罪的，移交纪检监察机关、司法机关依法依规处理。

第 24 条　县级以上执法部门制定的行政处罚裁量权基准，应当及时向社会公开。

第 25 条　本办法由文化和旅游部负责解释。

第 26 条　本办法自 2021 年 7 月 15 日起施行。原文化部 2012 年 12 月 18 日发布的《文化市场行政处罚自由裁量权适用办法（试行）》同时废止。

第三十五条　刑罚的折抵

违法行为构成犯罪，人民法院判处拘役或者有期徒刑时，行政机关已经给予当事人行政拘留的，应当依法折抵相应刑期。

违法行为构成犯罪，人民法院判处罚金时，行政机关已经给予当事人罚款的，应当折抵相应罚金；行政机关尚未给予当事人罚款的，不再给予罚款。

● 法　律

《刑法》（2023 年 12 月 29 日）

第 52 条　判处罚金，应当根据犯罪情节决定罚金数额。

第 53 条　罚金在判决指定的期限内一次或者分期缴纳。期满不缴纳的，强制缴纳。对于不能全部缴纳罚金的，人民法院在任何时候发现被执行人有可以执行的财产，应当随时追缴。

如果由于遭遇不能抗拒的灾祸缴纳确实有困难的，可以酌情减少或者免除。

第三十六条　行政处罚的时效

违法行为在二年内未被发现的，不再给予行政处罚；涉及公民生命健康安全、金融安全且有危害后果的，上述期限延长至五年。法律另有规定的除外。

前款规定的期限，从违法行为发生之日起计算；违法行为有连续或者继续状态的，从行为终了之日起计算。

● 法　律

1. 《治安管理处罚法》（2025 年 6 月 27 日）

第 25 条　违反治安管理行为在六个月以内没有被公安机关发现的，不再处罚。

前款规定的期限，从违反治安管理行为发生之日起计算；违反治安管理行为有连续或者继续状态的，从行为终了之日起计算。

2. 《税收征收管理法》（2015 年 4 月 24 日）

第 86 条　违反税收法律、行政法规应当给予行政处罚的行为，在五年内未被发现的，不再给予行政处罚。

● 部门规章及文件

3.《医疗保障行政处罚程序暂行规定》(2021年6月11日 国家医疗保障局令第4号)

第6条 违法行为在二年内未被发现的,不再给予行政处罚;涉及公民生命健康安全且有危害后果的,上述期限延长至五年。

前款规定的期限,从违法行为发生之日起计算;违法行为有连续或者继续状态的,从行为终了之日起计算。

4.《海关办理行政处罚案件程序规定》(2021年6月15日 海关总署第250号令)

第60条 违法行为在二年内未被发现的,不再给予行政处罚;涉及公民生命健康安全、金融安全且有危害后果的,上述期限延长至五年。法律另有规定的除外。

前款规定的期限,从违法行为发生之日起计算;违法行为有连续或者继续状态的,从行为终了之日起计算。

第三十七条　法律适用的从旧兼从轻原则

实施行政处罚,适用违法行为发生时的法律、法规、规章的规定。但是,作出行政处罚决定时,法律、法规、规章已被修改或者废止,且新的规定处罚较轻或者不认为是违法的,适用新的规定。

第三十八条　行政处罚的无效

行政处罚没有依据或者实施主体不具有行政主体资格的,行政处罚无效。

违反法定程序构成重大且明显违法的,行政处罚无效。

第五章 行政处罚的决定

第一节 一般规定

第三十九条 行政处罚信息公示

行政处罚的实施机关、立案依据、实施程序和救济渠道等信息应当公示。

● 部门规章及文件

《市场监督管理行政处罚信息公示规定》（2021年7月30日 国家市场监督管理总局令第45号）

第2条 市场监督管理部门对适用普通程序作出行政处罚决定的相关信息，应当记录于国家企业信用信息公示系统，并向社会公示。

仅受到警告行政处罚的不予公示。法律、行政法规另有规定的除外。

依法登记的市场主体的行政处罚公示信息应当记于市场主体名下。

第3条 市场监督管理部门公示行政处罚信息，应当遵循合法、客观、及时、规范的原则。

第4条 依照本规定第二条公示的行政处罚信息主要包括行政处罚决定书和行政处罚信息摘要。

市场监督管理部门应当严格依照国家市场监督管理总局的有关规定制作行政处罚决定书，并制作行政处罚信息摘要附于行政处罚决定书之前。

行政处罚信息摘要的内容包括：行政处罚决定书文号、行政处罚当事人基本情况、违法行为类型、行政处罚内容、作出行政处罚决定的行政机关名称和日期。

第5条 市场监督管理部门应当依照《中华人民共和国保守国家秘密法》以及其他法律法规的有关规定,建立健全行政处罚信息保密审查机制。公示的行政处罚信息不得泄露国家秘密,不得危及国家安全、公共安全、经济安全和社会稳定。

第6条 市场监督管理部门公示行政处罚信息,应当遵守法律法规关于商业秘密和个人信息保护的有关规定,对信息进行必要的处理。

第7条 市场监督管理部门公示的行政处罚决定书,除依照本规定第六条的要求进行处理的以外,内容应当与送达行政处罚当事人的行政处罚决定书一致。

第四十条 行政处罚应当查明事实

公民、法人或者其他组织违反行政管理秩序的行为,依法应当给予行政处罚的,行政机关必须查明事实;违法事实不清、证据不足的,不得给予行政处罚。

● 案例指引

某公司诉某市场监督管理局行政处罚案 [北京市第三中级人民法院(2019)京03行终305号行政判决书]

案例要旨:"混有异物"应是指食品中混有与食品属性不同、影响食品质量安全且可能对人体健康造成伤害的物质。对于"混有异物"的判断,不能仅凭感官观察,应结合食品配料表中的食品原料属性及食品本身属性、加工工艺流程等因素综合判断,必要时应启动鉴定程序进行深入调查。同时,关于执法程序,行政执法机关应结合案件具体情况,采取合理方式赋予食品生产商就其生产食品涉嫌违法定性的陈述、申辩权利。本案中,被告的执法调查既未开瓶排除黑色点状物质可能存在于瓶体的可能性,又没有结合配料的属性及果酱生产加工工艺的国家标准对果酱中出现黑色点状物质是否属于合理范畴进行分析判断，在执法程序中也未以合理方式向公司开展调查，未出于查明案件事实的需要给予公司就涉案食品涉嫌违法的定性陈述、辩解的权利，即径行作出"混有异物"的事实认定。鉴于被诉行政处罚决定中的没收违法所得和罚款的处罚内容具有不可分性，应依法予以整体撤销。

第四十一条　电子技术监控设备的适用

行政机关依照法律、行政法规规定利用电子技术监控设备收集、固定违法事实的，应当经过法制和技术审核，确保电子技术监控设备符合标准、设置合理、标志明显，设置地点应当向社会公布。

电子技术监控设备记录违法事实应当真实、清晰、完整、准确。行政机关应当审核记录内容是否符合要求；未经审核或者经审核不符合要求的，不得作为行政处罚的证据。

行政机关应当及时告知当事人违法事实，并采取信息化手段或者其他措施，为当事人查询、陈述和申辩提供便利。不得限制或者变相限制当事人享有的陈述权、申辩权。

● 部门规章及文件

1.《市场监督管理行政处罚程序规定》（2022年9月29日　国家市场监督管理总局令第61号）

第26条　收集、调取的电子数据应当是有关数据的原始载体。收集电子数据原始载体有困难的，可以采用拷贝复制、委托分析、书式固定、拍照录像等方式取证，并注明制作方法、制作时间、制作人等。

市场监督管理部门可以利用互联网信息系统或者设备收集、固定违法行为证据。用来收集、固定违法行为证据的互联网信息系统或者设备应当符合相关规定，保证所收集、固定电子数据的真实性、完整性。

市场监督管理部门可以指派或者聘请具有专门知识的人员，辅助办案人员对案件关联的电子数据进行调查取证。

市场监督管理部门依照法律、行政法规规定利用电子技术监控设备收集、固定违法事实的，依照《中华人民共和国行政处罚法》有关规定执行。

2.《证券期货违法行为行政处罚办法》（2021年7月14日 中国证券监督管理委员会令第186号）

第15条 电子数据原则上应当收集有关数据的原始载体。收集电子数据原始载体确有困难的，可以制作复制件，并以现场笔录或其他方式记录参与人员、技术方法、收集对象、步骤和过程等。具备条件的，可以采取拍照或录像等方式记录取证过程。对于电子数据的关键内容，可以直接打印或者截屏打印，并由证据提供人签字确认。

3.《中国银保监会行政处罚办法》（2020年6月15日 中国银行保险监督管理委员会令2020年第8号）

第36条 调查人员可以直接提取电子计算机管理业务数据库中的数据，也可以采用转换、计算、分解等方式形成新的电子数据。调查人员收集电子数据，应当提取电子数据原始载体，并附有数据内容、收集时间和地点、收集过程、收集方法、收集人、证明对象等情况的说明，由原始数据持有人签名或者盖章。

无法提取原始载体或者提取确有困难的，可以提供电子数据复制件，但是应当附有复制过程、复制人、原始载体存放地点等情况的说明。

4.《道路交通安全违法行为处理程序规定》（2020年4月7日 公安部令第157号）

第15条 公安机关交通管理部门可以利用交通技术监控设

备、执法记录设备收集、固定违法行为证据。

交通技术监控设备、执法记录设备应当符合国家标准或者行业标准，需要认定、检定的交通技术监控设备应当经认定、检定合格后，方可用于收集、固定违法行为证据。

交通技术监控设备应当定期维护、保养、检测，保持功能完好。

第四十二条　公正文明执法

行政处罚应当由具有行政执法资格的执法人员实施。执法人员不得少于两人，法律另有规定的除外。

执法人员应当文明执法，尊重和保护当事人合法权益。

第四十三条　回避制度

执法人员与案件有直接利害关系或者有其他关系可能影响公正执法的，应当回避。

当事人认为执法人员与案件有直接利害关系或者有其他关系可能影响公正执法的，有权申请回避。

当事人提出回避申请的，行政机关应当依法审查，由行政机关负责人决定。决定作出之前，不停止调查。

● 部门规章及文件

1.《国家外汇管理局行政处罚办法》（2022年5月11日　国家外汇管理局公告2022年第1号）

第12条　外汇局参与案件查处的工作人员有下列情形之一的，当事人有权申请其回避，相关人员应当主动申请回避：

（一）是本案当事人或者其代理人的近亲属；

（二）本人或者其近亲属与本案有直接利害关系；

（三）与本案或本案当事人及其代理人有其他关系，可能影响案件公正执法的；

（四）根据法律、行政法规或者其他规定应当回避的。

应当回避而未主动申请回避的，外汇局分管负责人应当要求相关人员回避。

2.《中国银保监会行政处罚办法》（2020年6月15日 中国银行保险监督管理委员会令2020年第8号）

第9条 银保监会及其派出机构参与行政处罚的工作人员有下列情形之一的，本人应当申请回避，当事人及其代理人也有权申请其回避：

（一）是案件当事人或其代理人的近亲属的；

（二）与案件有直接利害关系的；

（三）与案件当事人或其代理人有其他关系，可能影响案件公正处理的；

（四）根据法律、行政法规或者其他规定应当回避的。

当事人及其代理人提出回避申请的，应当说明理由。回避决定作出前，有关工作人员应当暂停对案件的调查审理，有特殊情况的除外。

3.《市场监督管理行政处罚程序规定》（2022年9月29日 国家市场监督管理总局令第61号）

第4条 市场监督管理部门实施行政处罚实行回避制度。参与案件办理的有关人员与案件有直接利害关系或者有其他关系可能影响公正执法的，应当回避。

市场监督管理部门主要负责人的回避，由市场监督管理部门负责人集体讨论决定；市场监督管理部门其他负责人的回避，由市场监督管理部门主要负责人决定；其他有关人员的回避，由市场监督管理部门负责人决定。

回避决定作出之前，不停止案件调查。

第四十四条　行政机关的告知义务

行政机关在作出行政处罚决定之前，应当告知当事人拟作出的行政处罚内容及事实、理由、依据，并告知当事人依法享有的陈述、申辩、要求听证等权利。

● **案例指引**

高某诉北京某职业学院行政处罚案［北京市通州区人民法院（2019）京0112行初351号行政判决书］

案例要旨：涉案处罚决定作出程序违法。该决定作出前未赋予原告陈述、申辩的权利，剥夺其程序参与权，不利于案件事实的全面把握与法律的准确适用，也违反了行政法律制度通过先陈述、申辩后作出决定的方式保护学生的合法权益的宗旨。同时，被告未告知原告救济权利，违反了《普通高等学校学生管理规定》等规定，法院不予认可。

第四十五条　当事人的陈述、申辩权

当事人有权进行陈述和申辩。行政机关必须充分听取当事人的意见，对当事人提出的事实、理由和证据，应当进行复核；当事人提出的事实、理由或者证据成立的，行政机关应当采纳。

行政机关不得因当事人陈述、申辩而给予更重的处罚。

● **法　律**

1. **《治安管理处罚法》**（2025年6月27日）

第112条　公安机关作出治安管理处罚决定前，应当告知违反治安管理行为人拟作出治安管理处罚的内容及事实、理由、依据，并告知违反治安管理行为人依法享有的权利。

违反治安管理行为人有权陈述和申辩。公安机关必须充分听

取违反治安管理行为人的意见，对违反治安管理行为人提出的事实、理由和证据，应当进行复核；违反治安管理行为人提出的事实、理由或者证据成立的，公安机关应当采纳。

违反治安管理行为人不满十八周岁的，还应当依照前两款的规定告知未成年人的父母或者其他监护人，充分听取其意见。

公安机关不得因违反治安管理行为人的陈述、申辩而加重其处罚。

● 部门规章及文件

2.《商务部行政处罚实施办法》（2022年2月11日 商务部2022年第1号令）

第3条 商务部实施行政处罚应当遵循公正、公开的原则，并保障公民、法人或者其他组织的陈述权、申辩权、要求举行听证权、申请行政复议或行政诉讼的权利。

3.《市场监督管理行政处罚程序规定》（2022年9月29日 国家市场监督管理总局令第61号）

第21条 办案人员应当全面、客观、公正、及时进行案件调查，收集、调取证据，并依照法律、法规、规章的规定进行检查。

首次向当事人收集、调取证据的，应当告知其享有陈述权、申辩权以及申请回避的权利。

第57条 拟给予行政处罚的案件，市场监督管理部门在作出行政处罚决定之前，应当书面告知当事人拟作出的行政处罚内容及事实、理由、依据，并告知当事人依法享有陈述权、申辩权。拟作出的行政处罚属于听证范围的，还应当告知当事人有要求听证的权利。法律、法规规定在行政处罚决定作出前需责令当事人退还多收价款的，一并告知拟责令退还的数额。

当事人自告知书送达之日起五个工作日内，未行使陈述、申辩权，未要求听证的，视为放弃此权利。

第58条　市场监督管理部门在告知当事人拟作出的行政处罚决定后，应当充分听取当事人的意见，对当事人提出的事实、理由和证据进行复核。当事人提出的事实、理由或者证据成立的，市场监督管理部门应当予以采纳，不得因当事人陈述、申辩或者要求听证而给予更重的行政处罚。

4.《医疗保障行政处罚程序暂行规定》（2021年6月11日　国家医疗保障局令第4号）

第41条　根据调查情况，拟给予行政处罚的案件，医疗保障行政部门在作出行政处罚决定之前应当书面告知当事人拟作出行政处罚决定的事实、理由及依据，并告知当事人依法享有陈述权、申辩权。

医疗保障行政部门应当充分听取当事人陈述、申辩意见，对当事人提出的事实、理由和证据进行复核。

拟作出的行政处罚属于听证范围的，应当告知当事人有要求举行听证的权利，当事人要求听证的，医疗保障行政部门应当依法组织听证。

当事人提出的事实、理由或者证据成立的，医疗保障行政部门应当予以采纳，不得因当事人陈述、申辩或者申请听证而加重行政处罚。

5.《海关办理行政处罚案件程序规定》（2021年6月15日　海关总署第250号令）

第69条　海关不得因当事人陈述、申辩、要求听证而给予更重的处罚，但是海关发现新的违法事实的除外。

● 案例指引

焦某诉某公安分局治安管理处罚决定行政纠纷案（《最高人民法院公报》2006年第10期）

案例要旨：（1）依法作出的行政处罚决定一旦生效，其法律效力不仅及于行政相对人，也及于行政机关，不能随意被撤销。已经生效的行政处罚决定如果随意被撤销，不利于社会秩序的恢复和稳定。(2)错误的治安管理行政处罚决定只能依照法定程序纠正。《公安机关内部执法监督工作规定》是公安部为保障公安机关及其人民警察依法正确履行职责，防止和纠正违法和不当的执法行为，保护公民、法人和其他组织的合法权益而制定的内部规章，不能成为制作治安管理行政处罚决定的法律依据。(3)在行政处罚程序中始终贯彻允许当事人陈述和申辩的原则，只能有利于事实的查明和法律的正确适用，不会混淆是非，更不会因此而使违法行为人逃脱应有的惩罚。

第四十六条　证据种类及适用规则

证据包括：
(一)书证；
(二)物证；
(三)视听资料；
(四)电子数据；
(五)证人证言；
(六)当事人的陈述；
(七)鉴定意见；
(八)勘验笔录、现场笔录。
证据必须经查证属实，方可作为认定案件事实的根据。
以非法手段取得的证据，不得作为认定案件事实的根据。

第四十七条　行政处罚全过程记录

行政机关应当依法以文字、音像等形式，对行政处罚的启动、调查取证、审核、决定、送达、执行等进行全过程记录，归档保存。

● 部门规章及文件

《市场监督管理行政处罚程序规定》（2022年9月29日 国家市场监督管理总局令第61号）

第78条 结案后，办案人员应当将案件材料按照档案管理的有关规定立卷归档。案卷归档应当一案一卷、材料齐全、规范有序。

案卷可以分正卷、副卷。正卷按照下列顺序归档：

（一）立案审批表；

（二）行政处罚决定书及送达回证；

（三）对当事人制发的其他法律文书及送达回证；

（四）证据材料；

（五）听证笔录；

（六）财物处理单据；

（七）其他有关材料。

副卷按照下列顺序归档：

（一）案源材料；

（二）调查终结报告；

（三）审核意见；

（四）听证报告；

（五）结案审批表；

（六）其他有关材料。

案卷的保管和查阅，按照档案管理的有关规定执行。

第79条 市场监督管理部门应当依法以文字、音像等形式，对行政处罚的启动、调查取证、审核、决定、送达、执行等进行全过程记录，依照本规定第七十八条的规定归档保存。

第四十八条 行政处罚决定的公开与撤回

具有一定社会影响的行政处罚决定应当依法公开。

公开的行政处罚决定被依法变更、撤销、确认违法或者确认无效的，行政机关应当在三日内撤回行政处罚决定信息并公开说明理由。

● **部门规章及文件**

《市场监督管理行政处罚程序规定》（2022年9月29日　国家市场监督管理总局令第61号）

第63条　市场监督管理部门作出的具有一定社会影响的行政处罚决定应当按照有关规定向社会公开。

公开的行政处罚决定被依法变更、撤销、确认违法或者确认无效的，市场监督管理部门应当在三个工作日内撤回行政处罚决定信息并公开说明理由。

第四十九条　突发事件应对

发生重大传染病疫情等突发事件，为了控制、减轻和消除突发事件引起的社会危害，行政机关对违反突发事件应对措施的行为，依法快速、从重处罚。

● **部门规章及文件**

《市场监督管理行政处罚程序规定》（2022年9月29日　国家市场监督管理总局令第61号）

第65条　发生重大传染病疫情等突发事件，为了控制、减轻和消除突发事件引起的社会危害，市场监督管理部门对违反突发事件应对措施的行为，依法快速、从重处罚。

第五十条　保密条款

行政机关及其工作人员对实施行政处罚过程中知悉的国家秘密、商业秘密或者个人隐私，应当依法予以保密。

● **部门规章及文件**

1. 《国家外汇管理局行政处罚办法》(2022年5月11日 国家外汇管理局公告2022年第1号)

 第4条 外汇局查处外汇违法行为涉及国家秘密、商业秘密以及个人隐私的,应当遵守国家有关法律法规的规定。

2. 《中国银保监会行政处罚办法》(2020年6月15日 中国银行保险监督管理委员会令2020年第8号)

 第12条 银保监会及其派出机构参与行政处罚的工作人员应当保守案件查办中获悉的国家秘密、商业秘密和个人隐私。

3. 《市场监督管理行政处罚程序规定》(2022年9月29日 国家市场监督管理总局令第61号)

 第5条 市场监督管理部门及参与案件办理的有关人员对实施行政处罚过程中知悉的国家秘密、商业秘密和个人隐私应当依法予以保密。

第二节 简易程序

第五十一条 简易程序的适用条件

> 违法事实确凿并有法定依据,对公民处以二百元以下、对法人或者其他组织处以三千元以下罚款或者警告的行政处罚的,可以当场作出行政处罚决定。法律另有规定的,从其规定。

● **法 律**

1. 《道路交通安全法》(2021年4月29日)

 第107条第1款 对道路交通违法行为人予以警告、二百元以下罚款,交通警察可以当场作出行政处罚决定,并出具行政处罚决定书。

 第108条 当事人应当自收到罚款的行政处罚决定书之日起十五日内,到指定的银行缴纳罚款。

对行人、乘车人和非机动车驾驶人的罚款，当事人无异议的，可以当场予以收缴罚款。

罚款应当开具省、自治区、直辖市财政部门统一制发的罚款收据；不出具财政部门统一制发的罚款收据的，当事人有权拒绝缴纳罚款。

第109条 当事人逾期不履行行政处罚决定的，作出行政处罚决定的行政机关可以采取下列措施：

（一）到期不缴纳罚款的，每日按罚款数额的百分之三加处罚款；

（二）申请人民法院强制执行。

2. 《治安管理处罚法》（2025年6月27日）

第119条 违反治安管理行为事实清楚，证据确凿，处警告或者五百元以下罚款的，可以当场作出治安管理处罚决定。

第120条 当场作出治安管理处罚决定的，人民警察应当向违反治安管理行为人出示人民警察证，并填写处罚决定书。处罚决定书应当当场交付被处罚人；有被侵害人的，并应当将决定书送达被侵害人。

前款规定的处罚决定书，应当载明被处罚人的姓名、违法行为、处罚依据、罚款数额、时间、地点以及公安机关名称，并由经办的人民警察签名或者盖章。

适用当场处罚，被处罚人对拟作出治安管理处罚的内容及事实、理由、依据没有异议的，可以由一名人民警察作出治安管理处罚决定，并应当全程同步录音录像。

当场作出治安管理处罚决定的，经办的人民警察应当在二十四小时以内报所属公安机关备案。

● 部门规章及文件

3.《**市场监督管理行政处罚程序规定**》(2022年9月29日 国家市场监督管理总局令第61号)

　　第66条　违法事实确凿并有法定依据，对自然人处以二百元以下、对法人或者其他组织处以三千元以下罚款或者警告的行政处罚的，可以当场作出行政处罚决定。法律另有规定的，从其规定。

　　第67条　适用简易程序当场查处违法行为，办案人员应当向当事人出示执法证件，当场调查违法事实，收集必要的证据，填写预定格式、编有号码的行政处罚决定书。

　　行政处罚决定书应当由办案人员签名或者盖章，并当场交付当事人。当事人拒绝签收的，应当在行政处罚决定书上注明。

　　第68条　当场制作的行政处罚决定书应当载明当事人的基本情况、违法行为、行政处罚依据、处罚种类、罚款数额、缴款途径和期限、救济途径和期限、部门名称、时间、地点，并加盖市场监督管理部门印章。

4.《**海关办理行政处罚案件程序规定**》(2021年6月15日 海关总署第250号令)

　　第101条　违法事实确凿并有法定依据，对公民处以二百元以下、对法人或者其他组织处以三千元以下罚款或者警告的行政处罚的，海关可以适用简易程序当场作出行政处罚决定。

第五十二条　简易程序的适用要求

　　执法人员当场作出行政处罚决定的，应当向当事人出示执法证件，填写预定格式、编有号码的行政处罚决定书，并当场交付当事人。当事人拒绝签收的，应当在行政处罚决定书上注明。

　　前款规定的行政处罚决定书应当载明当事人的违法行为，行政处罚的种类和依据、罚款数额、时间、地点，申请

> 行政复议、提起行政诉讼的途径和期限以及行政机关名称，并由执法人员签名或者盖章。
>
> 执法人员当场作出的行政处罚决定，应当报所属行政机关备案。

● 部门规章及文件

1.《市场监督管理行政处罚程序规定》（2022年9月29日 国家市场监督管理总局令第61号）

第69条 办案人员在行政处罚决定作出前，应当告知当事人拟作出的行政处罚内容及事实、理由、依据，并告知当事人有权进行陈述和申辩。当事人进行陈述和申辩的，办案人员应当记入笔录。

第70条 适用简易程序查处案件的有关材料，办案人员应当在作出行政处罚决定之日起七个工作日内交至所在的市场监督管理部门归档保存。

2.《海关办理行政处罚案件程序规定》（2021年6月15日 海关总署第250号令）

第102条 执法人员当场作出行政处罚决定的，应当向当事人出示执法证件，填写预定格式、编有号码的行政处罚决定书，并当场交付当事人。当事人拒绝签收的，应当在行政处罚决定书上注明。

前款规定的行政处罚决定书应当载明当事人的违法行为，行政处罚的种类和依据、罚款数额、时间、地点，申请行政复议、提起行政诉讼的途径和期限以及海关名称，并由执法人员签名或者盖章。

执法人员当场作出的行政处罚决定，应当报所属海关备案。

第五十三条　简易程序的履行

> 对当场作出的行政处罚决定，当事人应当依照本法第六十七条至第六十九条的规定履行。

第三节 普通程序

第五十四条　取证与立案

除本法第五十一条规定的可以当场作出的行政处罚外，行政机关发现公民、法人或者其他组织有依法应当给予行政处罚的行为的，必须全面、客观、公正地调查，收集有关证据；必要时，依照法律、法规的规定，可以进行检查。

符合立案标准的，行政机关应当及时立案。

● 法　律

1.《治安管理处罚法》（2025年6月27日）

第91条　公安机关及其人民警察对治安案件的调查，应当依法进行。严禁刑讯逼供或者采用威胁、引诱、欺骗等非法手段收集证据。

以非法手段收集的证据不得作为处罚的根据。

● 部门规章及文件

2.《住房和城乡建设行政处罚程序规定》（2022年3月10日　住房和城乡建设部令第55号）

第15条　执法机关对依据监督检查职权或者通过投诉、举报等途径发现的违法行为线索，应当在十五日内予以核查，情况复杂确实无法按期完成的，经本机关负责人批准，可以延长十日。

经核查，符合下列条件的，应当予以立案：

（一）有初步证据证明存在违法行为；

（二）违法行为属于本机关管辖；

（三）违法行为未超过行政处罚时效。

立案应当填写立案审批表，附上相关材料，报本机关负责人批准。

立案前核查或者监督检查过程中依法取得的证据材料，可以作为案件的证据使用。

3.《旅游行政处罚办法》（2013年5月12日 国家旅游局令第38号）

第23条 在现场检查中发现旅游违法行为时，认为证据以后难以取得的，可以先行调查取证，并在10日内决定是否立案和补办立案手续。

4.《市场监督管理行政处罚程序规定》（2022年9月29日 国家市场监督管理总局令第61号）

第18条 市场监督管理部门对依据监督检查职权或者通过投诉、举报、其他部门移送、上级交办等途径发现的违法行为线索，应当自发现线索或者收到材料之日起十五个工作日内予以核查，由市场监督管理部门负责人决定是否立案；特殊情况下，经市场监督管理部门负责人批准，可以延长十五个工作日。法律、法规、规章另有规定的除外。

检测、检验、检疫、鉴定以及权利人辨认或者鉴别等所需时间，不计入前款规定期限。

第19条 经核查，符合下列条件的，应当立案：

（一）有证据初步证明存在违反市场监督管理法律、法规、规章的行为；

（二）依据市场监督管理法律、法规、规章应当给予行政处罚；

（三）属于本部门管辖；

（四）在给予行政处罚的法定期限内。

决定立案的，应当填写立案审批表，由办案机构负责人指定两名以上具有行政执法资格的办案人员负责调查处理。

第20条 经核查，有下列情形之一的，可以不予立案：

（一）违法行为轻微并及时改正，没有造成危害后果；

（二）初次违法且危害后果轻微并及时改正；

（三）当事人有证据足以证明没有主观过错，但法律、行政法规另有规定的除外；

（四）依法可以不予立案的其他情形。

决定不予立案的，应当填写不予立案审批表。

5.《民用航空行政处罚实施办法》（2024年12月30日 交通运输部令2024年第12号）

第20条 符合下列条件的，民航行政机关应当立案：

（一）经核查认为存在涉嫌违反涉及民航管理的法律、行政法规、规章规定的情形，应当或者可以给予行政处罚的；

（二）属于本单位管辖范围。

符合立案条件的，应当及时立案。立案后发现不符合立案条件的，应当及时撤销。

第五十五条　执法调查检查程序

执法人员在调查或者进行检查时，应当主动向当事人或者有关人员出示执法证件。当事人或者有关人员有权要求执法人员出示执法证件。执法人员不出示执法证件的，当事人或者有关人员有权拒绝接受调查或者检查。

当事人或者有关人员应当如实回答询问，并协助调查或者检查，不得拒绝或者阻挠。询问或者检查应当制作笔录。

● 部门规章及文件

1.《市场监督管理行政处罚程序规定》（2022年9月29日 国家市场监督管理总局令第61号）

第22条 办案人员调查或者进行检查时不得少于两人，并应当主动向当事人或者有关人员出示执法证件。

第28条 对有违法嫌疑的物品或者场所进行检查时，应当通知当事人到场。办案人员应当制作现场笔录，载明时间、地点、事件等内容，由办案人员、当事人签名或者盖章。

第29条 办案人员可以询问当事人及其他有关单位和个人。询问应当个别进行。询问应当制作笔录，询问笔录应当交被询问人核对；对阅读有困难的，应当向其宣读。笔录如有差错、遗漏，应当允许其更正或者补充。涂改部分应当由被询问人签名、盖章或者以其他方式确认。经核对无误后，由被询问人在笔录上逐页签名、盖章或者以其他方式确认。办案人员应当在笔录上签名。

第43条 办案人员在调查取证过程中，无法通知当事人，当事人不到场或者拒绝接受调查，当事人拒绝签名、盖章或者以其他方式确认的，办案人员应当在笔录或者其他材料上注明情况，并采取录音、录像等方式记录，必要时可以邀请有关人员作为见证人。

2.《中国银保监会行政处罚办法》（2020年6月15日 中国银行保险监督管理委员会令2020年第8号）

第26条 调查人员进行案件调查时不得少于二人，并应当向当事人或者有关单位和个人出示合法证件和调查（现场检查）通知书。

3.《农业行政处罚程序规定》（2021年12月21日 农业农村部令2021年第4号）

第32条 农业行政处罚机关对立案的农业违法行为，必须全面、客观、公正地调查，收集有关证据；必要时，按照法律、法规的规定，可以进行检查。

农业行政执法人员在调查或者收集证据、进行检查时，不得少于两人。当事人或者有关人员有权要求农业行政执法人员出示执法证件。执法人员不出示执法证件的，当事人或者有关人员有权拒绝接受调查或者检查。

第五十六条　证据收集程序

行政机关在收集证据时，可以采取抽样取证的方法；在证据可能灭失或者以后难以取得的情况下，经行政机关负责人批准，可以先行登记保存，并应当在七日内及时作出处理决定，在此期间，当事人或者有关人员不得销毁或者转移证据。

● **部门规章及文件**

1. 《农业行政处罚程序规定》（2021年12月21日　农业农村部令2021年第4号）

第41条　农业行政处罚机关收集证据时，可以采取抽样取证的方法。农业行政执法人员应当制作抽样取证凭证，对样品加贴封条，并由执法人员和当事人在抽样取证凭证上签名或者盖章。当事人拒绝签名或者盖章的，应当采取拍照、录像或者其他方式记录抽样取证情况。

农业行政处罚机关抽样送检的，应当将抽样检测结果及时告知当事人，并告知当事人有依法申请复检的权利。

非从生产单位直接抽样取证的，农业行政处罚机关可以向产品标注生产单位发送产品确认通知书，对涉案产品是否为其生产的产品进行确认，并可以要求其在一定期限内提供相关证明材料。

2. 《市场监督管理行政处罚程序规定》（2022年9月29日　国家市场监督管理总局令第61号）

第33条　在证据可能灭失或者以后难以取得的情况下，市场监督管理部门可以对与涉嫌违法行为有关的证据采取先行登记保存措施。采取或者解除先行登记保存措施，应当经市场监督管理部门负责人批准。

情况紧急，需要当场采取先行登记保存措施的，办案人员应当在二十四小时内向市场监督管理部门负责人报告，并补办批准手续。市场监督管理部门负责人认为不应当采取先行登记保存措施的，应当立即解除。

第34条　先行登记保存有关证据，应当当场清点，开具清单，由当事人和办案人员签名或者盖章，交当事人一份，并当场交付先行登记保存证据通知书。

先行登记保存期间，当事人或者有关人员不得损毁、销毁或者转移证据。

第35条　对于先行登记保存的证据，应当在七个工作日内采取以下措施：

（一）根据情况及时采取记录、复制、拍照、录像等证据保全措施；

（二）需要检测、检验、检疫、鉴定的，送交检测、检验、检疫、鉴定；

（三）依据有关法律、法规规定可以采取查封、扣押等行政强制措施的，决定采取行政强制措施；

（四）违法事实成立，应当予以没收的，作出行政处罚决定，没收违法物品；

（五）违法事实不成立，或者违法事实成立但依法不应当予以查封、扣押或者没收的，决定解除先行登记保存措施。

逾期未采取相关措施的，先行登记保存措施自动解除。

第五十七条　处罚决定

调查终结，行政机关负责人应当对调查结果进行审查，根据不同情况，分别作出如下决定：

（一）确有应受行政处罚的违法行为的，根据情节轻重及具体情况，作出行政处罚决定；

（二）违法行为轻微，依法可以不予行政处罚的，不予行政处罚；

（三）违法事实不能成立的，不予行政处罚；

（四）违法行为涉嫌犯罪的，移送司法机关。

对情节复杂或者重大违法行为给予行政处罚，行政机关负责人应当集体讨论决定。

● 部门规章及文件

1. 《住房和城乡建设行政处罚程序规定》（2022年3月10日 住房和城乡建设部令第55号）

第26条 执法机关负责人应当对案件调查结果进行审查，根据不同情况，分别作出如下决定：

（一）确有应受行政处罚的违法行为的，根据情节轻重及具体情况，作出行政处罚决定；

（二）违法行为轻微，依法可以不予行政处罚的，不予行政处罚；

（三）违法事实不能成立的，不予行政处罚；

（四）违法行为涉嫌犯罪的，移送司法机关。

对情节复杂或者重大违法行为给予行政处罚，执法机关负责人应当集体讨论决定。

2. 《市场监督管理行政处罚程序规定》（2022年9月29日 国家市场监督管理总局令第61号）

第50条 对情节复杂或者重大违法行为给予行政处罚的下列案件，在市场监督管理部门负责人作出行政处罚的决定之前，应当由从事行政处罚决定法制审核的人员进行法制审核；未经法制审核或者审核未通过的，不得作出决定：

（一）涉及重大公共利益的；

（二）直接关系当事人或者第三人重大权益，经过听证程序的；

（三）案件情况疑难复杂、涉及多个法律关系的；

（四）法律、法规规定应当进行法制审核的其他情形。

前款第二项规定的案件，在听证程序结束后进行法制审核。

县级以上市场监督管理部门可以对第一款的法制审核案件范围作出具体规定。

第60条　市场监督管理部门负责人经对案件调查终结报告、审核意见、当事人陈述和申辩意见或者听证报告等进行审查，根据不同情况，分别作出以下决定：

（一）确有依法应当给予行政处罚的违法行为的，根据情节轻重及具体情况，作出行政处罚决定；

（二）确有违法行为，但有依法不予行政处罚情形的，不予行政处罚；

（三）违法事实不能成立的，不予行政处罚；

（四）不属于市场监督管理部门管辖的，移送其他行政管理部门处理；

（五）违法行为涉嫌犯罪的，移送司法机关。

对本规定第五十条第一款规定的案件，拟给予行政处罚的，应当由市场监督管理部门负责人集体讨论决定。

3.《海关办理行政处罚案件程序规定》（2021年6月15日　海关总署第250号令）

第53条　经调查，行政处罚案件有下列情形之一的，海关可以终结调查并提出处理意见：

（一）违法事实清楚、法律手续完备、据以定性处罚的证据充分的；

（二）违法事实不能成立的；

（三）作为当事人的自然人死亡的；

（四）作为当事人的法人或者其他组织终止，无法人或者其他组织承受其权利义务，又无其他关系人可以追查的；

（五）案件已经移送其他行政机关或者司法机关的；

（六）其他依法应当终结调查的情形。

4.《交通运输行政执法程序规定》（2021年6月30日 交通运输部令2021年第6号）

第73条 执法部门负责人经审查，根据不同情况分别作出如下决定：

（一）确有应受行政处罚的违法行为的，根据情节轻重及具体情况，作出行政处罚决定；

（二）违法行为轻微，依法可以不予行政处罚的，不予行政处罚；

（三）违法事实不能成立的，不予行政处罚；

（四）违法行为涉嫌犯罪的，移送司法机关。

第74条 有下列情形之一的，依法不予行政处罚：

（一）违法行为轻微并及时改正，没有造成危害后果的，不予行政处罚；

（二）除法律、行政法规另有规定的情形外，当事人有证据足以证明没有主观过错的，不予行政处罚；

（三）精神病人、智力残疾人在不能辨认或者不能控制自己行为时有违法行为的，不予行政处罚，但应当责令其监护人严加看管和治疗；

（四）不满十四周岁的未成年人有违法行为的，不予行政处罚，但应责令监护人加以管教；

（五）其他依法不予行政处罚的情形。

初次违法且危害后果轻微并及时改正的，可以不予行政处罚。

违法行为在二年内未被处罚的，不再给予行政处罚；涉及公民生命健康安全、金融安全且有危害后果的，上述期限延长至五年。法律另有规定的除外。

对当事人的违法行为依法不予行政处罚的，执法部门应当对当事人进行教育。

第76条 行政处罚案件有下列情形之一的,应当提交执法部门重大案件集体讨论会议决定:

(一)拟作出降低资质等级、吊销许可证件、责令停产停业、责令关闭、限制从业、较大数额罚款、没收较大数额违法所得、没收较大价值非法财物的;

(二)认定事实和证据争议较大的,适用的法律、法规和规章有较大异议的,违法行为较恶劣或者危害较大的,或者复杂、疑难案件的执法管辖区域不明确或有争议的;

(三)对情节复杂或者重大违法行为给予较重的行政处罚的其他情形。

5.《证券期货违法行为行政处罚办法》(2021年7月14日 中国证券监督管理委员会令第186号)

第27条 案件调查终结,中国证监会及其派出机构根据案件不同情况,依法报单位负责人批准后,分别作出如下决定:

(一)确有应受行政处罚的违法行为的,根据情节轻重及具体情况,作出行政处罚决定;

(二)违法行为轻微,依法可以不予行政处罚的,不予行政处罚;

(三)违法事实不能成立的,不予行政处罚;

(四)违法行为涉嫌犯罪的,依法移送司法机关。

对情节复杂或者重大违法行为给予行政处罚,中国证监会及其派出机构负责人应当集体讨论决定。

● 案例指引

上海鑫晶山建材开发有限公司诉上海市金山区环境保护局环境行政处罚案(最高人民法院指导案例139号)

案例要旨:企业事业单位和其他生产经营者堆放、处理固体废物产生的臭气浓度超过大气污染物排放标准，环境保护主管部门适用处罚较重的《中华人民共和国大气污染防治法》对其进行处罚，企业事业单位和其他生产经营者主张应当适用《中华人民共和国固体废物污染环境防治法》对其进行处罚的，人民法院不予支持。

第五十八条　法制审核

有下列情形之一，在行政机关负责人作出行政处罚的决定之前，应当由从事行政处罚决定法制审核的人员进行法制审核；未经法制审核或者审核未通过的，不得作出决定：

（一）涉及重大公共利益的；

（二）直接关系当事人或者第三人重大权益，经过听证程序的；

（三）案件情况疑难复杂、涉及多个法律关系的；

（四）法律、法规规定应当进行法制审核的其他情形。

行政机关中初次从事行政处罚决定法制审核的人员，应当通过国家统一法律职业资格考试取得法律职业资格。

● 部门规章及文件

1.《市场监督管理行政处罚程序规定》（2022年9月29日　国家市场监督管理总局令第61号）

第49条　办案机构应当将调查终结报告连同案件材料，交由市场监督管理部门审核机构进行审核。

审核分为法制审核和案件审核。

办案人员不得作为审核人员。

第50条　对情节复杂或者重大违法行为给予行政处罚的下列案件，在市场监督管理部门负责人作出行政处罚的决定之前，应当由从事行政处罚决定法制审核的人员进行法制审核；未经法制审核或者审核未通过的，不得作出决定：

（一）涉及重大公共利益的；

（二）直接关系当事人或者第三人重大权益，经过听证程序的；

（三）案件情况疑难复杂、涉及多个法律关系的；

（四）法律、法规规定应当进行法制审核的其他情形。

前款第二项规定的案件，在听证程序结束后进行法制审核。

县级以上市场监督管理部门可以对第一款的法制审核案件范围作出具体规定。

第51条　法制审核由市场监督管理部门法制机构或者其他机构负责实施。

市场监督管理部门中初次从事行政处罚决定法制审核的人员，应当通过国家统一法律职业资格考试取得法律职业资格。

2.《海关办理行政处罚案件程序规定》（2021年6月15日　海关总署第250号令）

第63条　海关对已经调查终结的行政处罚普通程序案件，应当由从事行政处罚决定法制审核的人员进行法制审核；未经法制审核或者审核未通过的，不得作出处理决定。但是依照本规定第六章第二节快速办理的案件除外。

海关初次从事行政处罚决定法制审核的人员，应当通过国家统一法律职业资格考试取得法律职业资格。

第64条　海关对行政处罚案件进行法制审核时，应当重点审核以下内容，并提出审核意见：

（一）执法主体是否合法；

（二）执法人员是否具备执法资格；

（三）执法程序是否合法；

（四）案件事实是否清楚，证据是否合法充分；

（五）适用法律、行政法规、海关规章等依据是否准确；

（六）自由裁量权行使是否适当；

（七）是否超越法定权限；

（八）法律文书是否完备、规范；

（九）违法行为是否依法应当移送其他行政机关或者司法机关处理。

第 65 条　经审核存在问题的，法制审核人员应当提出处理意见并退回调查部门。

仅存在本规定第六十四条第五项、第六项规定问题的，法制审核人员也可以直接提出处理意见，依照本章第三节、第四节规定作出处理决定。

3.《交通运输行政执法程序规定》（2021 年 6 月 30 日　交通运输部令 2021 年第 6 号）

第 71 条　有下列情形之一，在执法部门负责人作出行政处罚的决定之前，应当由从事行政处罚决定法制审核的人员进行法制审核：

（一）涉及重大公共利益的；

（二）直接关系当事人或者第三人重大权益，经过听证程序的；

（三）案件情况疑难复杂、涉及多个法律关系的；

（四）法律、法规规定应当进行法制审核的其他情形。

初次从事行政处罚决定法制审核的人员，应当通过国家统一法律职业资格考试取得法律职业资格。

第 72 条　从事行政处罚决定法制审核的人员主要从下列方面进行合法性审核，并提出书面审核意见：

（一）行政执法主体是否合法，行政执法人员是否具备执法资格；

（二）行政执法程序是否合法；

（三）案件事实是否清楚，证据是否合法充分；

（四）适用法律、法规、规章是否准确，裁量基准运用是否适当；

（五）执法是否超越执法部门的法定权限；

（六）行政执法文书是否完备、规范；

（七）违法行为是否涉嫌犯罪、需要移送司法机关。

● 案例指引

毛某诉某市自然资源局行政处罚案［湖南省湘潭市中级人民法院（2020）湘03行终125号行政判决书］

案例要旨：行政机关中初次从事行政处罚决定审核的人员，应当通过国家统一法律职业资格考试取得法律职业资格。本案中，行政机关从事法制审核的人员系初次从事行政处罚决定法制审核的人员，其未通过国家统一法律职业资格考试取得法律职业资格，不具有法制审核的资格，故行政机关作出的涉案行政处罚决定违反法定程序。

> **第五十九条　处罚决定书的内容**
>
> 行政机关依照本法第五十七条的规定给予行政处罚，应当制作行政处罚决定书。行政处罚决定书应当载明下列事项：
> （一）当事人的姓名或者名称、地址；
> （二）违反法律、法规、规章的事实和证据；
> （三）行政处罚的种类和依据；
> （四）行政处罚的履行方式和期限；
> （五）申请行政复议、提起行政诉讼的途径和期限；
> （六）作出行政处罚决定的行政机关名称和作出决定的日期。
> 行政处罚决定书必须盖有作出行政处罚决定的行政机关的印章。

● 法　律

1.《治安管理处罚法》（2025年6月27日）

第115条　公安机关作出治安管理处罚决定的，应当制作治安管理处罚决定书。决定书应当载明下列内容：

（一）被处罚人的姓名、性别、年龄、身份证件的名称和号码、住址；

（二）违法事实和证据；

（三）处罚的种类和依据；

（四）处罚的执行方式和期限；

（五）对处罚决定不服，申请行政复议、提起行政诉讼的途径和期限；

（六）作出处罚决定的公安机关的名称和作出决定的日期。

决定书应当由作出处罚决定的公安机关加盖印章。

● 部门规章及文件

2.《道路交通安全违法行为处理程序规定》（2020年4月7日公安部令第157号）

第49条 行政处罚决定书应当载明被处罚人的基本情况、车辆牌号、车辆类型、违法事实和证据、处罚的依据、处罚的内容、履行方式、期限、处罚机关名称及被处罚人依法享有的行政复议、行政诉讼权利等内容。

3.《市场监督管理行政处罚程序规定》（2022年9月29日 国家市场监督管理总局令第61号）

第62条 市场监督管理部门作出行政处罚决定，应当制作行政处罚决定书，并加盖本部门印章。行政处罚决定书的内容包括：

（一）当事人的姓名或者名称、地址等基本情况；

（二）违反法律、法规、规章的事实和证据；

（三）当事人陈述、申辩的采纳情况及理由；

（四）行政处罚的内容和依据；

（五）行政处罚的履行方式和期限；

（六）申请行政复议、提起行政诉讼的途径和期限；

（七）作出行政处罚决定的市场监督管理部门的名称和作出决定的日期。

第63条　市场监督管理部门作出的具有一定社会影响的行政处罚决定应当按照有关规定向社会公开。

公开的行政处罚决定被依法变更、撤销、确认违法或者确认无效的，市场监督管理部门应当在三个工作日内撤回行政处罚决定信息并公开说明理由。

4.《安全生产违法行为行政处罚办法》（2015年4月2日　国家安全生产监督管理总局令第77号）

第30条　安全监管监察部门依照本办法第二十九条的规定给予行政处罚，应当制作行政处罚决定书。行政处罚决定书应当载明下列事项：

（一）当事人的姓名或者名称、地址或者住址；

（二）违法事实和证据；

（三）行政处罚的种类和依据；

（四）行政处罚的履行方式和期限；

（五）不服行政处罚决定，申请行政复议或者提起行政诉讼的途径和期限；

（六）作出行政处罚决定的安全监管监察部门的名称和作出决定的日期。

行政处罚决定书必须盖有作出行政处罚决定的安全监管监察部门的印章。

5.《国家外汇管理局行政处罚办法》（2022年5月11日　国家外汇管理局公告2022年第1号）

第67条　对外汇违法行为拟作出行政处罚的，外汇局应当根据集体审议情况，结合当事人的陈述申辩意见、听证情况制作行政处罚决定书送达当事人。

当事人逾期未进行陈述申辩、申请听证，或者书面放弃陈述申辩权利、听证权利的，外汇局可直接制作行政处罚决定书送达当事人。

第 68 条　行政处罚决定书应当至少载明下列内容：
（一）当事人的姓名或者名称、地址；
（二）违法事实和证据；
（三）行政处罚的理由、依据、种类、裁量情节和幅度；
（四）行政处罚的履行方式和期限；
（五）当事人申请行政复议的途径和期限；
（六）作出行政处罚决定的外汇局名称、日期和印章。

6.《海关办理行政处罚案件程序规定》（2021 年 6 月 15 日　海关总署第 250 号令）

第 74 条　行政处罚决定书应当载明以下内容：
（一）当事人的基本情况，包括当事人姓名或者名称、地址等；
（二）违反法律、行政法规、海关规章的事实和证据；
（三）行政处罚的种类和依据；
（四）行政处罚的履行方式和期限；
（五）申请行政复议或者提起行政诉讼的途径和期限；
（六）作出行政处罚决定的海关名称和作出决定的日期，并且加盖作出行政处罚决定海关的印章。

第六十条　行政处罚决定作出期限

行政机关应当自行政处罚案件立案之日起九十日内作出行政处罚决定。法律、法规、规章另有规定的，从其规定。

第六十一条　行政处罚决定书的送达

行政处罚决定书应当在宣告后当场交付当事人；当事人不在场的，行政机关应当在七日内依照《中华人民共和国民事诉讼法》的有关规定，将行政处罚决定书送达当事人。

> 当事人同意并签订确认书的，行政机关可以采用传真、电子邮件等方式，将行政处罚决定书等送达当事人。

● 法　律

1. 《治安管理处罚法》（2025年6月27日）

　　第116条　公安机关应当向被处罚人宣告治安管理处罚决定书，并当场交付被处罚人；无法当场向被处罚人宣告的，应当在二日以内送达被处罚人。决定给予行政拘留处罚的，应当及时通知被处罚人的家属。

　　有被侵害人的，公安机关应当将决定书送达被侵害人。

2. 《民事诉讼法》（2023年9月1日）

　　第87条　送达诉讼文书必须有送达回证，由受送达人在送达回证上记明收到日期，签名或者盖章。

　　受送达人在送达回证上的签收日期为送达日期。

　　第88条　送达诉讼文书，应当直接送交受送达人。受送达人是公民的，本人不在交他的同住成年家属签收；受送达人是法人或者其他组织的，应当由法人的法定代表人、其他组织的主要负责人或者该法人、组织负责收件的人签收；受送达人有诉讼代理人的，可以送交其代理人签收；受送达人已向人民法院指定代收人的，送交代收人签收。

　　受送达人的同住成年家属，法人或者其他组织的负责收件的人，诉讼代理人或者代收人在送达回证上签收的日期为送达日期。

　　第89条　受送达人或者他的同住成年家属拒绝接收诉讼文书的，送达人可以邀请有关基层组织或者所在单位的代表到场，说明情况，在送达回证上记明拒收事由和日期，由送达人、见证人签名或者盖章，把诉讼文书留在受送达人的住所；也可以把诉讼文书留在受送达人的住所，并采用拍照、录像等方式记录送达过程，即视为送达。

第90条　经受送达人同意，人民法院可以采用能够确认其收悉的电子方式送达诉讼文书。通过电子方式送达的判决书、裁定书、调解书，受送达人提出需要纸质文书的，人民法院应当提供。

采用前款方式送达的，以送达信息到达受送达人特定系统的日期为送达日期。

第91条　直接送达诉讼文书有困难的，可以委托其他人民法院代为送达，或者邮寄送达。邮寄送达的，以回执上注明的收件日期为送达日期。

第92条　受送达人是军人的，通过其所在部队团以上单位的政治机关转交。

第93条　受送达人被监禁的，通过其所在监所转交。

受送达人被采取强制性教育措施的，通过其所在强制性教育机构转交。

第94条　代为转交的机关、单位收到诉讼文书后，必须立即交受送达人签收，以在送达回证上的签收日期，为送达日期。

第95条　受送达人下落不明，或者用本节规定的其他方式无法送达的，公告送达。自发出公告之日起，经过三十日，即视为送达。

公告送达，应当在案卷中记明原因和经过。

● **部门规章及文件**

3. 《**市场监督管理行政处罚程序规定**》（2022年9月29日　国家市场监督管理总局令第61号）

第81条　市场监督管理部门送达行政处罚决定书，应当在宣告后当场交付当事人。当事人不在场的，应当在七个工作日内按照本规定第八十二条、第八十三条的规定，将行政处罚决定书送达当事人。

第 82 条 市场监督管理部门送达执法文书，应当按照下列方式进行：

（一）直接送达的，由受送达人在送达回证上注明签收日期，并签名或者盖章，受送达人在送达回证上注明的签收日期为送达日期。受送达人是自然人的，本人不在时交其同住成年家属签收；受送达人是法人或者其他组织的，应当由法人的法定代表人、其他组织的主要负责人或者该法人、其他组织负责收件的人签收；受送达人有代理人的，可以送交其代理人签收；受送达人已向市场监督管理部门指定代收人的，送交代收人签收。受送达人的同住成年家属，法人或者其他组织负责收件的人，代理人或者代收人在送达回证上签收的日期为送达日期。

（二）受送达人或者其同住成年家属拒绝签收的，市场监督管理部门可以邀请有关基层组织或者所在单位的代表到场，说明情况，在送达回证上载明拒收事由和日期，由送达人、见证人签名或者以其他方式确认，将执法文书留在受送达人的住所；也可以将执法文书留在受送达人的住所，并采取拍照、录像等方式记录送达过程，即视为送达。

（三）经受送达人同意并签订送达地址确认书，可以采用手机短信、传真、电子邮件、即时通讯账号等能够确认其收悉的电子方式送达执法文书，市场监督管理部门应当通过拍照、截屏、录音、录像等方式予以记录，手机短信、传真、电子邮件、即时通讯信息等到达受送达人特定系统的日期为送达日期。

（四）直接送达有困难的，可以邮寄送达或者委托当地市场监督管理部门、转交其他部门代为送达。邮寄送达的，以回执上注明的收件日期为送达日期；委托、转交送达的，受送达人的签收日期为送达日期。

（五）受送达人下落不明或者采取上述方式无法送达的，可以在市场监督管理部门公告栏和受送达人住所地张贴公告，也可以在报纸或者市场监督管理部门门户网站等刊登公告。自公告发布之日起经过三十日，即视为送达。公告送达，应当在案件材料中载明原因和经过。在市场监督管理部门公告栏和受送达人住所地张贴公告的，应当采取拍照、录像等方式记录张贴过程。

第83条 市场监督管理部门可以要求受送达人签署送达地址确认书，送达至受送达人确认的地址，即视为送达。受送达人送达地址发生变更的，应当及时书面告知市场监督管理部门；未及时告知的，市场监督管理部门按原地址送达，视为依法送达。

因受送达人提供的送达地址不准确、送达地址变更未书面告知市场监督管理部门，导致执法文书未能被受送达人实际接收的，直接送达的，执法文书留在该地址之日为送达之日；邮寄送达的，执法文书被退回之日为送达之日。

4.《交通运输行政执法程序规定》（2021年6月30日 交通运输部令2021年第6号）

第18条 执法部门应当按照下列规定送达执法文书：

（一）直接送交受送达人，由受送达人记明收到日期，签名或者盖章，受送达人的签收日期为送达日期。受送达人是公民的，本人不在交其同住的成年家属签收；受送达人是法人或者其他组织的，应当由法人的法定代表人、该组织的主要负责人或者办公室、收发室、值班室等负责收件的人签收或者盖章；当事人指定代收人的，交代收人签收。受送达人的同住成年家属，法人或者其他组织的负责收件的人或者代收人在《送达回证》上签收的日期为送达日期；

（二）受送达人或者他的同住成年家属拒绝接收的，可以邀请受送达人住所地的居民委员会、村民委员会的工作人员或者受送达人所在单位的工作人员作见证人，说明情况，在《送达回证》上记明拒收事由和日期，由执法人员、见证人签名或者盖章，将执法文书留在受送达人的住所；也可以把执法文书留在受送达人的住所，并采取拍照、录像等方式记录送达过程，即视为送达；

（三）经受送达人同意，可以采用传真、电子邮件、移动通信等能够确认其即时收悉的特定系统作为送达媒介电子送达执法文书。受送达人同意采用电子方式送达的，应当在送达地址确认书中予以确认。采取电子送达方式送达的，以执法部门对应系统显示发送成功的日期为送达日期，但受送达人证明到达其确认的特定系统的日期与执法部门对应系统显示发送成功的日期不一致的，以受送达人证明到达其特定系统的日期为准；

（四）直接送达有困难的，可以邮寄送达或者委托其他执法部门代为送达。委托送达的，受委托的执法部门按照直接送达或者留置送达方式送达执法文书，并及时将《送达回证》交回委托的执法部门。邮寄送达的，以回执上注明的收件日期为送达日期。执法文书在期满前交邮的，不算过期；

（五）受送达人下落不明或者用上述方式无法送达的，采取公告方式送达，说明公告送达的原因，并在案卷中记明原因和经过。公告送达可以在执法部门的公告栏和受送达人住所地张贴公告，也可以在报纸、信息网络等媒体上刊登公告，发出公告日期以最后张贴或者刊登的日期为准，经过六十日，即视为送达。在受送达人住所地张贴公告的，应当采取拍照、录像等方式记录张贴过程。

5.《海关办理行政处罚案件程序规定》（2021年6月15日　海关总署第250号令）

第24条　海关法律文书的送达程序，《中华人民共和国行政处罚法》《中华人民共和国行政强制法》和本规定均未明确的，适用《中华人民共和国民事诉讼法》的相关规定。

第25条　经当事人或者其代理人书面同意，海关可以采用传真、电子邮件、移动通信、互联网通讯工具等方式送达行政处罚决定书等法律文书。

采取前款方式送达的，以传真、电子邮件、移动通信、互联网通讯工具等到达受送达人特定系统的日期为送达日期。

第 26 条 海关可以要求当事人或者其代理人书面确认法律文书送达地址。

当事人及其代理人提供的送达地址，应当包括邮政编码、详细地址以及受送达人的联系电话或者其确认的电子送达地址等。

海关应当书面告知送达地址确认书的填写要求和注意事项以及提供虚假地址或者提供地址不准确的法律后果，并且由当事人或者其代理人确认。

当事人变更送达地址，应当以书面方式告知海关。当事人未书面变更的，以其确认的地址为送达地址。

因当事人提供的送达地址不准确、送达地址变更未书面告知海关，导致法律文书未能被受送达人实际接收的，直接送达的，法律文书留在该地址之日为送达之日；邮寄送达的，法律文书被退回之日为送达之日。

第 27 条 海关邮寄送达法律文书的，应当附送达回证并且以送达回证上注明的收件日期为送达日期；送达回证没有寄回的，以挂号信回执、查询复单或者邮寄流程记录上注明的收件日期为送达日期。

第 28 条 海关依法公告送达法律文书的，应当将法律文书的正本张贴在海关公告栏内。行政处罚决定书公告送达的，还应当在报纸或者海关门户网站上刊登公告。

第 77 条 行政处罚决定书应当在宣告后当场交付当事人；当事人不在场的，海关应当在七个工作日内将行政处罚决定书送达当事人。

第六十二条　行政机关不履行告知义务不得作出处罚

行政机关及其执法人员在作出行政处罚决定之前，未依照本法第四十四条、第四十五条的规定向当事人告知拟作出的行政处罚内容及事实、理由、依据，或者拒绝听取当事人的陈述、申辩，不得作出行政处罚决定；当事人明确放弃陈述或者申辩权利的除外。

● 部门规章及文件

《海关办理行政处罚案件程序规定》（2021年6月15日　海关总署第250号令）

第66条　海关在作出行政处罚决定或者不予行政处罚决定前，应当告知当事人拟作出的行政处罚或者不予行政处罚内容及事实、理由、依据，并且告知当事人依法享有的陈述、申辩、要求听证等权利。

海关未依照前款规定履行告知义务，或者拒绝听取当事人的陈述、申辩，不得作出行政处罚决定或者不予行政处罚决定。

在履行告知义务时，海关应当制发行政处罚告知单或者不予行政处罚告知单，送达当事人。

第四节　听证程序

第六十三条　听证的适用范围

行政机关拟作出下列行政处罚决定，应当告知当事人有要求听证的权利，当事人要求听证的，行政机关应当组织听证：

（一）较大数额罚款；

（二）没收较大数额违法所得、没收较大价值非法财物；

（三）降低资质等级、吊销许可证件；

（四）责令停产停业、责令关闭、限制从业；

（五）其他较重的行政处罚；

（六）法律、法规、规章规定的其他情形。

当事人不承担行政机关组织听证的费用。

● 法 律

1. 《治安管理处罚法》（2025 年 6 月 27 日）

第 117 条 公安机关作出吊销许可证件、处四千元以上罚款的治安管理处罚决定或者采取责令停业整顿措施前，应当告知违反治安管理行为人有权要求举行听证；违反治安管理行为人要求听证的，公安机关应当及时依法举行听证。

对依照本法第二十三条第二款规定可能执行行政拘留的未成年人，公安机关应当告知未成年人和其监护人有权要求举行听证；未成年人和其监护人要求听证的，公安机关应当及时依法举行听证。对未成年人案件的听证不公开举行。

前两款规定以外的案情复杂或者具有重大社会影响的案件，违反治安管理行为人要求听证，公安机关认为必要的，应当及时依法举行听证。

公安机关不得因违反治安管理行为人要求听证而加重其处罚。

● 行政法规及文件

2. 《海关行政处罚实施条例》（2022 年 3 月 29 日 国务院令第 752 号）

第 49 条 海关作出暂停从事有关业务、撤销海关注册登记、禁止从事报关活动、对公民处 1 万元以上罚款、对法人或者其他组织处 10 万元以上罚款、没收有关货物、物品、走私运输工具等行政处罚决定之前，应当告知当事人有要求举行听证的权利；当事人要求听证的，海关应当组织听证。

海关行政处罚听证办法由海关总署制定。

● 部门规章及文件

3.《**市场监督管理行政处罚听证办法**》（2021年7月2日　国家市场监督管理总局令第42号）

第5条　市场监督管理部门拟作出下列行政处罚决定，应当告知当事人有要求听证的权利：

（一）责令停产停业、责令关闭、限制从业；

（二）降低资质等级、吊销许可证件或者营业执照；

（三）对自然人处以一万元以上、对法人或者其他组织处以十万元以上罚款；

（四）对自然人、法人或者其他组织作出没收违法所得和非法财物价值总额达到第三项所列数额的行政处罚；

（五）其他较重的行政处罚；

（六）法律、法规、规章规定的其他情形。

各省、自治区、直辖市人大常委会或者人民政府对前款第三项、第四项所列罚没数额有具体规定的，可以从其规定。

第6条　向当事人告知听证权利时，应当书面告知当事人拟作出的行政处罚内容及事实、理由、依据。

第7条　当事人要求听证的，可以在告知书送达回证上签署意见，也可以自收到告知书之日起五个工作日内提出。当事人以口头形式提出的，办案人员应当将情况记入笔录，并由当事人在笔录上签名或者盖章。

当事人自告知书送达之日起五个工作日内，未要求听证的，视为放弃此权利。

当事人在规定期限内要求听证的，市场监督管理部门应当依照本办法的规定组织听证。

4.《**交通运输行政执法程序规定**》（2021年6月30日　交通运输部令2021年第6号）

第80条　执法部门在作出下列行政处罚决定前，应当在送达《违法行为通知书》时告知当事人有要求举行听证的权利：

（一）责令停产停业、责令关闭、限制从业；

（二）降低资质等级、吊销许可证件；

（三）较大数额罚款；

（四）没收较大数额违法所得、没收较大价值非法财物；

（五）其他较重的行政处罚；

（六）法律、法规、规章规定的其他情形。

前款第（三）、（四）项规定的较大数额，地方执法部门按照省级人大常委会或者人民政府规定或者其授权部门规定的标准执行。海事执法部门按照对自然人处1万元以上、对法人或者其他组织10万元以上的标准执行。

第81条　执法部门不得因当事人要求听证而加重处罚。

5.《中国银保监会行政处罚办法》（2020年6月15日　中国银行保险监督管理委员会令2020年第8号）

第60条　银保监会及其派出机构拟作出以下行政处罚决定前，应当在行政处罚事先告知书中告知当事人有要求举行听证的权利：

（一）作出较大数额的罚款；

（二）没收较大数额的违法所得；

（三）限制保险业机构业务范围、责令停止接受新业务；

（四）责令停业整顿；

（五）吊销金融、业务许可证；

（六）取消、撤销任职资格；

（七）撤销外国银行代表处、撤销外国保险机构驻华代表机构或要求撤换外国银行首席代表、责令撤换外国保险机构驻华代表机构的首席代表；

（八）禁止从事银行业工作或者禁止进入保险业。

前款所称较大数额的罚款是指：

（一）银保监会对实施银行业违法行为的单位作出的五百万

元以上（不含本数，下同）罚款、对实施银行业违法行为的个人作出的五十万元以上罚款，对实施保险业违法行为的单位作出的一百五十万元以上罚款、对实施保险业违法行为的个人作出的十万元以上罚款；

（二）银保监局对实施银行业违法行为的单位作出的三百万元以上罚款、对实施银行业违法行为的个人作出的三十万元以上罚款，对实施保险业违法行为的单位作出的五十万元以上罚款、对实施保险业违法行为的个人作出的七万元以上罚款；

（三）银保监分局对实施银行业违法行为的单位作出的一百万元以上罚款、对实施银行业违法行为的个人作出的十万元以上罚款，对实施保险业违法行为的单位作出的三十万元以上罚款、对实施保险业违法行为的个人作出的五万元以上罚款。

本条第一款所称没收较大数额的违法所得是指银保监会作出的没收五百万元以上违法所得，银保监局作出的没收一百万元以上违法所得，银保监分局作出的没收五十万元以上违法所得。

6.《海关办理行政处罚案件程序规定》（2021年6月15日 海关总署第250号令）

第82条 海关拟作出下列行政处罚决定，应当告知当事人有要求听证的权利，当事人要求听证的，海关应当组织听证：

（一）对公民处一万元以上罚款、对法人或者其他组织处十万元以上罚款；

（二）对公民处没收一万元以上违法所得、对法人或者其他组织处没收十万元以上违法所得；

（三）没收有关货物、物品、走私运输工具；

（四）降低资质等级、吊销许可证件；

（五）责令停产停业、责令关闭、限制从业；

（六）其他较重的行政处罚；

（七）法律、行政法规、海关规章规定的其他情形。

当事人不承担组织听证的费用。

7. **《中国人民银行行政处罚程序规定》**（2022年4月14日 中国人民银行令〔2022〕第3号）

第28条 行政处罚意见告知书应当载明违法违规行为的事实和证据，拟作出行政处罚的种类、金额、理由和依据，以及当事人依法享有提出陈述和申辩的权利；拟作出的行政处罚决定符合《中华人民共和国行政处罚法》第六十三条规定的听证情形的，应当告知当事人依法享有提出听证的权利。其中，"较大数额罚款""没收较大数额违法所得、没收较大价值非法财物"，是指：

（一）中国人民银行对法人、非法人组织拟作出罚款、没收违法所得、没收非法财物合计五百万元及以上的，对单一自然人合计二十万元以上的；

（二）中国人民银行副省级城市中心支行以上分支机构对法人、非法人组织拟作出罚款、没收违法所得、没收非法财物合计三百万元及以上的，对单一自然人合计十万元以上的；

（三）中国人民银行地市中心支行对法人、非法人组织拟作出罚款、没收违法所得、没收非法财物合计一百万元及以上的，对单一自然人合计五万元以上的。

● **案例指引**

黄某富、何某琼、何某诉四川省成都市金堂工商行政管理局行政处罚案（最高人民法院指导案例6号）

案例要旨：为了保证行政相对人充分行使陈述权和申辩权，保障行政处罚决定的合法性和合理性，对没收较大数额财产的行政处罚，也应当根据行政处罚法的规定适用听证程序。关于没收较大数额的财产标准，应比照《四川省行政处罚听证程序暂行规定》第三条"本规定所称较大数额的罚款，是指对非经营活动中的违法行为处以1000元以上，对经营活动中的违法行为处以20000元以上罚款"中对罚款数额的规定。因此,金堂工商局没收黄某富等三人32台电脑主机的行政处罚决定,应属没收较大数额的财产,对黄某富等三人的利益产生重大影响的行为,金堂工商局在作出行政处罚前应当告知被处罚人有要求听证的权利。本案中,金堂工商局在作出处罚决定前只按照行政处罚一般程序告知黄某富等三人有陈述、申辩的权利,而没有告知听证权利,违反了法定程序,依法应予撤销。

第六十四条　听证的基本程序

听证应当依照以下程序组织:

(一)当事人要求听证的,应当在行政机关告知后五日内提出;

(二)行政机关应当在举行听证的七日前,通知当事人及有关人员听证的时间、地点;

(三)除涉及国家秘密、商业秘密或者个人隐私依法予以保密外,听证公开举行;

(四)听证由行政机关指定的非本案调查人员主持;当事人认为主持人与本案有直接利害关系的,有权申请回避;

(五)当事人可以亲自参加听证,也可以委托一至二人代理;

(六)当事人及其代理人无正当理由拒不出席听证或者未经许可中途退出听证的,视为放弃听证权利,行政机关终止听证;

(七)举行听证时,调查人员提出当事人违法的事实、证据和行政处罚建议,当事人进行申辩和质证;

(八)听证应当制作笔录。笔录应当交当事人或者其代理人核对无误后签字或者盖章。当事人或者其代理人拒绝签字或者盖章的,由听证主持人在笔录中注明。

● 部门规章及文件

1.《市场监督管理行政处罚听证办法》(2021年7月2日 国家市场监督管理总局令第42号)

第8条 听证由市场监督管理部门法制机构或者其他机构负责组织。

第9条 听证人员包括听证主持人、听证员和记录员。

第10条 听证参加人包括当事人及其代理人、第三人、办案人员、证人、翻译人员、鉴定人以及其他有关人员。

第11条 听证主持人由市场监督管理部门负责人指定。必要时,可以设一至二名听证员,协助听证主持人进行听证。

记录员由听证主持人指定,具体承担听证准备和听证记录工作。

办案人员不得担任听证主持人、听证员和记录员。

第12条 听证主持人在听证程序中行使下列职责:

(一)决定举行听证的时间、地点;

(二)审查听证参加人资格;

(三)主持听证;

(四)维持听证秩序;

(五)决定听证的中止或者终止,宣布听证结束;

(六)本办法赋予的其他职责。

听证主持人应当公开、公正地履行主持听证的职责,不得妨碍当事人、第三人行使陈述权、申辩权。

第13条 要求听证的自然人、法人或者其他组织是听证的当事人。

第14条 与听证案件有利害关系的其他自然人、法人或者其他组织,可以作为第三人申请参加听证,或者由听证主持人通知其参加听证。

第15条 当事人、第三人可以委托一至二人代为参加听证。

委托他人代为参加听证的，应当向市场监督管理部门提交由委托人签名或者盖章的授权委托书以及委托代理人的身份证明文件。

授权委托书应当载明委托事项及权限。委托代理人代为撤回听证申请或者明确放弃听证权利的，必须有委托人的明确授权。

第16条　办案人员应当参加听证。

第17条　与听证案件有关的证人、鉴定人等经听证主持人同意，可以到场参加听证。

第18条　市场监督管理部门应当自收到当事人要求听证的申请之日起三个工作日内，确定听证主持人。

第19条　办案人员应当自确定听证主持人之日起三个工作日内，将案件材料移交听证主持人，由听证主持人审阅案件材料，准备听证提纲。

第20条　听证主持人应当自接到办案人员移交的案件材料之日起五个工作日内确定听证的时间、地点，并应当于举行听证的七个工作日前将听证通知书送达当事人。

听证通知书中应当载明听证时间、听证地点及听证主持人、听证员、记录员、翻译人员的姓名，并告知当事人有申请回避的权利。

第三人参加听证的，听证主持人应当在举行听证的七个工作日前将听证的时间、地点通知第三人。

第21条　听证主持人应当于举行听证的七个工作日前将听证的时间、地点通知办案人员，并退回案件材料。

第22条　除涉及国家秘密、商业秘密或者个人隐私依法予以保密外，听证应当公开举行。

公开举行听证的，市场监督管理部门应当于举行听证的三个工作日前公告当事人的姓名或者名称、案由以及举行听证的时间、地点。

第 23 条　听证开始前，记录员应当查明听证参加人是否到场，并向到场人员宣布以下听证纪律：

（一）服从听证主持人的指挥，未经听证主持人允许不得发言、提问；

（二）未经听证主持人允许不得录音、录像和摄影；

（三）听证参加人未经听证主持人允许不得退场；

（四）不得大声喧哗，不得鼓掌、哄闹或者进行其他妨碍听证秩序的活动。

第 24 条　听证主持人核对听证参加人，说明案由，宣布听证主持人、听证员、记录员、翻译人员名单，告知听证参加人在听证中的权利义务，询问当事人是否提出回避申请。

第 25 条　听证按下列程序进行：

（一）办案人员提出当事人违法的事实、证据、行政处罚建议及依据；

（二）当事人及其委托代理人进行陈述和申辩；

（三）第三人及其委托代理人进行陈述；

（四）质证和辩论；

（五）听证主持人按照第三人、办案人员、当事人的先后顺序征询各方最后意见。

当事人可以当场提出证明自己主张的证据，听证主持人应当接收。

第 26 条　有下列情形之一的，可以中止听证：

（一）当事人因不可抗力无法参加听证的；

（二）当事人死亡或者终止，需要确定相关权利义务承受人的；

（三）当事人临时提出回避申请，无法当场作出决定的；

（四）需要通知新的证人到场或者需要重新鉴定的；

（五）其他需要中止听证的情形。

中止听证的情形消失后,听证主持人应当恢复听证。

第27条 有下列情形之一的,可以终止听证:
(一)当事人撤回听证申请或者明确放弃听证权利的;
(二)当事人无正当理由拒不到场参加听证的;
(三)当事人未经听证主持人允许中途退场的;
(四)当事人死亡或者终止,并且无权利义务承受人的;
(五)其他需要终止听证的情形。

第28条 记录员应当如实记录,制作听证笔录。听证笔录应当载明听证时间、地点、案由、听证人员、听证参加人姓名,各方意见以及其他需要载明的事项。

听证会结束后,听证笔录应当经听证参加人核对无误后,由听证参加人当场签名或者盖章。当事人、第三人拒绝签名或者盖章的,应当在听证笔录中记明情况。

第29条 听证结束后,听证主持人应当在五个工作日内撰写听证报告,由听证主持人、听证员签名,连同听证笔录送办案机构,由其连同其他案件材料一并上报市场监督管理部门负责人。

第30条 听证报告应当包括以下内容:
(一)听证案由;
(二)听证人员、听证参加人;
(三)听证的时间、地点;
(四)听证的基本情况;
(五)处理意见和建议;
(六)需要报告的其他事项。

2.《交通运输行政执法程序规定》(2021年6月30日 交通运输部令2021年第6号)

第82条 当事人要求听证的,应当自收到《违法行为通知书》之日起五日内以书面或者口头形式提出。当事人以口头形式提出的，执法部门应当将情况记入笔录，并由当事人在笔录上签名或者盖章。

第83条 执法部门应当在举行听证的七日前向当事人及有关人员送达《听证通知书》，将听证的时间、地点通知当事人和其他听证参加人。

第84条 听证设听证主持人一名，负责组织听证；记录员一名，具体承担听证准备和制作听证笔录工作。

听证主持人由执法部门负责人指定；记录员由听证主持人指定。

本案调查人员不得担任听证主持人或者记录员。

第85条 听证主持人在听证活动中履行下列职责：

（一）决定举行听证的时间、地点；

（二）决定听证是否公开举行；

（三）要求听证参加人到场参加听证、提供或者补充证据；

（四）就案件的事实、理由、证据、程序、处罚依据和行政处罚建议等相关内容组织质证和辩论；

（五）决定听证的延期、中止或者终止，宣布结束听证；

（六）维持听证秩序。对违反听证会场纪律的，应当警告制止；对不听制止，干扰听证正常进行的旁听人员，责令其退场；

（七）其他有关职责。

第86条 听证参加人包括：

（一）当事人及其代理人；

（二）本案执法人员；

（三）证人、检测、检验及技术鉴定人；

（四）翻译人员；

（五）其他有关人员。

第87条 要求举行听证的公民、法人或者其他组织是听证当事人。当事人在听证活动中享有下列权利：

（一）申请回避；

（二）参加听证，或者委托一至二人代理参加听证；

（三）进行陈述、申辩和质证；

（四）核对、补正听证笔录；

（五）依法享有的其他权利。

第88条　与听证案件处理结果有利害关系的其他公民、法人或者其他组织，作为第三人申请参加听证的，应当允许。为查明案情，必要时，听证主持人也可以通知其参加听证。

第89条　委托他人代为参加听证的，应当向执法部门提交由委托人签名或者盖章的授权委托书以及委托代理人的身份证明文件。

授权委托书应当载明委托事项及权限。委托代理人代为放弃行使陈述权、申辩权和质证权的，必须有委托人的明确授权。

第90条　听证主持人有权决定与听证案件有关的证人、检测、检验及技术鉴定人等听证参加人到场参加听证。

第91条　听证应当公开举行，涉及国家秘密、商业秘密或者个人隐私依法予以保密的除外。

公开举行听证的，应当公告当事人姓名或者名称、案由以及举行听证的时间、地点等。

第92条　听证按下列程序进行：

（一）宣布案由和听证纪律；

（二）核对当事人或其代理人、执法人员、证人及其他有关人员是否到场，并核实听证参加人的身份；

（三）宣布听证员、记录员和翻译人员名单，告知当事人有申请主持人回避、申辩和质证的权利；对不公开听证的，宣布不公开听证的理由；

（四）宣布听证开始；

（五）执法人员陈述当事人违法的事实、证据，拟作出行政处罚的建议和法律依据；执法人员提出证据时，应当向听证会出示。证人证言、检测、检验及技术鉴定意见和其他作为证据的文书，应当当场宣读；

（六）当事人或其代理人对案件的事实、证据、适用法律、行政处罚意见等进行陈述、申辩和质证，并可以提供新的证据；第三人可以陈述事实，提供证据；

（七）听证主持人可以就案件的有关问题向当事人或其代理人、执法人员、证人询问；

（八）经听证主持人允许，当事人、执法人员就案件的有关问题可以向到场的证人发问。当事人有权申请通知新的证人到会作证，调取新的证据。当事人提出申请的，听证主持人应当当场作出是否同意的决定；申请重新检测、检验及技术鉴定的，按照有关规定办理；

（九）当事人、第三人和执法人员可以围绕案件所涉及的事实、证据、程序、适用法律、处罚种类和幅度等问题进行辩论；

（十）辩论结束后，听证主持人应当听取当事人或其代理人、第三人和执法人员的最后陈述意见；

（十一）中止听证的，听证主持人应当宣布再次听证的有关事宜；

（十二）听证主持人宣布听证结束，听证笔录交当事人或其代理人核对。当事人或其代理人认为听证笔录有错误的，有权要求补充或改正。当事人或其代理人核对无误后签名或者盖章；当事人或其代理人拒绝的，在听证笔录上写明情况。

第93条　有下列情形之一的，听证主持人可以决定延期举行听证：

（一）当事人因不可抗拒的事由无法到场的；

（二）当事人临时申请回避的；

（三）其他应当延期的情形。

延期听证,应当在听证笔录中写明情况,由听证主持人签名。

第94条 听证过程中,有下列情形之一的,应当中止听证:

(一)需要通知新的证人到会、调取新的证据或者证据需要重新检测、检验及技术鉴定的;

(二)当事人提出新的事实、理由和证据,需要由本案调查人员调查核实的;

(三)当事人死亡或者终止,尚未确定权利、义务承受人的;

(四)当事人因不可抗拒的事由,不能继续参加听证的;

(五)因回避致使听证不能继续进行的;

(六)其他应当中止听证的情形。

中止听证,应当在听证笔录中写明情况,由听证主持人签名。

第95条 延期、中止听证的情形消失后,听证主持人应当及时恢复听证,并将听证的时间、地点通知听证参加人。

第96条 听证过程中,有下列情形之一的,应当终止听证:

(一)当事人撤回听证申请的;

(二)当事人或其代理人无正当理由不参加听证或者未经听证主持人允许,中途退出听证的;

(三)当事人死亡或者终止,没有权利、义务承受人的;

(四)听证过程中,当事人或其代理人扰乱听证秩序,不听劝阻,致使听证无法正常进行的;

(五)其他应当终止听证的情形。

听证终止,应当在听证笔录中写明情况,由听证主持人签名。

第97条 记录员应当将举行听证的全部活动记入《听证笔录》,经听证参加人审核无误或者补正后,由听证参加人当场签名或者盖章。当事人或其代理人、证人拒绝签名或盖章的,由听证主持人在《听证笔录》中注明情况。

《听证笔录》经听证主持人审阅后，由听证主持人和记录员签名。

第98条　听证结束后，执法部门应当根据听证笔录，依照本规定第七十三条的规定，作出决定。

3.《中国银保监会行政处罚办法》（2020年6月15日　中国银行保险监督管理委员会令2020年第8号）

第61条　当事人申请听证的，应当自收到行政处罚事先告知书之日起五个工作日以内，向银保监会或其派出机构提交经本人签字或盖章的听证申请书。听证申请书中应当载明下列内容：

（一）申请人的基本情况；

（二）具体的听证请求；

（三）申请听证的主要事实、理由和证据；

（四）申请日期和申请人签章。

当事人逾期不提出申请的，视为放弃听证权利。

当事人对违法事实有异议的，应当在提起听证申请时提交相关证据材料。

第62条　银保监会或者派出机构收到听证申请后，应依法进行审查，符合听证条件的，应当组织举行听证，并在举行听证七个工作日前，书面通知当事人举行听证的时间、地点。

第63条　行政处罚委员会办公室可以成立至少由三人组成的听证组进行听证。其中，听证主持人由行政处罚委员会办公室主任或其指定的人员担任，听证组其他成员由行政处罚委员会办公室的工作人员或者其他相关人员担任。

听证组应当指定专人作为记录员。

第64条　听证主持人履行下列职责：

（一）主持听证会，维持听证秩序；

（二）询问听证参加人；

（三）决定听证的延期、中止或终止；

（四）法律、行政法规和规章赋予的其他职权。

第65条 当事人在听证中享有下列权利：

（一）使用本民族的语言文字参加听证；

（二）申请不公开听证；

（三）申请回避；

（四）参加听证或者委托代理人参加听证；

（五）就听证事项进行陈述、申辩和举证、质证；

（六）听证结束前进行最后陈述；

（七）核对听证笔录；

（八）依法享有的其他权利。

第66条 当事人和其他听证参加人应当承担下列义务：

（一）按时参加听证；

（二）依法举证和质证；

（三）如实陈述和回答询问；

（四）遵守听证纪律；

（五）在核对无误的听证笔录上签名或盖章。

第67条 当事人可以委托一至二名代理人参加听证。

第68条 代理人参加听证的，应当提交授权委托书、委托人及代理人身份证明等相关材料。授权委托书应当载明如下事项：

（一）委托人及其代理人的基本情况；

（二）代理人的代理权限；

（三）委托日期及委托人签章。

第69条 调查人员应当参加听证，提出当事人违法的事实、证据和行政处罚建议，并进行质证。

第70条 需要证人、鉴定人、勘验人、翻译人员等参加听证的，调查人员、当事人应当提出申请，并提供相关人员的基本情况。经听证主持人同意的，方可参加听证。

证人、鉴定人、勘验人不能亲自到场作证的，调查人员、当事人或其代理人可以提交相关书面材料，并当场宣读。

第71条　听证应当公开举行，但涉及国家秘密、商业秘密、个人隐私或影响金融稳定的除外。听证不公开举行的，应当由银保监会及其派出机构行政处罚委员会主任委员决定。

第72条　听证公开举行的，银保监会或者派出机构应当通过张贴纸质公告、网上公示等适当方式先期公告当事人姓名或者名称、案由、听证时间和地点。

公民、法人或者非法人组织可以申请参加旁听公开举行的听证；银保监会或其派出机构可以根据场地等条件，确定旁听人数。

第73条　听证开始前，记录员应当查明听证当事人和其他听证参加人是否到场，并宣布听证纪律。

对违反听证纪律的，听证主持人有权予以制止；情节严重的，责令其退场。

第74条　听证应当按照下列程序进行：

（一）听证主持人宣布听证开始，宣布案由；

（二）听证主持人核对听证参加人身份，宣布听证主持人、听证组成员、听证记录员名单，告知听证参加人在听证中的权利义务，询问当事人是否申请回避；

（三）案件调查人员陈述当事人违法的事实、证据、行政处罚的依据和建议等；

（四）当事人及其代理人就调查人员提出的违法事实、证据、行政处罚的依据和建议进行申辩，并可以出示无违法事实、违法事实较轻或者减轻、免除行政处罚的证据材料；

（五）经听证主持人允许，案件调查人员和当事人可以就有关证据相互质证，也可以向到场的证人、鉴定人、勘验人发问；

（六）当事人、案件调查人员作最后陈述；

（七）听证主持人宣布听证结束。

第75条　记录员应当制作听证笔录，听证笔录当场完成的，应当交由当事人核对；当事人核对无误后，应逐页签名或盖章。

当事人认为听证笔录有差错、遗漏的，可以当场更正或补充；听证笔录不能当场完成的，听证主持人应指定日期和场所核对。

当事人拒绝在听证笔录上签名或盖章的，记录员应当在听证笔录中注明，并由听证主持人签名确认。

第76条　出现下列情形的，可以延期或者中止举行听证：

（一）当事人或其代理人因不可抗拒的事由无法参加听证的；

（二）当事人或其代理人在听证会上提出回避申请的；

（三）需要通知新的证人到场，调取新的证据，需要重新鉴定、调查，需要补充调查的；

（四）其他应当延期或者中止听证的情形。

第77条　延期、中止听证的情形消失后，应当恢复听证，并将听证的时间、地点通知听证参加人。

第78条　出现下列情形之一的，应当终止听证：

（一）当事人撤回听证要求的；

（二）当事人无正当理由不参加听证，或者未经听证主持人允许中途退场的；

（三）其他应当终止听证的情形。

当事人撤回听证要求的，听证记录员应当在听证笔录上记明，并由当事人签名或者盖章。

第79条　银保监会及其派出机构应当对当事人陈述、申辩或者听证意见进行研究。需要补充调查的，进行补充调查。

第80条　采纳当事人陈述、申辩或者听证意见，对拟处罚决定作出重大调整的，应当重新对当事人进行行政处罚事先告知。

4. 《**海关办理行政处罚案件程序规定**》（2021 年 6 月 15 日　海关总署第 250 号令）

第 83 条　听证由海关负责行政处罚案件法制审核的部门组织。

第 84 条　听证应当由海关指定的非本案调查人员主持。听证主持人履行下列职权：

（一）决定延期、中止听证；

（二）就案件的事实、拟作出行政处罚的依据与理由进行提问；

（三）要求听证参加人提供或者补充证据；

（四）主持听证程序并维持听证秩序，对违反听证纪律的行为予以制止；

（五）决定有关证人、检测、检验、检疫、技术鉴定人是否参加听证。

第 85 条　听证参加人包括当事人及其代理人、第三人及其代理人、案件调查人员；其他人员包括证人、翻译人员、检测、检验、检疫、技术鉴定人。

第 86 条　与案件处理结果有直接利害关系的公民、法人或者其他组织要求参加听证的，可以作为第三人参加听证；为查明案情，必要时，听证主持人也可以通知其参加听证。

第 87 条　当事人、第三人可以委托一至二名代理人参加听证。

第 88 条　案件调查人员是指海关负责行政处罚案件调查取证并参加听证的执法人员。

在听证过程中，案件调查人员陈述当事人违法的事实、证据、拟作出的行政处罚决定及其法律依据，并同当事人进行质证、辩论。

第 89 条　经听证主持人同意，当事人及其代理人、第三人及其代理人、案件调查人员可以要求证人、检测、检验、检疫、技术鉴定人参加听证，并在举行听证的一个工作日前提供相关人员的基本情况。

第90条　当事人要求听证的,应当在海关告知其听证权利之日起五个工作日内向海关提出。

第91条　海关决定组织听证的,应当自收到听证申请之日起二十个工作日以内举行听证,并在举行听证的七个工作日前将举行听证的时间、地点通知听证参加人和其他人员。

第92条　有下列情形之一的,海关应当作出不予听证的决定:

（一）申请人不是本案当事人或者其代理人；

（二）未在收到行政处罚告知单之日起五个工作日内要求听证的；

（三）不属于本规定第八十二条规定范围的。

决定不予听证的,海关应当在收到听证申请之日起三个工作日以内制作海关行政处罚不予听证通知书,并及时送达申请人。

第93条　听证参加人及其他人员应当遵守以下听证纪律:

（一）听证参加人及其他人员应当遵守听证秩序,经听证主持人同意后,才能进行陈述和辩论；

（二）旁听人员不得影响听证的正常进行；

（三）准备进行录音、录像、摄影和采访的,应当事先报经听证主持人批准。

第94条　听证应当按照下列程序进行:

（一）听证主持人核对当事人及其代理人、第三人及其代理人、案件调查人员的身份；

（二）听证主持人宣布听证参加人、翻译人员、检测、检验、检疫、技术鉴定人名单,询问当事人及其代理人、第三人及其代理人、案件调查人员是否申请回避；

（三）宣布听证纪律；

（四）听证主持人宣布听证开始并介绍案由；

（五）案件调查人员陈述当事人违法事实,出示相关证据,提出拟作出的行政处罚决定和依据；

（六）当事人及其代理人陈述、申辩，提出意见和主张；

（七）第三人及其代理人陈述，提出意见和主张；

（八）听证主持人就案件事实、证据、处罚依据进行提问；

（九）当事人及其代理人、第三人及其代理人、案件调查人员相互质证、辩论；

（十）当事人及其代理人、第三人及其代理人、案件调查人员作最后陈述；

（十一）宣布听证结束。

第95条　有下列情形之一的，应当延期举行听证：

（一）当事人或者其代理人因不可抗力或者有其他正当理由无法到场的；

（二）临时决定听证主持人、听证员或者记录员回避，不能当场确定更换人选的；

（三）作为当事人的法人或者其他组织有合并、分立或者其他资产重组情形，需要等待权利义务承受人的；

（四）其他依法应当延期举行听证的情形。

延期听证的原因消除后，由听证主持人重新确定举行听证的时间，并在举行听证的三个工作日前书面告知听证参加人及其他人员。

第96条　有下列情形之一的，应当中止举行听证：

（一）需要通知新的证人到场或者需要重新检测、检验、检疫、技术鉴定、补充证据的；

（二）当事人因不可抗力或者有其他正当理由暂时无法继续参加听证的；

（三）听证参加人及其他人员不遵守听证纪律，造成会场秩序混乱的；

（四）其他依法应当中止举行听证的情形。

中止听证的原因消除后，由听证主持人确定恢复举行听证的时间，并在举行听证的三个工作日前书面告知听证参加人及其他人员。

第97条　有下列情形之一的，应当终止举行听证：

（一）当事人及其代理人撤回听证申请的；

（二）当事人及其代理人无正当理由拒不出席听证的；

（三）当事人及其代理人未经许可中途退出听证的；

（四）当事人死亡或者作为当事人的法人、其他组织终止，没有权利义务承受人的；

（五）其他依法应当终止听证的情形。

第98条　听证应当制作笔录，听证笔录应当载明下列事项：

（一）案由；

（二）听证参加人及其他人员的姓名或者名称；

（三）听证主持人、听证员、记录员的姓名；

（四）举行听证的时间、地点和方式；

（五）案件调查人员提出的本案的事实、证据和拟作出的行政处罚决定及其依据；

（六）陈述、申辩和质证的内容；

（七）证人证言；

（八）按规定应当载明的其他事项。

第99条　听证笔录应当由听证参加人及其他人员确认无误后逐页进行签字或者盖章。对记录内容有异议的可以当场更正后签字或者盖章确认。

听证参加人及其他人员拒绝签字或者盖章的，由听证主持人在听证笔录上注明。

第100条　听证结束后，海关应当根据听证笔录，依照本规定第六十八条至第七十二条的规定进行复核及作出决定。

第六十五条　听证结束后的处理

听证结束后，行政机关应当根据听证笔录，依照本法第五十七条的规定，作出决定。

第六章 行政处罚的执行

第六十六条 处罚决定的自行履行

行政处罚决定依法作出后,当事人应当在行政处罚决定书载明的期限内,予以履行。

当事人确有经济困难,需要延期或者分期缴纳罚款的,经当事人申请和行政机关批准,可以暂缓或者分期缴纳。

● **部门规章及文件**

1. 《**海关办理行政处罚案件程序规定**》(2021年6月15日 海关总署第250号令)

第107条 海关作出行政处罚决定后,当事人应当在行政处罚决定书载明的期限内,予以履行。

海关作出罚款决定的,当事人应当自收到行政处罚决定书之日起十五日内,到指定的银行或者通过电子支付系统缴纳罚款。

第108条 当事人确有经济困难向海关提出延期或者分期缴纳罚款的,应当以书面方式提出申请。

海关收到当事人延期、分期缴纳罚款的申请后,应当在十个工作日内作出是否准予延期、分期缴纳罚款的决定,并且制发通知书送达申请人。

2. 《**市场监督管理行政处罚程序规定**》(2022年9月29日 国家市场监督管理总局令第61号)

第74条 当事人确有经济困难,需要延期或者分期缴纳罚款的,应当提出书面申请。经市场监督管理部门负责人批准,同意当事人暂缓或者分期缴纳罚款的,市场监督管理部门应当书面告知当事人暂缓或者分期的期限。

3.《中国人民银行行政处罚程序规定》（2022年4月14日 中国人民银行令〔2022〕第3号）

第47条 中国人民银行及其分支机构作出罚款、没收违法所得行政处罚决定的，当事人应当自收到行政处罚决定书之日起十五日内按照行政处罚决定书载明的方式缴纳罚款、违法所得。

当事人根据《中华人民共和国行政处罚法》第六十六条的规定，申请延期或者分期缴纳罚款的，应当自收到行政处罚决定书之日起十五日内向作出行政处罚决定的中国人民银行或其分支机构提出书面申请，并提交相关证明材料。

第六十七条　罚款的缴纳

作出罚款决定的行政机关应当与收缴罚款的机构分离。

除依照本法第六十八条、第六十九条的规定当场收缴的罚款外，作出行政处罚决定的行政机关及其执法人员不得自行收缴罚款。

当事人应当自收到行政处罚决定书之日起十五日内，到指定的银行或者通过电子支付系统缴纳罚款。银行应当收受罚款，并将罚款直接上缴国库。

● 行政法规及文件

1.《罚款决定与罚款收缴分离实施办法》（1997年11月17日国务院令第235号）

第1条 为了实施罚款决定与罚款收缴分离，加强对罚款收缴活动的监督，保证罚款及时上缴国库，根据《中华人民共和国行政处罚法》（以下简称行政处罚法）的规定，制定本办法。

第2条 罚款的收取、缴纳及相关活动，适用本办法。

第3条 作出罚款决定的行政机关应当与收缴罚款的机构分

离；但是，依照行政处罚法的规定可以当场收缴罚款的除外。

第4条　罚款必须全部上缴国库，任何行政机关、组织或者个人不得以任何形式截留、私分或者变相私分。

行政机关执法所需经费的拨付，按照国家有关规定执行。

第5条　经中国人民银行批准有代理收付款项业务的商业银行、信用合作社（以下简称代收机构），可以开办代收罚款的业务。

具体代收机构由县级以上地方人民政府组织本级财政部门、中国人民银行当地分支机构和依法具有行政处罚权的行政机关共同研究，统一确定。海关、外汇管理等实行垂直领导的依法具有行政处罚权的行政机关作出罚款决定的，具体代收机构由财政部、中国人民银行会同国务院有关部门确定。依法具有行政处罚权的国务院有关部门作出罚款决定的，具体代收机构由财政部、中国人民银行确定。

代收机构应当具备足够的代收网点，以方便当事人缴纳罚款。

第6条　行政机关应当依照本办法和国家有关规定，同代收机构签订代收罚款协议。

代收罚款协议应当包括下列事项：

（一）行政机关、代收机构名称；

（二）具体代收网点；

（三）代收机构上缴罚款的预算科目、预算级次；

（四）代收机构告知行政机关代收罚款情况的方式、期限；

（五）需要明确的其他事项。

自代收罚款协议签订之日起15日内，行政机关应当将代收罚款协议报上一级行政机关和同级财政部门备案；代收机构应当将代收罚款协议报中国人民银行或者其当地分支机构备案。

第7条　行政机关作出罚款决定的行政处罚决定书应当载明

代收机构的名称、地址和当事人应当缴纳罚款的数额、期限等，并明确对当事人逾期缴纳罚款是否加处罚款。

当事人应当按照行政处罚决定书确定的罚款数额、期限，到指定的代收机构缴纳罚款。

第8条　代收机构代收罚款，应当向当事人出具罚款收据。罚款收据的格式和印制，由财政部规定。

第9条　当事人逾期缴纳罚款，行政处罚决定书明确需要加处罚款的，代收机构应当按照行政处罚决定书加收罚款。

当事人对加收罚款有异议的，应当先缴纳罚款和加收的罚款，再依法向作出行政处罚决定的行政机关申请复议。

第10条　代收机构应当按照代收罚款协议规定的方式、期限，将当事人的姓名或者名称、缴纳罚款的数额、时间等情况书面告知作出行政处罚决定的行政机关。

第11条　代收机构应当按照行政处罚法和国家有关规定，将代收的罚款直接上缴国库。

第12条　国库应当按照《中华人民共和国国家金库条例》的规定，定期同财政部门和行政机关对账，以保证收受的罚款和上缴国库的罚款数额一致。

第13条　代收机构应当在代收网点、营业时间、服务设施、缴款手续等方面为当事人缴纳罚款提供方便。

第14条　财政部门应当向代收机构支付手续费，具体标准由财政部制定。

第15条　法律、法规授权的具有管理公共事务职能的组织和依法受委托的组织依法作出的罚款决定与罚款收缴，适用本办法。

2.《违反行政事业性收费和罚没收入收支两条线管理规定行政处分暂行规定》（2000年2月12日　国务院令第281号）

第1条　为了严肃财经纪律，加强廉政建设，落实行政事业性收费和罚没收入"收支两条线"管理，促进依法行政，根据法律、行政法规和国家有关规定，制定本规定。

第2条 国家公务员和法律、行政法规授权行使行政事业性收费或者罚没职能的事业单位的工作人员有违反"收支两条线"管理规定行为的，依照本规定给予行政处分。

第3条 本规定所称"行政事业性收费"，是指下列属于财政性资金的收入：

（一）依据法律、行政法规、国务院有关规定、国务院财政部门与计划部门共同发布的规章或者规定以及省、自治区、直辖市的地方性法规、政府规章或者规定和省、自治区、直辖市人民政府财政部门与计划（物价）部门共同发布的规定所收取的各项收费；

（二）法律、行政法规和国务院规定的以及国务院财政部门按照国家有关规定批准的政府性基金、附加。

事业单位因提供服务收取的经营服务性收费不属于行政事业性收费。

第4条 本规定所称"罚没收入"，是指法律、行政法规授权的执行处罚的部门依法实施处罚取得的罚没款和没收物品的折价收入。

第5条 违反规定，擅自设立行政事业性收费项目或者设置罚没处罚的，对直接负责的主管人员和其他直接责任人员给予降级或者撤职处分。

第6条 违反规定，擅自变更行政事业性收费或者罚没范围、标准的，对直接负责的主管人员和其他直接责任人员给予记大过处分；情节严重的，给予降级或者撤职处分。

第7条 对行政事业性收费项目审批机关已经明令取消或者降低标准的收费项目，仍按原定项目或者标准收费的，对直接负责的主管人员和其他直接责任人员给予记大过处分；情节严重的，给予降级或者撤职处分。

第8条　下达或者变相下达罚没指标的，对直接负责的主管人员和其他直接责任人员给予降级或者撤职处分。

第9条　违反《收费许可证》规定实施行政事业性收费的，对直接负责的主管人员和其他直接责任人员给予警告处分；情节严重的，给予记过或者记大过处分。

第10条　违反财政票据管理规定实施行政事业性收费、罚没的，对直接负责的主管人员和其他直接责任人员给予降级或者撤职处分；以实施行政事业性收费、罚没的名义收取钱物，不出具任何票据的，给予开除处分。

第11条　违反罚款决定与罚款收缴分离的规定收缴罚款的，对直接负责的主管人员和其他直接责任人员给予记大过或者降级处分。

第12条　不履行行政事业性收费、罚没职责，应收不收、应罚不罚，经批评教育仍不改正的，对直接负责的主管人员和其他直接责任人员给予警告处分；情节严重的，给予记过或者记大过处分。

第13条　不按照规定将行政事业性收费纳入单位财务统一核算、管理的，对直接负责的主管人员和其他直接责任人员给予记过处分；情节严重的，给予记大过或者降级处分。

第14条　不按照规定将行政事业性收费缴入国库或者预算外资金财政专户的，对直接负责的主管人员和其他直接责任人员给予记大过处分；情节严重的，给予降级或者撤职处分。

不按照规定将罚没收入上缴国库的，依照前款规定给予处分。

第15条　违反规定，擅自开设银行账户的，对直接负责的主管人员和其他直接责任人员给予降级处分；情节严重的，给予撤职或者开除处分。

第16条　截留、挪用、坐收坐支行政事业性收费、罚没收入的，对直接负责的主管人员和其他直接责任人员给予降级处分；情节严重的，给予撤职或者开除处分。

第 17 条　违反规定，将行政事业性收费、罚没收入用于提高福利补贴标准或者扩大福利补贴范围、滥发奖金实物、挥霍浪费或者有其他超标准支出行为的，对直接负责的主管人员和其他直接责任人员给予记大过处分；情节严重的，给予降级或者撤职处分。

第 18 条　不按照规定编制预算外资金收支计划、单位财务收支计划和收支决算的，对直接负责的主管人员和其他直接责任人员给予记过处分；情节严重的，给予记大过或者降级处分。

第 19 条　不按照预算和批准的收支计划核拨财政资金，贻误核拨对象正常工作的，对直接负责的主管人员和其他直接责任人员给予记过处分；情节严重的，给予记大过或者降级处分。

第 20 条　对坚持原则抵制违法违纪的行政事业性收费、罚没行为的单位或者个人打击报复的，给予降级处分；情节严重的，给予撤职或者开除处分。

第 21 条　实施行政处分的权限以及不服行政处分的申诉，按照国家有关规定办理。

第 22 条　违反本规定，构成犯罪的，依法追究刑事责任。

第 23 条　本规定自发布之日起施行。

第六十八条　当场收缴罚款

依照本法第五十一条的规定当场作出行政处罚决定，有下列情形之一，执法人员可以当场收缴罚款：

（一）依法给予一百元以下罚款的；

（二）不当场收缴事后难以执行的。

● 法　律

1.《治安管理处罚法》（2025 年 6 月 27 日）

第 123 条　受到罚款处罚的人应当自收到处罚决定书之日起

十五日以内,到指定的银行或者通过电子支付系统缴纳罚款。但是,有下列情形之一的,人民警察可以当场收缴罚款:

（一）被处二百元以下罚款,被处罚人对罚款无异议的;

（二）在边远、水上、交通不便地区,旅客列车上或者口岸,公安机关及其人民警察依照本法的规定作出罚款决定后,被处罚人到指定的银行或者通过电子支付系统缴纳罚款确有困难,经被处罚人提出的;

（三）被处罚人在当地没有固定住所,不当场收缴事后难以执行的。

● 部门规章及文件

2.《交通运输行政执法程序规定》（2021年6月30日　交通运输部令2021年第6号）

第99条　执法部门对当事人作出罚款处罚的,当事人应当自收到处罚决定书之日起十五日内,到指定的银行缴纳罚款;具备条件的,也可以通过电子支付系统缴纳罚款。具有下列情形之一的,执法人员可以当场收缴罚款:

（一）依法当场作出行政处罚决定,处一百元以下的罚款或者不当场收缴事后难以执行的;

（二）在边远、水上、交通不便地区,当事人到指定的银行或者通过电子支付系统缴纳罚款确有困难,经当事人提出的。

当场收缴罚款的,应当向当事人出具国务院财政部门或者省、自治区、直辖市人民政府财政部门统一制发的专用票据。

3.《市场监督管理行政处罚程序规定》（2022年9月29日　国家市场监督管理总局令第61号）

第72条　市场监督管理部门对当事人作出罚款、没收违法所得行政处罚的,当事人应当自收到行政处罚决定书之日起十五日内,通过指定银行或者电子支付系统缴纳罚没款。有下列情形之一的，可以由办案人员当场收缴罚款：

（一）当场处以一百元以下罚款的；

（二）当场对自然人处以二百元以下、对法人或者其他组织处以三千元以下罚款，不当场收缴事后难以执行的；

（三）在边远、水上、交通不便地区，当事人向指定银行或者通过电子支付系统缴纳罚款确有困难，经当事人提出的。

办案人员当场收缴罚款的，必须向当事人出具国务院财政部门或者省、自治区、直辖市财政部门统一制发的专用票据。

第六十九条　可以当场收缴罚款的特殊规定

在边远、水上、交通不便地区，行政机关及其执法人员依照本法第五十一条、第五十七条的规定作出罚款决定后，当事人到指定的银行或者通过电子支付系统缴纳罚款确有困难，经当事人提出，行政机关及其执法人员可以当场收缴罚款。

第七十条　行政机关出具专用票据的义务

行政机关及其执法人员当场收缴罚款的，必须向当事人出具国务院财政部门或者省、自治区、直辖市人民政府财政部门统一制发的专用票据；不出具财政部门统一制发的专用票据的，当事人有权拒绝缴纳罚款。

第七十一条　当场收缴罚款的缴纳期限

执法人员当场收缴的罚款，应当自收缴罚款之日起二日内，交至行政机关；在水上当场收缴的罚款，应当自抵岸之日起二日内交至行政机关；行政机关应当在二日内将罚款缴付指定的银行。

● 法　律

1.《治安管理处罚法》（2025年6月27日）

　　第124条　人民警察当场收缴的罚款，应当自收缴罚款之日起二日以内，交至所属的公安机关；在水上、旅客列车上当场收缴的罚款，应当自抵岸或者到站之日起二日以内，交至所属的公安机关；公安机关应当自收到罚款之日起二日以内将罚款缴付指定的银行。

● 部门规章及文件

2.《交通运输行政执法程序规定》（2021年6月30日　交通运输部令2021年第6号）

　　第100条　执法人员当场收缴的罚款，应当自收缴罚款之日起二日内，交至其所属执法部门。在水上当场收缴的罚款，应当自抵岸之日起二日内交至其所属执法部门。执法部门应当在二日内将罚款缴付指定的银行。

3.《市场监督管理行政处罚程序规定》（2022年9月29日　国家市场监督管理总局令第61号）

　　第73条　办案人员当场收缴的罚款，应当自收缴罚款之日起二个工作日内交至所在市场监督管理部门。在水上当场收缴的罚款，应当自抵岸之日起二个工作日内交至所在市场监督管理部门。市场监督管理部门应当在二个工作日内将罚款缴付指定银行。

第七十二条　执行措施

　　当事人逾期不履行行政处罚决定的，作出行政处罚决定的行政机关可以采取下列措施：

　　（一）到期不缴纳罚款的，每日按罚款数额的百分之三加处罚款，加处罚款的数额不得超出罚款的数额；

（二）根据法律规定，将查封、扣押的财物拍卖、依法处理或者将冻结的存款、汇款划拨抵缴罚款；

　　（三）根据法律规定，采取其他行政强制执行方式；

　　（四）依照《中华人民共和国行政强制法》的规定申请人民法院强制执行。

　　行政机关批准延期、分期缴纳罚款的，申请人民法院强制执行的期限，自暂缓或者分期缴纳罚款期限结束之日起计算。

● 法　律

1. 《行政强制法》（2011年6月30日）

　　第45条　行政机关依法作出金钱给付义务的行政决定，当事人逾期不履行的，行政机关可以依法加处罚款或者滞纳金。加处罚款或者滞纳金的标准应当告知当事人。

　　加处罚款或者滞纳金的数额不得超出金钱给付义务的数额。

　　第46条　行政机关依照本法第四十五条规定实施加处罚款或者滞纳金超过三十日，经催告当事人仍不履行的，具有行政强制执行权的行政机关可以强制执行。

　　行政机关实施强制执行前，需要采取查封、扣押、冻结措施的，依照本法第三章规定办理。

　　没有行政强制执行权的行政机关应当申请人民法院强制执行。但是，当事人在法定期限内不申请行政复议或者提起行政诉讼，经催告仍不履行的，在实施行政管理过程中已经采取查封、扣押措施的行政机关，可以将查封、扣押的财物依法拍卖抵缴罚款。

　　第47条　划拨存款、汇款应当由法律规定的行政机关决定，并书面通知金融机构。金融机构接到行政机关依法作出划拨存款、汇款的决定后，应当立即划拨。

法律规定以外的行政机关或者组织要求划拨当事人存款、汇款的，金融机构应当拒绝。

第48条 依法拍卖财物，由行政机关委托拍卖机构依照《中华人民共和国拍卖法》的规定办理。

第49条 划拨的存款、汇款以及拍卖和依法处理所得的款项应当上缴国库或者划入财政专户。任何行政机关或者个人不得以任何形式截留、私分或者变相私分。

第53条 当事人在法定期限内不申请行政复议或者提起行政诉讼，又不履行行政决定的，没有行政强制执行权的行政机关可以自期限届满之日起三个月内，依照本章规定申请人民法院强制执行。

● 部门规章及文件

2.《市场监督管理行政处罚程序规定》（2022年9月29日 国家市场监督管理总局令第61号）

第75条 当事人逾期不缴纳罚款的，市场监督管理部门可以每日按罚款数额的百分之三加处罚款，加处罚款的数额不得超出罚款的数额。

第76条 当事人在法定期限内不申请行政复议或者提起行政诉讼，又不履行行政处罚决定，且在收到催告书十个工作日后仍不履行行政处罚决定的，市场监督管理部门可以在期限届满之日起三个月内依法申请人民法院强制执行。

市场监督管理部门批准延期、分期缴纳罚款的，申请人民法院强制执行的期限，自暂缓或者分期缴纳罚款期限结束之日起计算。

3.《中国银保监会行政处罚办法》（2020年6月15日 中国银行保险监督管理委员会令2020年第8号）

第91条 当事人逾期不履行行政处罚决定的，作出行政处罚决定的机构可以采取下列措施：

（一）到期不缴纳罚款的，每日按照罚款数额的百分之三加处罚款；

（二）经依法催告后当事人仍未履行义务的，申请人民法院强制执行；

（三）法律、行政法规规定的其他措施。

加处罚款的数额不得超出罚款数额。

4.《海关办理行政处罚案件程序规定》（2021年6月15日 海关总署第250号令）

第109条 当事人逾期不履行行政处罚决定的，海关可以采取下列措施：

（一）到期不缴纳罚款的，每日按照罚款数额的百分之三加处罚款，加处罚款的数额不得超出罚款的数额；

（二）当事人逾期不履行海关的处罚决定又不申请复议或者向人民法院提起诉讼的，海关可以将其保证金抵缴或者将其被扣留的货物、物品、运输工具依法变价抵缴，也可以申请人民法院强制执行；

（三）根据法律规定，采取其他行政强制执行方式。

第110条 受海关处罚的当事人或者其法定代表人、主要负责人在出境前未缴清罚款、违法所得和依法追缴的货物、物品、走私运输工具等值价款的，也未向海关提供相当于上述款项担保的，海关可以依法制作阻止出境协助函，通知出境管理机关阻止其出境。

阻止出境协助函应当随附行政处罚决定书等相关法律文书，并且载明被阻止出境人员的姓名、性别、出生日期、出入境证件种类和号码。被阻止出境人员是外国人、无国籍人员的，应当注明其英文姓名。

第111条 当事人或者其法定代表人、主要负责人缴清罚款、违法所得和依法追缴的货物、物品、走私运输工具等值价款的，或者向海关提供相当于上述款项担保的，海关应当及时制作解除阻止出境协助函通知出境管理机关。

5.《交通运输行政执法程序规定》(2021年6月30日 交通运输部令2021年第6号)

第103条 当事人未在规定期限内缴纳罚款的,作出行政处罚决定的执法部门可以依法加处罚款。加处罚款的标准应当告知当事人。

加处罚款的数额不得超出原罚款的数额。

第104条 执法部门实施加处罚款超过三十日,经催告当事人仍不履行的,作出行政处罚决定的执法部门应当依法向所在地有管辖权的人民法院申请强制执行。但是,当事人在法定期限内不申请行政复议或者提起行政诉讼,经催告仍不履行行政处罚决定、加处罚款决定的,在实施行政执法过程中已经采取扣押措施的执法部门,可以将扣押的财物依法拍卖抵缴罚款。

第七十三条　申请复议、提起诉讼不停止处罚执行及例外

当事人对行政处罚决定不服,申请行政复议或者提起行政诉讼的,行政处罚不停止执行,法律另有规定的除外。

当事人对限制人身自由的行政处罚决定不服,申请行政复议或者提起行政诉讼的,可以向作出决定的机关提出暂缓执行申请。符合法律规定情形的,应当暂缓执行。

当事人申请行政复议或者提起行政诉讼的,加处罚款的数额在行政复议或者行政诉讼期间不予计算。

● 法　律

1.《行政诉讼法》(2017年6月27日)

第56条 诉讼期间,不停止行政行为的执行。但有下列情形之一的,裁定停止执行:

(一) 被告认为需要停止执行的;

（二）原告或者利害关系人申请停止执行，人民法院认为该行政行为的执行会造成难以弥补的损失，并且停止执行不损害国家利益、社会公共利益的；

（三）人民法院认为该行政行为的执行会给国家利益、社会公共利益造成重大损害的；

（四）法律、法规规定停止执行的。

当事人对停止执行或者不停止执行的裁定不服的，可以申请复议一次。

2.《行政复议法》（2023年9月1日）

第42条　行政复议期间行政行为不停止执行；但是有下列情形之一的，应当停止执行：

（一）被申请人认为需要停止执行的；

（二）行政复议机关认为需要停止执行的；

（三）申请人、第三人申请停止执行，行政复议机关认为其要求合理，决定停止执行；

（四）法律、法规、规章规定停止执行的其他情形。

第七十四条　依法没收非法财物的处理

除依法应当予以销毁的物品外，依法没收的非法财物必须按照国家规定公开拍卖或者按照国家有关规定处理。

罚款、没收的违法所得或者没收非法财物拍卖的款项，必须全部上缴国库，任何行政机关或者个人不得以任何形式截留、私分或者变相私分。

罚款、没收的违法所得或者没收非法财物拍卖的款项，不得同作出行政处罚决定的行政机关及其工作人员的考核、考评直接或者变相挂钩。除依法应当退还、退赔的外，财政部门不得以任何形式向作出行政处罚决定的行政机关返还罚款、没收的违法所得或者没收非法财物拍卖的款项。

第七十五条　行政处罚的监督

行政机关应当建立健全对行政处罚的监督制度。县级以上人民政府应当定期组织开展行政执法评议、考核，加强对行政处罚的监督检查，规范和保障行政处罚的实施。

行政机关实施行政处罚应当接受社会监督。公民、法人或者其他组织对行政机关实施行政处罚的行为，有权申诉或者检举；行政机关应当认真审查，发现有错误的，应当主动改正。

第七章　法律责任

第七十六条　违法实施行政处罚的法律责任

行政机关实施行政处罚，有下列情形之一，由上级行政机关或者有关机关责令改正，对直接负责的主管人员和其他直接责任人员依法给予处分：

（一）没有法定的行政处罚依据的；

（二）擅自改变行政处罚种类、幅度的；

（三）违反法定的行政处罚程序的；

（四）违反本法第二十条关于委托处罚的规定的；

（五）执法人员未取得执法证件的。

行政机关对符合立案标准的案件不及时立案的，依照前款规定予以处理。

● 法　律

《公职人员政务处分法》（2020年6月20日）

第39条　有下列行为之一，造成不良后果或者影响的，予以警告、记过或者记大过；情节较重的，予以降级或者撤职；情节严重的，予以开除：

（一）滥用职权，危害国家利益、社会公共利益或者侵害公民、法人、其他组织合法权益的；

（二）不履行或者不正确履行职责，玩忽职守，贻误工作的；

（三）工作中有形式主义、官僚主义行为的；

（四）工作中有弄虚作假、误导、欺骗行为的；

（五）泄露国家秘密、工作秘密，或者泄露因履行职责掌握的商业秘密、个人隐私的。

第七十七条　不使用或使用非法罚没财物单据的法律责任

行政机关对当事人进行处罚不使用罚款、没收财物单据或者使用非法定部门制发的罚款、没收财物单据的，当事人有权拒绝，并有权予以检举，由上级行政机关或者有关机关对使用的非法单据予以收缴销毁，对直接负责的主管人员和其他直接责任人员依法给予处分。

第七十八条　自行收缴罚款的处理

行政机关违反本法第六十七条的规定自行收缴罚款的，财政部门违反本法第七十四条的规定向行政机关返还罚款、没收的违法所得或者拍卖款项的，由上级行政机关或者有关机关责令改正，对直接负责的主管人员和其他直接责任人员依法给予处分。

第七十九条　私分罚没财物的处理

行政机关截留、私分或者变相私分罚款、没收的违法所得或者财物的，由财政部门或者有关机关予以追缴，对直接负责的主管人员和其他直接责任人员依法给予处分；情节严重构成犯罪的，依法追究刑事责任。

执法人员利用职务上的便利，索取或者收受他人财物、将收缴罚款据为己有，构成犯罪的，依法追究刑事责任；情节轻微不构成犯罪的，依法给予处分。

● 法　律

《公职人员政务处分法》（2020年6月20日）

第25条　公职人员违法取得的财物和用于违法行为的本人财物，除依法应当由其他机关没收、追缴或者责令退赔的，由监察机关没收、追缴或者责令退赔；应当退还原所有人或者原持有人的，依法予以退还；属于国家财产或者不应当退还以及无法退还的，上缴国库。

第八十条　使用、损毁查封、扣押财物的法律责任

行政机关使用或者损毁查封、扣押的财物，对当事人造成损失的，应当依法予以赔偿，对直接负责的主管人员和其他直接责任人员依法给予处分。

● 法　律

《国家赔偿法》（2012年10月26日）

第3条　行政机关及其工作人员在行使行政职权时有下列侵犯人身权情形之一的，受害人有取得赔偿的权利：

（一）违法拘留或者违法采取限制公民人身自由的行政强制措施的；

（二）非法拘禁或者以其他方法非法剥夺公民人身自由的；

（三）以殴打、虐待等行为或者唆使、放纵他人以殴打、虐待等行为造成公民身体伤害或者死亡的；

（四）违法使用武器、警械造成公民身体伤害或者死亡的；

（五）造成公民身体伤害或者死亡的其他违法行为。

第4条 行政机关及其工作人员在行使行政职权时有下列侵犯财产权情形之一的，受害人有取得赔偿的权利：

（一）违法实施罚款、吊销许可证和执照、责令停产停业、没收财物等行政处罚的；

（二）违法对财产采取查封、扣押、冻结等行政强制措施的；

（三）违法征收、征用财产的；

（四）造成财产损害的其他违法行为。

第5条 属于下列情形之一的，国家不承担赔偿责任：

（一）行政机关工作人员与行使职权无关的个人行为；

（二）因公民、法人和其他组织自己的行为致使损害发生的；

（三）法律规定的其他情形。

第6条 受害的公民、法人和其他组织有权要求赔偿。

受害的公民死亡，其继承人和其他有扶养关系的亲属有权要求赔偿。

受害的法人或者其他组织终止的，其权利承受人有权要求赔偿。

第7条 行政机关及其工作人员行使行政职权侵犯公民、法人和其他组织的合法权益造成损害的，该行政机关为赔偿义务机关。

两个以上行政机关共同行使行政职权时侵犯公民、法人和其他组织的合法权益造成损害的，共同行使行政职权的行政机关为共同赔偿义务机关。

法律、法规授权的组织在行使授予的行政权力时侵犯公民、法人和其他组织的合法权益造成损害的，被授权的组织为赔偿义务机关。

受行政机关委托的组织或者个人在行使受委托的行政权力时侵犯公民、法人和其他组织的合法权益造成损害的，委托的行政机关为赔偿义务机关。

赔偿义务机关被撤销的，继续行使其职权的行政机关为赔偿义务机关；没有继续行使其职权的行政机关的，撤销该赔偿义务机关的行政机关为赔偿义务机关。

第8条 经复议机关复议的，最初造成侵权行为的行政机关为赔偿义务机关，但复议机关的复议决定加重损害的，复议机关对加重的部分履行赔偿义务。

第9条 赔偿义务机关有本法第三条、第四条规定情形之一的，应当给予赔偿。

赔偿请求人要求赔偿，应当先向赔偿义务机关提出，也可以在申请行政复议或者提起行政诉讼时一并提出。

第10条 赔偿请求人可以向共同赔偿义务机关中的任何一个赔偿义务机关要求赔偿，该赔偿义务机关应当先予赔偿。

第11条 赔偿请求人根据受到的不同损害，可以同时提出数项赔偿要求。

第八十一条　违法实行检查和执行措施的法律责任

行政机关违法实施检查措施或者执行措施，给公民人身或者财产造成损害、给法人或者其他组织造成损失的，应当依法予以赔偿，对直接负责的主管人员和其他直接责任人员依法给予处分；情节严重构成犯罪的，依法追究刑事责任。

第八十二条　以罚代刑的法律责任

行政机关对应当依法移交司法机关追究刑事责任的案件不移交，以行政处罚代替刑事处罚，由上级行政机关或者有关机关责令改正，对直接负责的主管人员和其他直接责任人员依法给予处分；情节严重构成犯罪的，依法追究刑事责任。

第八十三条　行政不作为的法律责任

行政机关对应当予以制止和处罚的违法行为不予制止、处罚，致使公民、法人或者其他组织的合法权益、公共利益和社会秩序遭受损害的，对直接负责的主管人员和其他直接责任人员依法给予处分；情节严重构成犯罪的，依法追究刑事责任。

第八章　附　　则

第八十四条　涉外行政处罚

外国人、无国籍人、外国组织在中华人民共和国领域内有违法行为，应当给予行政处罚的，适用本法，法律另有规定的除外。

第八十五条　期限的计算

本法中"二日""三日""五日""七日"的规定是指工作日，不含法定节假日。

第八十六条　施行日期

本法自 2021 年 7 月 15 日起施行。

附录一

中华人民共和国治安管理处罚法

（2005年8月28日第十届全国人民代表大会常务委员会第十七次会议通过 根据2012年10月26日第十一届全国人民代表大会常务委员会第二十九次会议《关于修改〈中华人民共和国治安管理处罚法〉的决定》修正 2025年6月27日第十四届全国人民代表大会常务委员会第十六次会议修订 2025年6月27日中华人民共和国主席令第49号公布 自2026年1月1日起施行）

目 录

第一章 总 则
第二章 处罚的种类和适用
第三章 违反治安管理的行为和处罚
　第一节 扰乱公共秩序的行为和处罚
　第二节 妨害公共安全的行为和处罚
　第三节 侵犯人身权利、财产权利的行为和处罚
　第四节 妨害社会管理的行为和处罚
第四章 处罚程序
　第一节 调 查
　第二节 决 定
　第三节 执 行
第五章 执法监督
第六章 附 则

第一章 总　则

第一条　为了维护社会治安秩序，保障公共安全，保护公民、法人和其他组织的合法权益，规范和保障公安机关及其人民警察依法履行治安管理职责，根据宪法，制定本法。

第二条　治安管理工作坚持中国共产党的领导，坚持综合治理。

各级人民政府应当加强社会治安综合治理，采取有效措施，预防和化解社会矛盾纠纷，增进社会和谐，维护社会稳定。

第三条　扰乱公共秩序，妨害公共安全，侵犯人身权利、财产权利，妨害社会管理，具有社会危害性，依照《中华人民共和国刑法》的规定构成犯罪的，依法追究刑事责任；尚不够刑事处罚的，由公安机关依照本法给予治安管理处罚。

第四条　治安管理处罚的程序，适用本法的规定；本法没有规定的，适用《中华人民共和国行政处罚法》、《中华人民共和国行政强制法》的有关规定。

第五条　在中华人民共和国领域内发生的违反治安管理行为，除法律有特别规定的外，适用本法。

在中华人民共和国船舶和航空器内发生的违反治安管理行为，除法律有特别规定的外，适用本法。

在外国船舶和航空器内发生的违反治安管理行为，依照中华人民共和国缔结或者参加的国际条约，中华人民共和国行使管辖权的，适用本法。

第六条　治安管理处罚必须以事实为依据，与违反治安管理的事实、性质、情节以及社会危害程度相当。

实施治安管理处罚，应当公开、公正，尊重和保障人权，保护公民的人格尊严。

办理治安案件应当坚持教育与处罚相结合的原则，充分释法说理，教育公民、法人或者其他组织自觉守法。

第七条 国务院公安部门负责全国的治安管理工作。县级以上地方各级人民政府公安机关负责本行政区域内的治安管理工作。

治安案件的管辖由国务院公安部门规定。

第八条 违反治安管理行为对他人造成损害的，除依照本法给予治安管理处罚外，行为人或者其监护人还应当依法承担民事责任。

违反治安管理行为构成犯罪，应当依法追究刑事责任的，不得以治安管理处罚代替刑事处罚。

第九条 对于因民间纠纷引起的打架斗殴或者损毁他人财物等违反治安管理行为，情节较轻的，公安机关可以调解处理。

调解处理治安案件，应当查明事实，并遵循合法、公正、自愿、及时的原则，注重教育和疏导，促进化解矛盾纠纷。

经公安机关调解，当事人达成协议的，不予处罚。经调解未达成协议或者达成协议后不履行的，公安机关应当依照本法的规定对违反治安管理行为作出处理，并告知当事人可以就民事争议依法向人民法院提起民事诉讼。

对属于第一款规定的调解范围的治安案件，公安机关作出处理决定前，当事人自行和解或者经人民调解委员会调解达成协议并履行，书面申请经公安机关认可的，不予处罚。

第二章　处罚的种类和适用

第十条 治安管理处罚的种类分为：

（一）警告；

（二）罚款；

（三）行政拘留；

（四）吊销公安机关发放的许可证件。

对违反治安管理的外国人，可以附加适用限期出境或者驱逐出境。

第十一条 办理治安案件所查获的毒品、淫秽物品等违禁品，赌具、赌资，吸食、注射毒品的用具以及直接用于实施违反治安管理行为的本人所有的工具，应当收缴，按照规定处理。

违反治安管理所得的财物，追缴退还被侵害人；没有被侵害人的，登记造册，公开拍卖或者按照国家有关规定处理，所得款项上缴国库。

第十二条 已满十四周岁不满十八周岁的人违反治安管理的，从轻或者减轻处罚；不满十四周岁的人违反治安管理的，不予处罚，但是应当责令其监护人严加管教。

第十三条 精神病人、智力残疾人在不能辨认或者不能控制自己行为的时候违反治安管理的，不予处罚，但是应当责令其监护人加强看护管理和治疗。间歇性的精神病人在精神正常的时候违反治安管理的，应当给予处罚。尚未完全丧失辨认或者控制自己行为能力的精神病人、智力残疾人违反治安管理的，应当给予处罚，但是可以从轻或者减轻处罚。

第十四条 盲人或者又聋又哑的人违反治安管理的，可以从轻、减轻或者不予处罚。

第十五条 醉酒的人违反治安管理的，应当给予处罚。

醉酒的人在醉酒状态中，对本人有危险或者对他人的人身、财产或者公共安全有威胁的，应当对其采取保护性措施约束至酒醒。

第十六条 有两种以上违反治安管理行为的，分别决定，合并执行处罚。行政拘留处罚合并执行的，最长不超过二十日。

第十七条 共同违反治安管理的，根据行为人在违反治安管理行为中所起的作用，分别处罚。

教唆、胁迫、诱骗他人违反治安管理的，按照其教唆、胁迫、诱骗的行为处罚。

第十八条 单位违反治安管理的，对其直接负责的主管人员和其他直接责任人员依照本法的规定处罚。其他法律、行政法规对同一行为规定给予单位处罚的，依照其规定处罚。

第十九条　为了免受正在进行的不法侵害而采取的制止行为，造成损害的，不属于违反治安管理行为，不受处罚；制止行为明显超过必要限度，造成较大损害的，依法给予处罚，但是应当减轻处罚；情节较轻的，不予处罚。

第二十条　违反治安管理有下列情形之一的，从轻、减轻或者不予处罚：

（一）情节轻微的；

（二）主动消除或者减轻违法后果的；

（三）取得被侵害人谅解的；

（四）出于他人胁迫或者诱骗的；

（五）主动投案，向公安机关如实陈述自己的违法行为的；

（六）有立功表现的。

第二十一条　违反治安管理行为人自愿向公安机关如实陈述自己的违法行为，承认违法事实，愿意接受处罚的，可以依法从宽处理。

第二十二条　违反治安管理有下列情形之一的，从重处罚：

（一）有较严重后果的；

（二）教唆、胁迫、诱骗他人违反治安管理的；

（三）对报案人、控告人、举报人、证人打击报复的；

（四）一年以内曾受过治安管理处罚的。

第二十三条　违反治安管理行为人有下列情形之一，依照本法应当给予行政拘留处罚的，不执行行政拘留处罚：

（一）已满十四周岁不满十六周岁的；

（二）已满十六周岁不满十八周岁，初次违反治安管理的；

（三）七十周岁以上的；

（四）怀孕或者哺乳自己不满一周岁婴儿的。

前款第一项、第二项、第三项规定的行为人违反治安管理情节严重、影响恶劣的，或者第一项、第三项规定的行为人在一年以内二次以上违反治安管理的，不受前款规定的限制。

第二十四条　对依照本法第十二条规定不予处罚或者依照本法第二十三条规定不执行行政拘留处罚的未成年人，公安机关依照《中华人民共和国预防未成年人犯罪法》的规定采取相应矫治教育等措施。

第二十五条　违反治安管理行为在六个月以内没有被公安机关发现的，不再处罚。

前款规定的期限，从违反治安管理行为发生之日起计算；违反治安管理行为有连续或者继续状态的，从行为终了之日起计算。

第三章　违反治安管理的行为和处罚

第一节　扰乱公共秩序的行为和处罚

第二十六条　有下列行为之一的，处警告或者五百元以下罚款；情节较重的，处五日以上十日以下拘留，可以并处一千元以下罚款：

（一）扰乱机关、团体、企业、事业单位秩序，致使工作、生产、营业、医疗、教学、科研不能正常进行，尚未造成严重损失的；

（二）扰乱车站、港口、码头、机场、商场、公园、展览馆或者其他公共场所秩序的；

（三）扰乱公共汽车、电车、城市轨道交通车辆、火车、船舶、航空器或者其他公共交通工具上的秩序的；

（四）非法拦截或者强登、扒乘机动车、船舶、航空器以及其他交通工具，影响交通工具正常行驶的；

（五）破坏依法进行的选举秩序的。

聚众实施前款行为的，对首要分子处十日以上十五日以下拘留，可以并处二千元以下罚款。

第二十七条　在法律、行政法规规定的国家考试中，有下列行为之一，扰乱考试秩序的，处违法所得一倍以上五倍以下罚款，没有违法所得或者违法所得不足一千元的，处一千元以上三千元以下罚款；情节较重的，处五日以上十五日以下拘留：

（一）组织作弊的；

（二）为他人组织作弊提供作弊器材或者其他帮助的；

（三）为实施考试作弊行为，向他人非法出售、提供考试试题、答案的；

（四）代替他人或者让他人代替自己参加考试的。

第二十八条　有下列行为之一，扰乱体育、文化等大型群众性活动秩序的，处警告或者五百元以下罚款；情节严重的，处五日以上十日以下拘留，可以并处一千元以下罚款：

（一）强行进入场内的；

（二）违反规定，在场内燃放烟花爆竹或者其他物品的；

（三）展示侮辱性标语、条幅等物品的；

（四）围攻裁判员、运动员或者其他工作人员的；

（五）向场内投掷杂物，不听制止的；

（六）扰乱大型群众性活动秩序的其他行为。

因扰乱体育比赛、文艺演出活动秩序被处以拘留处罚的，可以同时责令其六个月至一年以内不得进入体育场馆、演出场馆观看同类比赛、演出；违反规定进入体育场馆、演出场馆的，强行带离现场，可以处五日以下拘留或者一千元以下罚款。

第二十九条　有下列行为之一的，处五日以上十日以下拘留，可以并处一千元以下罚款；情节较轻的，处五日以下拘留或者一千元以下罚款：

（一）故意散布谣言，谎报险情、疫情、灾情、警情或者以其他方法故意扰乱公共秩序的；

（二）投放虚假的爆炸性、毒害性、放射性、腐蚀性物质或者传染病病原体等危险物质扰乱公共秩序的；

（三）扬言实施放火、爆炸、投放危险物质等危害公共安全犯罪行为扰乱公共秩序的。

第三十条　有下列行为之一的，处五日以上十日以下拘留或者一千元以下罚款；情节较重的，处十日以上十五日以下拘留，可以并处二千元以下罚款：

（一）结伙斗殴或者随意殴打他人的；

（二）追逐、拦截他人的；

（三）强拿硬要或者任意损毁、占用公私财物的；

（四）其他无故侵扰他人、扰乱社会秩序的寻衅滋事行为。

第三十一条　有下列行为之一的，处十日以上十五日以下拘留，可以并处二千元以下罚款；情节较轻的，处五日以上十日以下拘留，可以并处一千元以下罚款：

（一）组织、教唆、胁迫、诱骗、煽动他人从事邪教活动、会道门活动、非法的宗教活动或者利用邪教组织、会道门、迷信活动，扰乱社会秩序、损害他人身体健康的；

（二）冒用宗教、气功名义进行扰乱社会秩序、损害他人身体健康活动的；

（三）制作、传播宣扬邪教、会道门内容的物品、信息、资料的。

第三十二条　违反国家规定，有下列行为之一的，处五日以上十日以下拘留；情节严重的，处十日以上十五日以下拘留：

（一）故意干扰无线电业务正常进行的；

（二）对正常运行的无线电台（站）产生有害干扰，经有关主管部门指出后，拒不采取有效措施消除的；

（三）未经批准设置无线电广播电台、通信基站等无线电台

（站）的，或者非法使用、占用无线电频率，从事违法活动的。

第三十三条　有下列行为之一，造成危害的，处五日以下拘留；情节较重的，处五日以上十五日以下拘留：

（一）违反国家规定，侵入计算机信息系统或者采用其他技术手段，获取计算机信息系统中存储、处理或者传输的数据，或者对计算机信息系统实施非法控制的；

（二）违反国家规定，对计算机信息系统功能进行删除、修改、增加、干扰的；

（三）违反国家规定，对计算机信息系统中存储、处理、传输的数据和应用程序进行删除、修改、增加的；

（四）故意制作、传播计算机病毒等破坏性程序的；

（五）提供专门用于侵入、非法控制计算机信息系统的程序、工具，或者明知他人实施侵入、非法控制计算机信息系统的违法犯罪行为而为其提供程序、工具的。

第三十四条　组织、领导传销活动的，处十日以上十五日以下拘留；情节较轻的，处五日以上十日以下拘留。

胁迫、诱骗他人参加传销活动的，处五日以上十日以下拘留；情节较重的，处十日以上十五日以下拘留。

第三十五条　有下列行为之一的，处五日以上十日以下拘留或者一千元以上三千元以下罚款；情节较重的，处十日以上十五日以下拘留，可以并处五千元以下罚款：

（一）在国家举行庆祝、纪念、缅怀、公祭等重要活动的场所及周边管控区域，故意从事与活动主题和氛围相违背的行为，不听劝阻，造成不良社会影响的；

（二）在英雄烈士纪念设施保护范围内从事有损纪念英雄烈士环境和氛围的活动，不听劝阻的，或者侵占、破坏、污损英雄烈士纪念设施的；

（三）以侮辱、诽谤或者其他方式侵害英雄烈士的姓名、肖像、名誉、荣誉，损害社会公共利益的；

（四）亵渎、否定英雄烈士事迹和精神，或者制作、传播、散布宣扬、美化侵略战争、侵略行为的言论或者图片、音视频等物品，扰乱公共秩序的；

（五）在公共场所或者强制他人在公共场所穿着、佩戴宣扬、美化侵略战争、侵略行为的服饰、标志，不听劝阻，造成不良社会影响的。

第二节　妨害公共安全的行为和处罚

第三十六条　违反国家规定，制造、买卖、储存、运输、邮寄、携带、使用、提供、处置爆炸性、毒害性、放射性、腐蚀性物质或者传染病病原体等危险物质的，处十日以上十五日以下拘留；情节较轻的，处五日以上十日以下拘留。

第三十七条　爆炸性、毒害性、放射性、腐蚀性物质或者传染病病原体等危险物质被盗、被抢或者丢失，未按规定报告的，处五日以下拘留；故意隐瞒不报的，处五日以上十日以下拘留。

第三十八条　非法携带枪支、弹药或者弩、匕首等国家规定的管制器具的，处五日以下拘留，可以并处一千元以下罚款；情节较轻的，处警告或者五百元以下罚款。

非法携带枪支、弹药或者弩、匕首等国家规定的管制器具进入公共场所或者公共交通工具的，处五日以上十日以下拘留，可以并处一千元以下罚款。

第三十九条　有下列行为之一的，处十日以上十五日以下拘留；情节较轻的，处五日以下拘留：

（一）盗窃、损毁油气管道设施、电力电信设施、广播电视设施、水利工程设施、公共供水设施、公路及附属设施或者水文监测、测量、气象测报、生态环境监测、地质监测、地震监测等公共设施，危及公共安全的；

（二）移动、损毁国家边境的界碑、界桩以及其他边境标志、边境设施或者领土、领海基点标志设施的；

（三）非法进行影响国（边）界线走向的活动或者修建有碍国（边）境管理的设施的。

第四十条　盗窃、损坏、擅自移动使用中的航空设施，或者强行进入航空器驾驶舱的，处十日以上十五日以下拘留。

在使用中的航空器上使用可能影响导航系统正常功能的器具、工具，不听劝阻的，处五日以下拘留或者一千元以下罚款。

盗窃、损坏、擅自移动使用中的其他公共交通工具设施、设备，或者以抢控驾驶操纵装置、拉扯、殴打驾驶人员等方式，干扰公共交通工具正常行驶的，处五日以下拘留或者一千元以下罚款；情节较重的，处五日以上十日以下拘留。

第四十一条　有下列行为之一的，处五日以上十日以下拘留，可以并处一千元以下罚款；情节较轻的，处五日以下拘留或者一千元以下罚款：

（一）盗窃、损毁、擅自移动铁路、城市轨道交通设施、设备、机车车辆配件或者安全标志的；

（二）在铁路、城市轨道交通线路上放置障碍物，或者故意向列车投掷物品的；

（三）在铁路、城市轨道交通线路、桥梁、隧道、涵洞处挖掘坑穴、采石取沙的；

（四）在铁路、城市轨道交通线路上私设道口或者平交过道的。

第四十二条　擅自进入铁路、城市轨道交通防护网或者火车、城市轨道交通列车来临时在铁路、城市轨道交通线路上行走坐卧，抢越铁路、城市轨道，影响行车安全的，处警告或者五百元以下罚款。

第四十三条　有下列行为之一的，处五日以下拘留或者一千元以下罚款；情节严重的，处十日以上十五日以下拘留，可以并处一千元以下罚款：

（一）未经批准，安装、使用电网的，或者安装、使用电网不符合安全规定的；

（二）在车辆、行人通行的地方施工，对沟井坎穴不设覆盖物、防围和警示标志的，或者故意损毁、移动覆盖物、防围和警示标志的；

（三）盗窃、损毁路面井盖、照明等公共设施的；

（四）违反有关法律法规规定，升放携带明火的升空物体，有发生火灾事故危险，不听劝阻的；

（五）从建筑物或者其他高空抛掷物品，有危害他人人身安全、公私财产安全或者公共安全危险的。

第四十四条　举办体育、文化等大型群众性活动，违反有关规定，有发生安全事故危险，经公安机关责令改正而拒不改正或者无法改正的，责令停止活动，立即疏散；对其直接负责的主管人员和其他直接责任人员处五日以上十日以下拘留，并处一千元以上三千元以下罚款；情节较重的，处十日以上十五日以下拘留，并处三千元以上五千元以下罚款，可以同时责令六个月至一年以内不得举办大型群众性活动。

第四十五条　旅馆、饭店、影剧院、娱乐场、体育场馆、展览馆或者其他供社会公众活动的场所违反安全规定，致使该场所有发生安全事故危险，经公安机关责令改正而拒不改正的，对其直接负责的主管人员和其他直接责任人员处五日以下拘留；情节较重的，处五日以上十日以下拘留。

第四十六条　违反有关法律法规关于飞行空域管理规定，飞行民用无人驾驶航空器、航空运动器材，或者升放无人驾驶自由气球、系留气球等升空物体，情节较重的，处五日以上十日以下拘留。

飞行、升放前款规定的物体非法穿越国（边）境的，处十日以上十五日以下拘留。

第三节　侵犯人身权利、财产权利的行为和处罚

第四十七条　有下列行为之一的，处十日以上十五日以下拘留，并处一千元以上二千元以下罚款；情节较轻的，处五日以上十日以下拘留，并处一千元以下罚款：

（一）组织、胁迫、诱骗不满十六周岁的人或者残疾人进行恐怖、残忍表演的；

（二）以暴力、威胁或者其他手段强迫他人劳动的；

（三）非法限制他人人身自由、非法侵入他人住宅或者非法搜查他人身体的。

第四十八条　组织、胁迫未成年人在不适宜未成年人活动的经营场所从事陪酒、陪唱等有偿陪侍活动的，处十日以上十五日以下拘留，并处五千元以下罚款；情节较轻的，处五日以下拘留或者五千元以下罚款。

第四十九条　胁迫、诱骗或者利用他人乞讨的，处十日以上十五日以下拘留，可以并处二千元以下罚款。

反复纠缠、强行讨要或者以其他滋扰他人的方式乞讨的，处五日以下拘留或者警告。

第五十条　有下列行为之一的，处五日以下拘留或者一千元以下罚款；情节较重的，处五日以上十日以下拘留，可以并处一千元以下罚款：

（一）写恐吓信或者以其他方法威胁他人人身安全的；

（二）公然侮辱他人或者捏造事实诽谤他人的；

（三）捏造事实诬告陷害他人，企图使他人受到刑事追究或者受到治安管理处罚的；

（四）对证人及其近亲属进行威胁、侮辱、殴打或者打击报

复的；

（五）多次发送淫秽、侮辱、恐吓等信息或者采取滋扰、纠缠、跟踪等方法，干扰他人正常生活的；

（六）偷窥、偷拍、窃听、散布他人隐私的。

有前款第五项规定的滋扰、纠缠、跟踪行为的，除依照前款规定给予处罚外，经公安机关负责人批准，可以责令其一定期限内禁止接触被侵害人。对违反禁止接触规定的，处五日以上十日以下拘留，可以并处一千元以下罚款。

第五十一条 殴打他人的，或者故意伤害他人身体的，处五日以上十日以下拘留，并处五百元以上一千元以下罚款；情节较轻的，处五日以下拘留或者一千元以下罚款。

有下列情形之一的，处十日以上十五日以下拘留，并处一千元以上二千元以下罚款：

（一）结伙殴打、伤害他人的；

（二）殴打、伤害残疾人、孕妇、不满十四周岁的人或者七十周岁以上的人的；

（三）多次殴打、伤害他人或者一次殴打、伤害多人的。

第五十二条 猥亵他人的，处五日以上十日以下拘留；猥亵精神病人、智力残疾人、不满十四周岁的人或者有其他严重情节的，处十日以上十五日以下拘留。

在公共场所故意裸露身体隐私部位的，处警告或者五百元以下罚款；情节恶劣的，处五日以上十日以下拘留。

第五十三条 有下列行为之一的，处五日以下拘留或者警告；情节较重的，处五日以上十日以下拘留，可以并处一千元以下罚款：

（一）虐待家庭成员，被虐待人或者其监护人要求处理的；

（二）对未成年人、老年人、患病的人、残疾人等负有监护、看护职责的人虐待被监护、看护的人的；

（三）遗弃没有独立生活能力的被扶养人的。

第五十四条 强买强卖商品，强迫他人提供服务或者强迫他人接受服务的，处五日以上十日以下拘留，并处三千元以上五千元以下罚款；情节较轻的，处五日以下拘留或者一千元以下罚款。

第五十五条 煽动民族仇恨、民族歧视，或者在出版物、信息网络中刊载民族歧视、侮辱内容的，处十日以上十五日以下拘留，可以并处三千元以下罚款；情节较轻的，处五日以下拘留或者三千元以下罚款。

第五十六条 违反国家有关规定，向他人出售或者提供个人信息的，处十日以上十五日以下拘留；情节较轻的，处五日以下拘留。

窃取或者以其他方法非法获取个人信息的，依照前款的规定处罚。

第五十七条 冒领、隐匿、毁弃、倒卖、私自开拆或者非法检查他人邮件、快件的，处警告或者一千元以下罚款；情节较重的，处五日以上十日以下拘留。

第五十八条 盗窃、诈骗、哄抢、抢夺或者敲诈勒索的，处五日以上十日以下拘留或者二千元以下罚款；情节较重的，处十日以上十五日以下拘留，可以并处三千元以下罚款。

第五十九条 故意损毁公私财物的，处五日以下拘留或者一千元以下罚款；情节较重的，处五日以上十日以下拘留，可以并处三千元以下罚款。

第六十条 以殴打、侮辱、恐吓等方式实施学生欺凌，违反治安管理的，公安机关应当依照本法、《中华人民共和国预防未成年人犯罪法》的规定，给予治安管理处罚、采取相应矫治教育等措施。

学校违反有关法律法规规定，明知发生严重的学生欺凌或者明知发生其他侵害未成年学生的犯罪，不按规定报告或者处置的，责令改正，对其直接负责的主管人员和其他直接责任人员，建议有关部门依法予以处分。

第四节　妨害社会管理的行为和处罚

第六十一条　有下列行为之一的，处警告或者五百元以下罚款；情节严重的，处五日以上十日以下拘留，可以并处一千元以下罚款：

（一）拒不执行人民政府在紧急状态情况下依法发布的决定、命令的；

（二）阻碍国家机关工作人员依法执行职务的；

（三）阻碍执行紧急任务的消防车、救护车、工程抢险车、警车或者执行上述紧急任务的专用船舶通行的；

（四）强行冲闯公安机关设置的警戒带、警戒区或者检查点的。

阻碍人民警察依法执行职务的，从重处罚。

第六十二条　冒充国家机关工作人员招摇撞骗的，处十日以上十五日以下拘留，可以并处一千元以下罚款；情节较轻的，处五日以上十日以下拘留。

冒充军警人员招摇撞骗的，从重处罚。

盗用、冒用个人、组织的身份、名义或者以其他虚假身份招摇撞骗的，处五日以下拘留或者一千元以下罚款；情节较重的，处五日以上十日以下拘留，可以并处一千元以下罚款。

第六十三条　有下列行为之一的，处十日以上十五日以下拘留，可以并处五千元以下罚款；情节较轻的，处五日以上十日以下拘留，可以并处三千元以下罚款：

（一）伪造、变造或者买卖国家机关、人民团体、企业、事业单位或者其他组织的公文、证件、证明文件、印章的；

（二）出租、出借国家机关、人民团体、企业、事业单位或者其他组织的公文、证件、证明文件、印章供他人非法使用的；

（三）买卖或者使用伪造、变造的国家机关、人民团体、企业、事业单位或者其他组织的公文、证件、证明文件、印章的；

（四）伪造、变造或者倒卖车票、船票、航空客票、文艺演出票、体育比赛入场券或者其他有价票证、凭证的；

（五）伪造、变造船舶户牌，买卖或者使用伪造、变造的船舶户牌，或者涂改船舶发动机号码的。

第六十四条　船舶擅自进入、停靠国家禁止、限制进入的水域或者岛屿的，对船舶负责人及有关责任人员处一千元以上二千元以下罚款；情节严重的，处五日以下拘留，可以并处二千元以下罚款。

第六十五条　有下列行为之一的，处十日以上十五日以下拘留，可以并处五千元以下罚款；情节较轻的，处五日以上十日以下拘留或者一千元以上三千元以下罚款：

（一）违反国家规定，未经注册登记，以社会团体、基金会、社会服务机构等社会组织名义进行活动，被取缔后，仍进行活动的；

（二）被依法撤销登记或者吊销登记证书的社会团体、基金会、社会服务机构等社会组织，仍以原社会组织名义进行活动的；

（三）未经许可，擅自经营按照国家规定需要由公安机关许可的行业的。

有前款第三项行为的，予以取缔。被取缔一年以内又实施的，处十日以上十五日以下拘留，并处三千元以上五千元以下罚款。

取得公安机关许可的经营者，违反国家有关管理规定，情节严重的，公安机关可以吊销许可证件。

第六十六条　煽动、策划非法集会、游行、示威，不听劝阻的，处十日以上十五日以下拘留。

第六十七条 从事旅馆业经营活动不按规定登记住宿人员姓名、有效身份证件种类和号码等信息的，或者为身份不明、拒绝登记身份信息的人提供住宿服务的，对其直接负责的主管人员和其他直接责任人员处五百元以上一千元以下罚款；情节较轻的，处警告或者五百元以下罚款。

实施前款行为，妨害反恐怖主义工作进行，违反《中华人民共和国反恐怖主义法》规定的，依照其规定处罚。

从事旅馆业经营活动有下列行为之一的，对其直接负责的主管人员和其他直接责任人员处一千元以上三千元以下罚款；情节严重的，处五日以下拘留，可以并处三千元以上五千元以下罚款：

（一）明知住宿人员违反规定将危险物质带入住宿区域，不予制止的；

（二）明知住宿人员是犯罪嫌疑人员或者被公安机关通缉的人员，不向公安机关报告的；

（三）明知住宿人员利用旅馆实施犯罪活动，不向公安机关报告的。

第六十八条 房屋出租人将房屋出租给身份不明、拒绝登记身份信息的人的，或者不按规定登记承租人姓名、有效身份证件种类和号码等信息的，处五百元以上一千元以下罚款；情节较轻的，处警告或者五百元以下罚款。

房屋出租人明知承租人利用出租房屋实施犯罪活动，不向公安机关报告的，处一千元以上三千元以下罚款；情节严重的，处五日以下拘留，可以并处三千元以上五千元以下罚款。

第六十九条 娱乐场所和公章刻制、机动车修理、报废机动车回收行业经营者违反法律法规关于要求登记信息的规定，不登记信息的，处警告；拒不改正或者造成后果的，对其直接负责的主管人员和其他直接责任人员处五日以下拘留或者三千元以下罚款。

第七十条 非法安装、使用、提供窃听、窃照专用器材的，处五日以下拘留或者一千元以上三千元以下罚款；情节较重的，处五日以上十日以下拘留，并处三千元以上五千元以下罚款。

第七十一条 有下列行为之一的，处一千元以上三千元以下罚款；情节严重的，处五日以上十日以下拘留，并处一千元以上三千元以下罚款：

（一）典当业工作人员承接典当的物品，不查验有关证明、不履行登记手续的，或者违反国家规定对明知是违法犯罪嫌疑人、赃物而不向公安机关报告的；

（二）违反国家规定，收购铁路、油田、供电、电信、矿山、水利、测量和城市公用设施等废旧专用器材的；

（三）收购公安机关通报寻查的赃物或者有赃物嫌疑的物品的；

（四）收购国家禁止收购的其他物品的。

第七十二条 有下列行为之一的，处五日以上十日以下拘留，可以并处一千元以下罚款；情节较轻的，处警告或者一千元以下罚款：

（一）隐藏、转移、变卖、擅自使用或者损毁行政执法机关依法扣押、查封、冻结、扣留、先行登记保存的财物的；

（二）伪造、隐匿、毁灭证据或者提供虚假证言、谎报案情，影响行政执法机关依法办案的；

（三）明知是赃物而窝藏、转移或者代为销售的；

（四）被依法执行管制、剥夺政治权利或者在缓刑、暂予监外执行中的罪犯或者被依法采取刑事强制措施的人，有违反法律、行政法规或者国务院有关部门的监督管理规定的行为的。

第七十三条 有下列行为之一的，处警告或者一千元以下罚款；情节较重的，处五日以上十日以下拘留，可以并处一千元以下罚款：

（一）违反人民法院刑事判决中的禁止令或者职业禁止决定的；

（二）拒不执行公安机关依照《中华人民共和国反家庭暴力法》、《中华人民共和国妇女权益保障法》出具的禁止家庭暴力告诫书、禁止性骚扰告诫书的；

（三）违反监察机关在监察工作中、司法机关在刑事诉讼中依法采取的禁止接触证人、鉴定人、被害人及其近亲属保护措施的。

第七十四条 依法被关押的违法行为人脱逃的，处十日以上十五日以下拘留；情节较轻的，处五日以上十日以下拘留。

第七十五条 有下列行为之一的，处警告或者五百元以下罚款；情节较重的，处五日以上十日以下拘留，并处五百元以上一千元以下罚款：

（一）刻划、涂污或者以其他方式故意损坏国家保护的文物、名胜古迹的；

（二）违反国家规定，在文物保护单位附近进行爆破、钻探、挖掘等活动，危及文物安全的。

第七十六条 有下列行为之一的，处一千元以上二千元以下罚款；情节严重的，处十日以上十五日以下拘留，可以并处二千元以下罚款：

（一）偷开他人机动车的；

（二）未取得驾驶证驾驶或者偷开他人航空器、机动船舶的。

第七十七条 有下列行为之一的，处五日以上十日以下拘留；情节严重的，处十日以上十五日以下拘留，可以并处二千元以下罚款：

（一）故意破坏、污损他人坟墓或者毁坏、丢弃他人尸骨、骨灰的；

（二）在公共场所停放尸体或者因停放尸体影响他人正常生活、工作秩序，不听劝阻的。

第七十八条　卖淫、嫖娼的，处十日以上十五日以下拘留，可以并处五千元以下罚款；情节较轻的，处五日以下拘留或者一千元以下罚款。

在公共场所拉客招嫖的，处五日以下拘留或者一千元以下罚款。

第七十九条　引诱、容留、介绍他人卖淫的，处十日以上十五日以下拘留，可以并处五千元以下罚款；情节较轻的，处五日以下拘留或者一千元以上二千元以下罚款。

第八十条　制作、运输、复制、出售、出租淫秽的书刊、图片、影片、音像制品等淫秽物品或者利用信息网络、电话以及其他通讯工具传播淫秽信息的，处十日以上十五日以下拘留，可以并处五千元以下罚款；情节较轻的，处五日以下拘留或者一千元以上三千元以下罚款。

前款规定的淫秽物品或者淫秽信息中涉及未成年人的，从重处罚。

第八十一条　有下列行为之一的，处十日以上十五日以下拘留，并处一千元以上二千元以下罚款：

（一）组织播放淫秽音像的；

（二）组织或者进行淫秽表演的；

（三）参与聚众淫乱活动的。

明知他人从事前款活动，为其提供条件的，依照前款的规定处罚。

组织未成年人从事第一款活动的，从重处罚。

第八十二条　以营利为目的，为赌博提供条件的，或者参与赌博赌资较大的，处五日以下拘留或者一千元以下罚款；情节严重的，处十日以上十五日以下拘留，并处一千元以上五千元以下罚款。

第八十三条 有下列行为之一的，处十日以上十五日以下拘留，可以并处五千元以下罚款；情节较轻的，处五日以下拘留或者一千元以下罚款：

（一）非法种植罂粟不满五百株或者其他少量毒品原植物的；

（二）非法买卖、运输、携带、持有少量未经灭活的罂粟等毒品原植物种子或者幼苗的；

（三）非法运输、买卖、储存、使用少量罂粟壳的。

有前款第一项行为，在成熟前自行铲除的，不予处罚。

第八十四条 有下列行为之一的，处十日以上十五日以下拘留，可以并处三千元以下罚款；情节较轻的，处五日以下拘留或者一千元以下罚款：

（一）非法持有鸦片不满二百克、海洛因或者甲基苯丙胺不满十克或者其他少量毒品的；

（二）向他人提供毒品的；

（三）吸食、注射毒品的；

（四）胁迫、欺骗医务人员开具麻醉药品、精神药品的。

聚众、组织吸食、注射毒品的，对首要分子、组织者依照前款的规定从重处罚。

吸食、注射毒品的，可以同时责令其六个月至一年以内不得进入娱乐场所、不得擅自接触涉及毒品违法犯罪人员。违反规定的，处五日以下拘留或者一千元以下罚款。

第八十五条 引诱、教唆、欺骗或者强迫他人吸食、注射毒品的，处十日以上十五日以下拘留，并处一千元以上五千元以下罚款。

容留他人吸食、注射毒品或者介绍买卖毒品的，处十日以上十五日以下拘留，可以并处三千元以下罚款；情节较轻的，处五日以下拘留或者一千元以下罚款。

第八十六条 违反国家规定，非法生产、经营、购买、运输用于制造毒品的原料、配剂的，处十日以上十五日以下拘留；情节较轻的，处五日以上十日以下拘留。

第八十七条 旅馆业、饮食服务业、文化娱乐业、出租汽车业等单位的人员，在公安机关查处吸毒、赌博、卖淫、嫖娼活动时，为违法犯罪行为人通风报信的，或者以其他方式为上述活动提供条件的，处十日以上十五日以下拘留；情节较轻的，处五日以下拘留或者一千元以上二千元以下罚款。

第八十八条 违反关于社会生活噪声污染防治的法律法规规定，产生社会生活噪声，经基层群众性自治组织、业主委员会、物业服务人、有关部门依法劝阻、调解和处理未能制止，继续干扰他人正常生活、工作和学习的，处五日以下拘留或者一千元以下罚款；情节严重的，处五日以上十日以下拘留，可以并处一千元以下罚款。

第八十九条 饲养动物，干扰他人正常生活的，处警告；警告后不改正的，或者放任动物恐吓他人的，处一千元以下罚款。

违反有关法律、法规、规章规定，出售、饲养烈性犬等危险动物的，处警告；警告后不改正的，或者致使动物伤害他人的，处五日以下拘留或者一千元以下罚款；情节较重的，处五日以上十日以下拘留。

未对动物采取安全措施，致使动物伤害他人的，处一千元以下罚款；情节较重的，处五日以上十日以下拘留。

驱使动物伤害他人的，依照本法第五十一条的规定处罚。

第四章　处罚程序

第一节　调　查

第九十条 公安机关对报案、控告、举报或者违反治安管理行为人主动投案,以及其他国家机关移送的违反治安管理案件,应当立即立案并进行调查;认为不属于违反治安管理行为的,应当告知报案人、控告人、举报人、投案人,并说明理由。

第九十一条 公安机关及其人民警察对治安案件的调查,应当依法进行。严禁刑讯逼供或者采用威胁、引诱、欺骗等非法手段收集证据。

以非法手段收集的证据不得作为处罚的根据。

第九十二条 公安机关办理治安案件,有权向有关单位和个人收集、调取证据。有关单位和个人应当如实提供证据。

公安机关向有关单位和个人收集、调取证据时,应当告知其必须如实提供证据,以及伪造、隐匿、毁灭证据或者提供虚假证言应当承担的法律责任。

第九十三条 在办理刑事案件过程中以及其他执法办案机关在移送案件前依法收集的物证、书证、视听资料、电子数据等证据材料,可以作为治安案件的证据使用。

第九十四条 公安机关及其人民警察在办理治安案件时,对涉及的国家秘密、商业秘密、个人隐私或者个人信息,应当予以保密。

第九十五条 人民警察在办理治安案件过程中,遇有下列情形之一的,应当回避;违反治安管理行为人、被侵害人或者其法定代理人也有权要求他们回避:

(一)是本案当事人或者当事人的近亲属的;

(二)本人或者其近亲属与本案有利害关系的;

(三)与本案当事人有其他关系,可能影响案件公正处理的。

人民警察的回避,由其所属的公安机关决定;公安机关负责人的回避,由上一级公安机关决定。

第九十六条 需要传唤违反治安管理行为人接受调查的,经公安机关办案部门负责人批准,使用传唤证传唤。对现场发现的违反治安管理行为人，人民警察经出示人民警察证，可以口头传唤，但应当在询问笔录中注明。

公安机关应当将传唤的原因和依据告知被传唤人。对无正当理由不接受传唤或者逃避传唤的人，经公安机关办案部门负责人批准，可以强制传唤。

第九十七条 对违反治安管理行为人，公安机关传唤后应当及时询问查证，询问查证的时间不得超过八小时；涉案人数众多、违反治安管理行为人身份不明的，询问查证的时间不得超过十二小时；情况复杂，依照本法规定可能适用行政拘留处罚的，询问查证的时间不得超过二十四小时。在执法办案场所询问违反治安管理行为人，应当全程同步录音录像。

公安机关应当及时将传唤的原因和处所通知被传唤人家属。

询问查证期间，公安机关应当保证违反治安管理行为人的饮食、必要的休息时间等正当需求。

第九十八条 询问笔录应当交被询问人核对；对没有阅读能力的，应当向其宣读。记载有遗漏或者差错的，被询问人可以提出补充或者更正。被询问人确认笔录无误后，应当签名、盖章或者按指印，询问的人民警察也应当在笔录上签名。

被询问人要求就被询问事项自行提供书面材料的，应当准许；必要时，人民警察也可以要求被询问人自行书写。

询问不满十八周岁的违反治安管理行为人，应当通知其父母或者其他监护人到场；其父母或者其他监护人不能到场的，也可以通知其他成年亲属，所在学校、单位、居住地基层组织或者未成年人保护组织的代表等合适成年人到场，并将有关情况记录在案。确实无法通知或者通知后未到场的，应当在笔录中注明。

第九十九条 人民警察询问被侵害人或者其他证人，可以在现场进行，也可以到其所在单位、住处或者其提出的地点进行；必要时，也可以通知其到公安机关提供证言。

人民警察在公安机关以外询问被侵害人或者其他证人,应当出示人民警察证。

询问被侵害人或者其他证人,同时适用本法第九十八条的规定。

第一百条 违反治安管理行为人、被侵害人或者其他证人在异地的,公安机关可以委托异地公安机关代为询问,也可以通过公安机关的视频系统远程询问。

通过远程视频方式询问的,应当向被询问人宣读询问笔录,被询问人确认笔录无误后,询问的人民警察应当在笔录上注明。询问和宣读过程应当全程同步录音录像。

第一百零一条 询问聋哑的违反治安管理行为人、被侵害人或者其他证人,应当有通晓手语等交流方式的人提供帮助,并在笔录上注明。

询问不通晓当地通用的语言文字的违反治安管理行为人、被侵害人或者其他证人,应当配备翻译人员,并在笔录上注明。

第一百零二条 为了查明案件事实,确定违反治安管理行为人、被侵害人的某些特征、伤害情况或者生理状态,需要对其人身进行检查,提取或者采集肖像、指纹信息和血液、尿液等生物样本的,经公安机关办案部门负责人批准后进行。对已经提取、采集的信息或者样本,不得重复提取、采集。提取或者采集被侵害人的信息或者样本,应当征得被侵害人或者其监护人同意。

第一百零三条 公安机关对与违反治安管理行为有关的场所或者违反治安管理行为人的人身、物品可以进行检查。检查时,人民警察不得少于二人,并应当出示人民警察证。

对场所进行检查的,经县级以上人民政府公安机关负责人批准,使用检查证检查;对确有必要立即进行检查的,人民警察经出示人民警察证,可以当场检查,并应当全程同步录音录像。检查公民住所应当出示县级以上人民政府公安机关开具的检查证。

检查妇女的身体，应当由女性工作人员或者医师进行。

第一百零四条　检查的情况应当制作检查笔录，由检查人、被检查人和见证人签名、盖章或者按指印；被检查人不在场或者被检查人、见证人拒绝签名的，人民警察应当在笔录上注明。

第一百零五条　公安机关办理治安案件，对与案件有关的需要作为证据的物品，可以扣押；对被侵害人或者善意第三人合法占有的财产，不得扣押，应当予以登记，但是对其中与案件有关的必须鉴定的物品，可以扣押，鉴定后应当立即解除。对与案件无关的物品，不得扣押。

对扣押的物品，应当会同在场见证人和被扣押物品持有人查点清楚，当场开列清单一式二份，由调查人员、见证人和持有人签名或者盖章，一份交给持有人，另一份附卷备查。

实施扣押前应当报经公安机关负责人批准；因情况紧急或者物品价值不大，当场实施扣押的，人民警察应当及时向其所属公安机关负责人报告，并补办批准手续。公安机关负责人认为不应当扣押的，应当立即解除。当场实施扣押的，应当全程同步录音录像。

对扣押的物品，应当妥善保管，不得挪作他用；对不宜长期保存的物品，按照有关规定处理。经查明与案件无关或者经核实属于被侵害人或者他人合法财产的，应当登记后立即退还；满六个月无人对该财产主张权利或者无法查清权利人的，应当公开拍卖或者按照国家有关规定处理，所得款项上缴国库。

第一百零六条　为了查明案情，需要解决案件中有争议的专门性问题的，应当指派或者聘请具有专门知识的人员进行鉴定；鉴定人鉴定后，应当写出鉴定意见，并且签名。

第一百零七条　为了查明案情，人民警察可以让违反治安管理行为人、被侵害人和其他证人对与违反治安管理行为有关的场所、物品进行辨认，也可以让被侵害人、其他证人对违反治安管理行为人进行辨认,或者让违反治安管理行为人对其他违反治安管理行为人进行辨认。

辨认应当制作辨认笔录,由人民警察和辨认人签名、盖章或者按指印。

第一百零八条 公安机关进行询问、辨认、勘验,实施行政强制措施等调查取证工作时,人民警察不得少于二人。

公安机关在规范设置、严格管理的执法办案场所进行询问、扣押、辨认的,或者进行调解的,可以由一名人民警察进行。

依照前款规定由一名人民警察进行询问、扣押、辨认、调解的,应当全程同步录音录像。未按规定全程同步录音录像或者录音录像资料损毁、丢失的,相关证据不能作为处罚的根据。

第二节 决 定

第一百零九条 治安管理处罚由县级以上地方人民政府公安机关决定;其中警告、一千元以下的罚款,可以由公安派出所决定。

第一百一十条 对决定给予行政拘留处罚的人,在处罚前已经采取强制措施限制人身自由的时间,应当折抵。限制人身自由一日,折抵行政拘留一日。

第一百一十一条 公安机关查处治安案件,对没有本人陈述,但其他证据能够证明案件事实的,可以作出治安管理处罚决定。但是,只有本人陈述,没有其他证据证明的,不能作出治安管理处罚决定。

第一百一十二条 公安机关作出治安管理处罚决定前,应当告知违反治安管理行为人拟作出治安管理处罚的内容及事实、理由、依据,并告知违反治安管理行为人依法享有的权利。

违反治安管理行为人有权陈述和申辩。公安机关必须充分听取违反治安管理行为人的意见,对违反治安管理行为人提出的事实、理由和证据，应当进行复核；违反治安管理行为人提出的事实、理由或者证据成立的，公安机关应当采纳。

违反治安管理行为人不满十八周岁的，还应当依照前两款的规定告知未成年人的父母或者其他监护人，充分听取其意见。

公安机关不得因违反治安管理行为人的陈述、申辩而加重其处罚。

第一百一十三条　治安案件调查结束后，公安机关应当根据不同情况，分别作出以下处理：

（一）确有依法应当给予治安管理处罚的违法行为的，根据情节轻重及具体情况，作出处罚决定；

（二）依法不予处罚的，或者违法事实不能成立的，作出不予处罚决定；

（三）违法行为已涉嫌犯罪的，移送有关主管机关依法追究刑事责任；

（四）发现违反治安管理行为人有其他违法行为的，在对违反治安管理行为作出处罚决定的同时，通知或者移送有关主管机关处理。

对情节复杂或者重大违法行为给予治安管理处罚，公安机关负责人应当集体讨论决定。

第一百一十四条　有下列情形之一的，在公安机关作出治安管理处罚决定之前，应当由从事治安管理处罚决定法制审核的人员进行法制审核；未经法制审核或者审核未通过的，不得作出决定：

（一）涉及重大公共利益的；

（二）直接关系当事人或者第三人重大权益，经过听证程序的；

（三）案件情况疑难复杂、涉及多个法律关系的。

公安机关中初次从事治安管理处罚决定法制审核的人员，应当通过国家统一法律职业资格考试取得法律职业资格。

第一百一十五条 公安机关作出治安管理处罚决定的,应当制作治安管理处罚决定书。决定书应当载明下列内容:

(一)被处罚人的姓名、性别、年龄、身份证件的名称和号码、住址;

(二)违法事实和证据;

(三)处罚的种类和依据;

(四)处罚的执行方式和期限;

(五)对处罚决定不服,申请行政复议、提起行政诉讼的途径和期限;

(六)作出处罚决定的公安机关的名称和作出决定的日期。

决定书应当由作出处罚决定的公安机关加盖印章。

第一百一十六条 公安机关应当向被处罚人宣告治安管理处罚决定书,并当场交付被处罚人;无法当场向被处罚人宣告的,应当在二日以内送达被处罚人。决定给予行政拘留处罚的,应当及时通知被处罚人的家属。

有被侵害人的,公安机关应当将决定书送达被侵害人。

第一百一十七条 公安机关作出吊销许可证件、处四千元以上罚款的治安管理处罚决定或者采取责令停业整顿措施前,应当告知违反治安管理行为人有权要求举行听证;违反治安管理行为人要求听证的,公安机关应当及时依法举行听证。

对依照本法第二十三条第二款规定可能执行行政拘留的未成年人,公安机关应当告知未成年人和其监护人有权要求举行听证;未成年人和其监护人要求听证的,公安机关应当及时依法举行听证。对未成年人案件的听证不公开举行。

前两款规定以外的案情复杂或者具有重大社会影响的案件,违反治安管理行为人要求听证,公安机关认为必要的,应当及时依法举行听证。

公安机关不得因违反治安管理行为人要求听证而加重其处罚。

第一百一十八条　公安机关办理治安案件的期限,自立案之日起不得超过三十日;案情重大、复杂的,经上一级公安机关批准,可以延长三十日。期限延长以二次为限。公安派出所办理的案件需要延长期限的,由所属公安机关批准。

为了查明案情进行鉴定的期间、听证的期间,不计入办理治安案件的期限。

第一百一十九条　违反治安管理行为事实清楚,证据确凿,处警告或者五百元以下罚款的,可以当场作出治安管理处罚决定。

第一百二十条　当场作出治安管理处罚决定的,人民警察应当向违反治安管理行为人出示人民警察证,并填写处罚决定书。处罚决定书应当当场交付被处罚人;有被侵害人的,并应当将决定书送达被侵害人。

前款规定的处罚决定书,应当载明被处罚人的姓名、违法行为、处罚依据、罚款数额、时间、地点以及公安机关名称,并由经办的人民警察签名或者盖章。

适用当场处罚,被处罚人对拟作出治安管理处罚的内容及事实、理由、依据没有异议的,可以由一名人民警察作出治安管理处罚决定,并应当全程同步录音录像。

当场作出治安管理处罚决定的,经办的人民警察应当在二十四小时以内报所属公安机关备案。

第一百二十一条　被处罚人、被侵害人对公安机关依照本法规定作出的治安管理处罚决定,作出的收缴、追缴决定,或者采取的有关限制性、禁止性措施等不服的,可以依法申请行政复议或者提起行政诉讼。

第三节　执　　行

第一百二十二条　对被决定给予行政拘留处罚的人,由作出决定的公安机关送拘留所执行；执行期满，拘留所应当按时解除拘留，发给解除拘留证明书。

被决定给予行政拘留处罚的人在异地被抓获或者有其他有必要在异地拘留所执行情形的，经异地拘留所主管公安机关批准，可以在异地执行。

第一百二十三条 受到罚款处罚的人应当自收到处罚决定书之日起十五日以内，到指定的银行或者通过电子支付系统缴纳罚款。但是，有下列情形之一的，人民警察可以当场收缴罚款：

（一）被处二百元以下罚款，被处罚人对罚款无异议的；

（二）在边远、水上、交通不便地区，旅客列车上或者口岸，公安机关及其人民警察依照本法的规定作出罚款决定后，被处罚人到指定的银行或者通过电子支付系统缴纳罚款确有困难，经被处罚人提出的；

（三）被处罚人在当地没有固定住所，不当场收缴事后难以执行的。

第一百二十四条 人民警察当场收缴的罚款，应当自收缴罚款之日起二日以内，交至所属的公安机关；在水上、旅客列车上当场收缴的罚款，应当自抵岸或者到站之日起二日以内，交至所属的公安机关；公安机关应当自收到罚款之日起二日以内将罚款缴付指定的银行。

第一百二十五条 人民警察当场收缴罚款的，应当向被处罚人出具省级以上人民政府财政部门统一制发的专用票据；不出具统一制发的专用票据的，被处罚人有权拒绝缴纳罚款。

第一百二十六条 被处罚人不服行政拘留处罚决定，申请行政复议、提起行政诉讼的，遇有参加升学考试、子女出生或者近亲属病危、死亡等情形的，可以向公安机关提出暂缓执行行政拘留的申请。公安机关认为暂缓执行行政拘留不致发生社会危险的，由被处罚人或者其近亲属提出符合本法第一百二十七条规定条件的担保人,或者按每日行政拘留二百元的标准交纳保证金,行政拘留的处罚决定暂缓执行。

正在被执行行政拘留处罚的人遇有参加升学考试、子女出生或者近亲属病危、死亡等情形,被拘留人或者其近亲属申请出所的,由公安机关依照前款规定执行。被拘留人出所的时间不计入拘留期限。

第一百二十七条 担保人应当符合下列条件:

(一)与本案无牵连;

(二)享有政治权利,人身自由未受到限制;

(三)在当地有常住户口和固定住所;

(四)有能力履行担保义务。

第一百二十八条 担保人应当保证被担保人不逃避行政拘留处罚的执行。

担保人不履行担保义务,致使被担保人逃避行政拘留处罚的执行的,处三千元以下罚款。

第一百二十九条 被决定给予行政拘留处罚的人交纳保证金,暂缓行政拘留或者出所后,逃避行政拘留处罚的执行的,保证金予以没收并上缴国库,已经作出的行政拘留决定仍应执行。

第一百三十条 行政拘留的处罚决定被撤销,行政拘留处罚开始执行,或者出所后继续执行的,公安机关收取的保证金应当及时退还交纳人。

第五章 执法监督

第一百三十一条 公安机关及其人民警察应当依法、公正、严格、高效办理治安案件,文明执法,不得徇私舞弊、玩忽职守、滥用职权。

第一百三十二条 公安机关及其人民警察办理治安案件,禁止对违反治安管理行为人打骂、虐待或者侮辱。

第一百三十三条　公安机关及其人民警察办理治安案件,应当自觉接受社会和公民的监督。

公安机关及其人民警察办理治安案件,不严格执法或者有违法违纪行为的,任何单位和个人都有权向公安机关或者人民检察院、监察机关检举、控告;收到检举、控告的机关,应当依据职责及时处理。

第一百三十四条　公安机关作出治安管理处罚决定,发现被处罚人是公职人员,依照《中华人民共和国公职人员政务处分法》的规定需要给予政务处分的,应当依照有关规定及时通报监察机关等有关单位。

第一百三十五条　公安机关依法实施罚款处罚,应当依照有关法律、行政法规的规定,实行罚款决定与罚款收缴分离;收缴的罚款应当全部上缴国库,不得返还、变相返还,不得与经费保障挂钩。

第一百三十六条　违反治安管理的记录应当予以封存,不得向任何单位和个人提供或者公开,但有关国家机关为办案需要或者有关单位根据国家规定进行查询的除外。依法进行查询的单位,应当对被封存的违法记录的情况予以保密。

第一百三十七条　公安机关应当履行同步录音录像运行安全管理职责,完善技术措施,定期维护设施设备,保障录音录像设备运行连续、稳定、安全。

第一百三十八条　公安机关及其人民警察不得将在办理治安案件过程中获得的个人信息,依法提取、采集的相关信息、样本用于与治安管理、查处犯罪无关的用途,不得出售、提供给其他单位或者个人。

第一百三十九条　人民警察办理治安案件,有下列行为之一的,依法给予处分;构成犯罪的,依法追究刑事责任:

(一)刑讯逼供、体罚、打骂、虐待、侮辱他人的;

（二）超过询问查证的时间限制人身自由的；

（三）不执行罚款决定与罚款收缴分离制度或者不按规定将罚没的财物上缴国库或者依法处理的；

（四）私分、侵占、挪用、故意损毁所收缴、追缴、扣押的财物的；

（五）违反规定使用或者不及时返还被侵害人财物的；

（六）违反规定不及时退还保证金的；

（七）利用职务上的便利收受他人财物或者谋取其他利益的；

（八）当场收缴罚款不出具专用票据或者不如实填写罚款数额的；

（九）接到要求制止违反治安管理行为的报警后，不及时出警的；

（十）在查处违反治安管理活动时，为违法犯罪行为人通风报信的；

（十一）泄露办理治安案件过程中的工作秘密或者其他依法应当保密的信息的；

（十二）将在办理治安案件过程中获得的个人信息，依法提取、采集的相关信息、样本用于与治安管理、查处犯罪无关的用途，或者出售、提供给其他单位或者个人的；

（十三）剪接、删改、损毁、丢失办理治安案件的同步录音录像资料的；

（十四）有徇私舞弊、玩忽职守、滥用职权，不依法履行法定职责的其他情形。

办理治安案件的公安机关有前款所列行为的，对负有责任的领导人员和直接责任人员，依法给予处分。

第一百四十条 公安机关及其人民警察违法行使职权，侵犯公民、法人和其他组织合法权益的，应当赔礼道歉；造成损害的，应当依法承担赔偿责任。

第六章 附 则

第一百四十一条 其他法律中规定由公安机关给予行政拘留处罚的,其处罚程序适用本法规定。

公安机关依照《中华人民共和国枪支管理法》、《民用爆炸物品安全管理条例》等直接关系公共安全和社会治安秩序的法律、行政法规实施处罚的,其处罚程序适用本法规定。

本法第三十二条、第三十四条、第四十六条、第五十六条规定给予行政拘留处罚,其他法律、行政法规同时规定给予罚款、没收违法所得、没收非法财物等其他行政处罚的行为,由相关主管部门依照相应规定处罚;需要给予行政拘留处罚的,由公安机关依照本法规定处理。

第一百四十二条 海警机构履行海上治安管理职责,行使本法规定的公安机关的职权,但是法律另有规定的除外。

第一百四十三条 本法所称以上、以下、以内,包括本数。

第一百四十四条 本法自2026年1月1日起施行。

中华人民共和国行政强制法

(2011年6月30日第十一届全国人民代表大会常务委员会第二十一次会议通过 2011年6月30日中华人民共和国主席令第49号公布 自2012年1月1日起施行)

目 录

第一章 总 则
第二章 行政强制的种类和设定
第三章 行政强制措施实施程序
　第一节 一般规定

第二节 查封、扣押

第三节 冻　结

第四章 行政机关强制执行程序

第一节 一般规定

第二节 金钱给付义务的执行

第三节 代履行

第五章 申请人民法院强制执行

第六章 法律责任

第七章 附　则

第一章 总　则

第一条 为了规范行政强制的设定和实施，保障和监督行政机关依法履行职责，维护公共利益和社会秩序，保护公民、法人和其他组织的合法权益，根据宪法，制定本法。

第二条 本法所称行政强制，包括行政强制措施和行政强制执行。

行政强制措施，是指行政机关在行政管理过程中，为制止违法行为、防止证据损毁、避免危害发生、控制危险扩大等情形，依法对公民的人身自由实施暂时性限制，或者对公民、法人或者其他组织的财物实施暂时性控制的行为。

行政强制执行，是指行政机关或者行政机关申请人民法院，对不履行行政决定的公民、法人或者其他组织，依法强制履行义务的行为。

第三条 行政强制的设定和实施，适用本法。

发生或者即将发生自然灾害、事故灾难、公共卫生事件或者社会安全事件等突发事件，行政机关采取应急措施或者临时措施，依照有关法律、行政法规的规定执行。

行政机关采取金融业审慎监管措施、进出境货物强制性技术监控措施，依照有关法律、行政法规的规定执行。

第四条 行政强制的设定和实施,应当依照法定的权限、范围、条件和程序。

第五条 行政强制的设定和实施,应当适当。采用非强制手段可以达到行政管理目的的,不得设定和实施行政强制。

第六条 实施行政强制,应当坚持教育与强制相结合。

第七条 行政机关及其工作人员不得利用行政强制权为单位或者个人谋取利益。

第八条 公民、法人或者其他组织对行政机关实施行政强制,享有陈述权、申辩权;有权依法申请行政复议或者提起行政诉讼;因行政机关违法实施行政强制受到损害的,有权依法要求赔偿。

公民、法人或者其他组织因人民法院在强制执行中有违法行为或者扩大强制执行范围受到损害的,有权依法要求赔偿。

第二章 行政强制的种类和设定

第九条 行政强制措施的种类:

(一)限制公民人身自由;

(二)查封场所、设施或者财物;

(三)扣押财物;

(四)冻结存款、汇款;

(五)其他行政强制措施。

第十条 行政强制措施由法律设定。

尚未制定法律,且属于国务院行政管理职权事项的,行政法规可以设定除本法第九条第一项、第四项和应当由法律规定的行政强制措施以外的其他行政强制措施。

尚未制定法律、行政法规,且属于地方性事务的,地方性法规可以设定本法第九条第二项、第三项的行政强制措施。

法律、法规以外的其他规范性文件不得设定行政强制措施。

第十一条 法律对行政强制措施的对象、条件、种类作了规定的,行政法规、地方性法规不得作出扩大规定。

法律中未设定行政强制措施的，行政法规、地方性法规不得设定行政强制措施。但是，法律规定特定事项由行政法规规定具体管理措施的，行政法规可以设定除本法第九条第一项、第四项和应当由法律规定的行政强制措施以外的其他行政强制措施。

第十二条 行政强制执行的方式：
（一）加处罚款或者滞纳金；
（二）划拨存款、汇款；
（三）拍卖或者依法处理查封、扣押的场所、设施或者财物；
（四）排除妨碍、恢复原状；
（五）代履行；
（六）其他强制执行方式。

第十三条 行政强制执行由法律设定。

法律没有规定行政机关强制执行的，作出行政决定的行政机关应当申请人民法院强制执行。

第十四条 起草法律草案、法规草案，拟设定行政强制的，起草单位应当采取听证会、论证会等形式听取意见，并向制定机关说明设定该行政强制的必要性、可能产生的影响以及听取和采纳意见的情况。

第十五条 行政强制的设定机关应当定期对其设定的行政强制进行评价，并对不适当的行政强制及时予以修改或者废止。

行政强制的实施机关可以对已设定的行政强制的实施情况及存在的必要性适时进行评价，并将意见报告该行政强制的设定机关。

公民、法人或者其他组织可以向行政强制的设定机关和实施机关就行政强制的设定和实施提出意见和建议。有关机关应当认真研究论证，并以适当方式予以反馈。

第三章 行政强制措施实施程序

第一节 一般规定

第十六条 行政机关履行行政管理职责，依照法律、法规的规定，实施行政强制措施。

违法行为情节显著轻微或者没有明显社会危害的，可以不采取行政强制措施。

第十七条 行政强制措施由法律、法规规定的行政机关在法定职权范围内实施。行政强制措施权不得委托。

依据《中华人民共和国行政处罚法》的规定行使相对集中行政处罚权的行政机关，可以实施法律、法规规定的与行政处罚权有关的行政强制措施。

行政强制措施应当由行政机关具备资格的行政执法人员实施，其他人员不得实施。

第十八条 行政机关实施行政强制措施应当遵守下列规定：

（一）实施前须向行政机关负责人报告并经批准；

（二）由两名以上行政执法人员实施；

（三）出示执法身份证件；

（四）通知当事人到场；

（五）当场告知当事人采取行政强制措施的理由、依据以及当事人依法享有的权利、救济途径；

（六）听取当事人的陈述和申辩；

（七）制作现场笔录；

（八）现场笔录由当事人和行政执法人员签名或者盖章，当事人拒绝的，在笔录中予以注明；

（九）当事人不到场的，邀请见证人到场，由见证人和行政执法人员在现场笔录上签名或者盖章；

（十）法律、法规规定的其他程序。

第十九条 情况紧急，需要当场实施行政强制措施的，行政执法人员应当在二十四小时内向行政机关负责人报告，并补办批准手续。行政机关负责人认为不应当采取行政强制措施的，应当立即解除。

第二十条 依照法律规定实施限制公民人身自由的行政强制措

施，除应当履行本法第十八条规定的程序外，还应当遵守下列规定：

（一）当场告知或者实施行政强制措施后立即通知当事人家属实施行政强制措施的行政机关、地点和期限；

（二）在紧急情况下当场实施行政强制措施的，在返回行政机关后，立即向行政机关负责人报告并补办批准手续；

（三）法律规定的其他程序。

实施限制人身自由的行政强制措施不得超过法定期限。实施行政强制措施的目的已经达到或者条件已经消失，应当立即解除。

第二十一条　违法行为涉嫌犯罪应当移送司法机关的，行政机关应当将查封、扣押、冻结的财物一并移送，并书面告知当事人。

第二节　查封、扣押

第二十二条　查封、扣押应当由法律、法规规定的行政机关实施，其他任何行政机关或者组织不得实施。

第二十三条　查封、扣押限于涉案的场所、设施或者财物，不得查封、扣押与违法行为无关的场所、设施或者财物；不得查封、扣押公民个人及其所扶养家属的生活必需品。

当事人的场所、设施或者财物已被其他国家机关依法查封的，不得重复查封。

第二十四条　行政机关决定实施查封、扣押的，应当履行本法第十八条规定的程序，制作并当场交付查封、扣押决定书和清单。

查封、扣押决定书应当载明下列事项：

（一）当事人的姓名或者名称、地址；

（二）查封、扣押的理由、依据和期限；

（三）查封、扣押场所、设施或者财物的名称、数量等；

（四）申请行政复议或者提起行政诉讼的途径和期限；

（五）行政机关的名称、印章和日期。

查封、扣押清单一式二份，由当事人和行政机关分别保存。

第二十五条　查封、扣押的期限不得超过三十日；情况复杂的，经行政机关负责人批准,可以延长,但是延长期限不得超过三十日。法律、行政法规另有规定的除外。

延长查封、扣押的决定应当及时书面告知当事人,并说明理由。

对物品需要进行检测、检验、检疫或者技术鉴定的,查封、扣押的期间不包括检测、检验、检疫或者技术鉴定的期间。检测、检验、检疫或者技术鉴定的期间应当明确,并书面告知当事人。检测、检验、检疫或者技术鉴定的费用由行政机关承担。

第二十六条 对查封、扣押的场所、设施或者财物,行政机关应当妥善保管,不得使用或者损毁;造成损失的,应当承担赔偿责任。

对查封的场所、设施或者财物,行政机关可以委托第三人保管,第三人不得损毁或者擅自转移、处置。因第三人的原因造成的损失,行政机关先行赔付后,有权向第三人追偿。

因查封、扣押发生的保管费用由行政机关承担。

第二十七条 行政机关采取查封、扣押措施后,应当及时查清事实,在本法第二十五条规定的期限内作出处理决定。对违法事实清楚,依法应当没收的非法财物予以没收;法律、行政法规规定应当销毁的,依法销毁;应当解除查封、扣押的,作出解除查封、扣押的决定。

第二十八条 有下列情形之一的,行政机关应当及时作出解除查封、扣押决定:

(一)当事人没有违法行为;

(二)查封、扣押的场所、设施或者财物与违法行为无关;

(三)行政机关对违法行为已经作出处理决定,不再需要查封、扣押;

(四)查封、扣押期限已经届满;

(五)其他不再需要采取查封、扣押措施的情形。

解除查封、扣押应当立即退还财物;已将鲜活物品或者其他不易保管的财物拍卖或者变卖的,退还拍卖或者变卖所得款项。变卖价格明显低于市场价格,给当事人造成损失的,应当给予补偿。

第三节 冻 结

第二十九条 冻结存款、汇款应当由法律规定的行政机关实施,不得委托给其他行政机关或者组织;其他任何行政机关或者组织不得冻结存款、汇款。

冻结存款、汇款的数额应当与违法行为涉及的金额相当;已被其他国家机关依法冻结的,不得重复冻结。

第三十条 行政机关依照法律规定决定实施冻结存款、汇款的,应当履行本法第十八条第一项、第二项、第三项、第七项规定的程序,并向金融机构交付冻结通知书。

金融机构接到行政机关依法作出的冻结通知书后,应当立即予以冻结,不得拖延,不得在冻结前向当事人泄露信息。

法律规定以外的行政机关或者组织要求冻结当事人存款、汇款的,金融机构应当拒绝。

第三十一条 依照法律规定冻结存款、汇款的,作出决定的行政机关应当在三日内向当事人交付冻结决定书。冻结决定书应当载明下列事项:

(一) 当事人的姓名或者名称、地址;

(二) 冻结的理由、依据和期限;

(三) 冻结的账号和数额;

(四) 申请行政复议或者提起行政诉讼的途径和期限;

(五) 行政机关的名称、印章和日期。

第三十二条 自冻结存款、汇款之日起三十日内,行政机关应当作出处理决定或者作出解除冻结决定;情况复杂的,经行政机关负责人批准,可以延长,但是延长期限不得超过三十日。法律另有规定的除外。

延长冻结的决定应当及时书面告知当事人,并说明理由。

第三十三条 有下列情形之一的,行政机关应当及时作出解除冻结决定：

（一）当事人没有违法行为；

（二）冻结的存款、汇款与违法行为无关；

（三）行政机关对违法行为已经作出处理决定，不再需要冻结；

（四）冻结期限已经届满；

（五）其他不再需要采取冻结措施的情形。

行政机关作出解除冻结决定的，应当及时通知金融机构和当事人。金融机构接到通知后，应当立即解除冻结。

行政机关逾期未作出处理决定或者解除冻结决定的，金融机构应当自冻结期满之日起解除冻结。

第四章 行政机关强制执行程序

第一节 一般规定

第三十四条 行政机关依法作出行政决定后，当事人在行政机关决定的期限内不履行义务的，具有行政强制执行权的行政机关依照本章规定强制执行。

第三十五条 行政机关作出强制执行决定前，应当事先催告当事人履行义务。催告应当以书面形式作出，并载明下列事项：

（一）履行义务的期限；

（二）履行义务的方式；

（三）涉及金钱给付的，应当有明确的金额和给付方式；

（四）当事人依法享有的陈述权和申辩权。

第三十六条 当事人收到催告书后有权进行陈述和申辩。行政机关应当充分听取当事人的意见，对当事人提出的事实、理由和证据，应当进行记录、复核。当事人提出的事实、理由或者证据成立的，行政机关应当采纳。

第三十七条 经催告，当事人逾期仍不履行行政决定，且无正当理由的，行政机关可以作出强制执行决定。

强制执行决定应当以书面形式作出,并载明下列事项:

(一)当事人的姓名或者名称、地址;

(二)强制执行的理由和依据;

(三)强制执行的方式和时间;

(四)申请行政复议或者提起行政诉讼的途径和期限;

(五)行政机关的名称、印章和日期。

在催告期间,对有证据证明有转移或者隐匿财物迹象的,行政机关可以作出立即强制执行决定。

第三十八条 催告书、行政强制执行决定书应当直接送达当事人。当事人拒绝接收或者无法直接送达当事人的,应当依照《中华人民共和国民事诉讼法》的有关规定送达。

第三十九条 有下列情形之一的,中止执行:

(一)当事人履行行政决定确有困难或者暂无履行能力的;

(二)第三人对执行标的主张权利,确有理由的;

(三)执行可能造成难以弥补的损失,且中止执行不损害公共利益的;

(四)行政机关认为需要中止执行的其他情形。

中止执行的情形消失后,行政机关应当恢复执行。对没有明显社会危害,当事人确无能力履行,中止执行满三年未恢复执行的,行政机关不再执行。

第四十条 有下列情形之一的,终结执行:

(一)公民死亡,无遗产可供执行,又无义务承受人的;

(二)法人或者其他组织终止,无财产可供执行,又无义务承受人的;

(三)执行标的灭失的;

(四)据以执行的行政决定被撤销的;

(五)行政机关认为需要终结执行的其他情形。

第四十一条 在执行中或者执行完毕后,据以执行的行政决定被撤销、变更,或者执行错误的,应当恢复原状或者退还财物;不能恢复原状或者退还财物的，依法给予赔偿。

第四十二条 实施行政强制执行，行政机关可以在不损害公共利益和他人合法权益的情况下，与当事人达成执行协议。执行协议可以约定分阶段履行；当事人采取补救措施的，可以减免加处的罚款或者滞纳金。

执行协议应当履行。当事人不履行执行协议的，行政机关应当恢复强制执行。

第四十三条 行政机关不得在夜间或者法定节假日实施行政强制执行。但是，情况紧急的除外。

行政机关不得对居民生活采取停止供水、供电、供热、供燃气等方式迫使当事人履行相关行政决定。

第四十四条 对违法的建筑物、构筑物、设施等需要强制拆除的，应当由行政机关予以公告，限期当事人自行拆除。当事人在法定期限内不申请行政复议或者提起行政诉讼，又不拆除的，行政机关可以依法强制拆除。

第二节 金钱给付义务的执行

第四十五条 行政机关依法作出金钱给付义务的行政决定，当事人逾期不履行的，行政机关可以依法加处罚款或者滞纳金。加处罚款或者滞纳金的标准应当告知当事人。

加处罚款或者滞纳金的数额不得超出金钱给付义务的数额。

第四十六条 行政机关依照本法第四十五条规定实施加处罚款或者滞纳金超过三十日，经催告当事人仍不履行的，具有行政强制执行权的行政机关可以强制执行。

行政机关实施强制执行前，需要采取查封、扣押、冻结措施的，依照本法第三章规定办理。

没有行政强制执行权的行政机关应当申请人民法院强制执行。但是，当事人在法定期限内不申请行政复议或者提起行政诉讼，经催告仍不履行的，在实施行政管理过程中已经采取查封、扣押措施的行政机关，可以将查封、扣押的财物依法拍卖抵缴罚款。

第四十七条　划拨存款、汇款应当由法律规定的行政机关决定，并书面通知金融机构。金融机构接到行政机关依法作出划拨存款、汇款的决定后，应当立即划拨。

法律规定以外的行政机关或者组织要求划拨当事人存款、汇款的，金融机构应当拒绝。

第四十八条　依法拍卖财物，由行政机关委托拍卖机构依照《中华人民共和国拍卖法》的规定办理。

第四十九条　划拨的存款、汇款以及拍卖和依法处理所得的款项应当上缴国库或者划入财政专户。任何行政机关或者个人不得以任何形式截留、私分或者变相私分。

第三节　代　履　行

第五十条　行政机关依法作出要求当事人履行排除妨碍、恢复原状等义务的行政决定，当事人逾期不履行，经催告仍不履行，其后果已经或者将危害交通安全、造成环境污染或者破坏自然资源的，行政机关可以代履行，或者委托没有利害关系的第三人代履行。

第五十一条　代履行应当遵守下列规定：

（一）代履行前送达决定书，代履行决定书应当载明当事人的姓名或者名称、地址，代履行的理由和依据、方式和时间、标的、费用预算以及代履行人；

（二）代履行三日前，催告当事人履行，当事人履行的，停止代履行；

（三）代履行时，作出决定的行政机关应当派员到场监督；

（四）代履行完毕，行政机关到场监督的工作人员、代履行人和当事人或者见证人应当在执行文书上签名或者盖章。

代履行的费用按照成本合理确定，由当事人承担。但是，法律另有规定的除外。

代履行不得采用暴力、胁迫以及其他非法方式。

第五十二条 需要立即清除道路、河道、航道或者公共场所的遗洒物、障碍物或者污染物,当事人不能清除的,行政机关可以决定立即实施代履行;当事人不在场的,行政机关应当在事后立即通知当事人,并依法作出处理。

第五章 申请人民法院强制执行

第五十三条 当事人在法定期限内不申请行政复议或者提起行政诉讼,又不履行行政决定的,没有行政强制执行权的行政机关可以自期限届满之日起三个月内,依照本章规定申请人民法院强制执行。

第五十四条 行政机关申请人民法院强制执行前,应当催告当事人履行义务。催告书送达十日后当事人仍未履行义务的,行政机关可以向所在地有管辖权的人民法院申请强制执行;执行对象是不动产的,向不动产所在地有管辖权的人民法院申请强制执行。

第五十五条 行政机关向人民法院申请强制执行,应当提供下列材料:

(一)强制执行申请书;

(二)行政决定书及作出决定的事实、理由和依据;

(三)当事人的意见及行政机关催告情况;

(四)申请强制执行标的情况;

(五)法律、行政法规规定的其他材料。

强制执行申请书应当由行政机关负责人签名,加盖行政机关的印章,并注明日期。

第五十六条 人民法院接到行政机关强制执行的申请,应当在五日内受理。

行政机关对人民法院不予受理的裁定有异议的,可以在十五日内向上一级人民法院申请复议,上一级人民法院应当自收到复议申请之日起十五日内作出是否受理的裁定。

第五十七条 人民法院对行政机关强制执行的申请进行书面审

查，对符合本法第五十五条规定，且行政决定具备法定执行效力的，除本法第五十八条规定的情形外，人民法院应当自受理之日起七日内作出执行裁定。

第五十八条 人民法院发现有下列情形之一的，在作出裁定前可以听取被执行人和行政机关的意见：

（一）明显缺乏事实根据的；

（二）明显缺乏法律、法规依据的；

（三）其他明显违法并损害被执行人合法权益的。

人民法院应当自受理之日起三十日内作出是否执行的裁定。裁定不予执行的，应当说明理由，并在五日内将不予执行的裁定送达行政机关。

行政机关对人民法院不予执行的裁定有异议的，可以自收到裁定之日起十五日内向上一级人民法院申请复议，上一级人民法院应当自收到复议申请之日起三十日内作出是否执行的裁定。

第五十九条 因情况紧急，为保障公共安全，行政机关可以申请人民法院立即执行。经人民法院院长批准，人民法院应当自作出执行裁定之日起五日内执行。

第六十条 行政机关申请人民法院强制执行，不缴纳申请费。强制执行的费用由被执行人承担。

人民法院以划拨、拍卖方式强制执行的，可以在划拨、拍卖后将强制执行的费用扣除。

依法拍卖财物，由人民法院委托拍卖机构依照《中华人民共和国拍卖法》的规定办理。

划拨的存款、汇款以及拍卖和依法处理所得的款项应当上缴国库或者划入财政专户，不得以任何形式截留、私分或者变相私分。

第六章 法律责任

第六十一条 行政机关实施行政强制，有下列情形之一的，由上级行政机关或者有关部门责令改正，对直接负责的主管人员和其他直接责任人员依法给予处分：

（一）没有法律、法规依据的；

（二）改变行政强制对象、条件、方式的；

（三）违反法定程序实施行政强制的；

（四）违反本法规定，在夜间或者法定节假日实施行政强制执行的；

（五）对居民生活采取停止供水、供电、供热、供燃气等方式迫使当事人履行相关行政决定的；

（六）有其他违法实施行政强制情形的。

第六十二条 违反本法规定，行政机关有下列情形之一的，由上级行政机关或者有关部门责令改正，对直接负责的主管人员和其他直接责任人员依法给予处分：

（一）扩大查封、扣押、冻结范围的；

（二）使用或者损毁查封、扣押场所、设施或者财物的；

（三）在查封、扣押法定期间不作出处理决定或者未依法及时解除查封、扣押的；

（四）在冻结存款、汇款法定期间不作出处理决定或者未依法及时解除冻结的。

第六十三条 行政机关将查封、扣押的财物或者划拨的存款、汇款以及拍卖和依法处理所得的款项，截留、私分或者变相私分的，由财政部门或者有关部门予以追缴；对直接负责的主管人员和其他直接责任人员依法给予记大过、降级、撤职或者开除的处分。

行政机关工作人员利用职务上的便利，将查封、扣押的场所、设施或者财物据为己有的，由上级行政机关或者有关部门责令改正，依法给予记大过、降级、撤职或者开除的处分。

第六十四条 行政机关及其工作人员利用行政强制权为单位或者个人谋取利益的，由上级行政机关或者有关部门责令改正，对直接负责的主管人员和其他直接责任人员依法给予处分。

第六十五条 违反本法规定，金融机构有下列行为之一的，由

金融业监督管理机构责令改正,对直接负责的主管人员和其他直接责任人员依法给予处分:

(一)在冻结前向当事人泄露信息的;

(二)对应当立即冻结、划拨的存款、汇款不冻结或者不划拨,致使存款、汇款转移的;

(三)将不应当冻结、划拨的存款、汇款予以冻结或者划拨的;

(四)未及时解除冻结存款、汇款的。

第六十六条 违反本法规定,金融机构将款项划入国库或者财政专户以外的其他账户的,由金融业监督管理机构责令改正,并处以违法划拨款项二倍的罚款;对直接负责的主管人员和其他直接责任人员依法给予处分。

违反本法规定,行政机关、人民法院指令金融机构将款项划入国库或者财政专户以外的其他账户的,对直接负责的主管人员和其他直接责任人员依法给予处分。

第六十七条 人民法院及其工作人员在强制执行中有违法行为或者扩大强制执行范围的,对直接负责的主管人员和其他直接责任人员依法给予处分。

第六十八条 违反本法规定,给公民、法人或者其他组织造成损失的,依法给予赔偿。

违反本法规定,构成犯罪的,依法追究刑事责任。

第七章 附 则

第六十九条 本法中十日以内期限的规定是指工作日,不含法定节假日。

第七十条 法律、行政法规授权的具有管理公共事务职能的组织在法定授权范围内,以自己的名义实施行政强制,适用本法有关行政机关的规定。

第七十一条 本法自2012年1月1日起施行。

中华人民共和国行政复议法

（1999年4月29日第九届全国人民代表大会常务委员会第九次会议通过　根据2009年8月27日第十一届全国人民代表大会常务委员会第十次会议《关于修改部分法律的决定》第一次修正　根据2017年9月1日第十二届全国人民代表大会常务委员会第二十九次会议《关于修改〈中华人民共和国法官法〉等八部法律的决定》第二次修正　2023年9月1日第十四届全国人民代表大会常务委员会第五次会议修订　2023年9月1日中华人民共和国主席令第9号公布　自2024年1月1日起施行）

目　录

第一章　总　　则
第二章　行政复议申请
　第一节　行政复议范围
　第二节　行政复议参加人
　第三节　申请的提出
　第四节　行政复议管辖
第三章　行政复议受理
第四章　行政复议审理
　第一节　一般规定
　第二节　行政复议证据
　第三节　普通程序
　第四节　简易程序
　第五节　行政复议附带审查
第五章　行政复议决定

第六章　法律责任
第七章　附　　则

第一章　总　　则

第一条　为了防止和纠正违法的或者不当的行政行为，保护公民、法人和其他组织的合法权益，监督和保障行政机关依法行使职权，发挥行政复议化解行政争议的主渠道作用，推进法治政府建设，根据宪法，制定本法。

第二条　公民、法人或者其他组织认为行政机关的行政行为侵犯其合法权益，向行政复议机关提出行政复议申请，行政复议机关办理行政复议案件，适用本法。

前款所称行政行为，包括法律、法规、规章授权的组织的行政行为。

第三条　行政复议工作坚持中国共产党的领导。

行政复议机关履行行政复议职责，应当遵循合法、公正、公开、高效、便民、为民的原则，坚持有错必纠，保障法律、法规的正确实施。

第四条　县级以上各级人民政府以及其他依照本法履行行政复议职责的行政机关是行政复议机关。

行政复议机关办理行政复议事项的机构是行政复议机构。行政复议机构同时组织办理行政复议机关的行政应诉事项。

行政复议机关应当加强行政复议工作，支持和保障行政复议机构依法履行职责。上级行政复议机构对下级行政复议机构的行政复议工作进行指导、监督。

国务院行政复议机构可以发布行政复议指导性案例。

第五条　行政复议机关办理行政复议案件，可以进行调解。

调解应当遵循合法、自愿的原则，不得损害国家利益、社会公共利益和他人合法权益，不得违反法律、法规的强制性规定。

第六条　国家建立专业化、职业化行政复议人员队伍。

行政复议机构中初次从事行政复议工作的人员，应当通过国家统一法律职业资格考试取得法律职业资格，并参加统一职前培训。

国务院行政复议机构应当会同有关部门制定行政复议人员工作规范，加强对行政复议人员的业务考核和管理。

第七条 行政复议机关应当确保行政复议机构的人员配备与所承担的工作任务相适应，提高行政复议人员专业素质，根据工作需要保障办案场所、装备等设施。县级以上各级人民政府应当将行政复议工作经费列入本级预算。

第八条 行政复议机关应当加强信息化建设，运用现代信息技术，方便公民、法人或者其他组织申请、参加行政复议，提高工作质量和效率。

第九条 对在行政复议工作中做出显著成绩的单位和个人，按照国家有关规定给予表彰和奖励。

第十条 公民、法人或者其他组织对行政复议决定不服的，可以依照《中华人民共和国行政诉讼法》的规定向人民法院提起行政诉讼，但是法律规定行政复议决定为最终裁决的除外。

第二章　行政复议申请

第一节　行政复议范围

第十一条 有下列情形之一的，公民、法人或者其他组织可以依照本法申请行政复议：

（一）对行政机关作出的行政处罚决定不服；

（二）对行政机关作出的行政强制措施、行政强制执行决定不服；

（三）申请行政许可，行政机关拒绝或者在法定期限内不予答复，或者对行政机关作出的有关行政许可的其他决定不服；

（四）对行政机关作出的确认自然资源的所有权或者使用权的决定不服；

（五）对行政机关作出的征收征用决定及其补偿决定不服；

（六）对行政机关作出的赔偿决定或者不予赔偿决定不服；

（七）对行政机关作出的不予受理工伤认定申请的决定或者工伤认定结论不服；

（八）认为行政机关侵犯其经营自主权或者农村土地承包经营权、农村土地经营权；

（九）认为行政机关滥用行政权力排除或者限制竞争；

（十）认为行政机关违法集资、摊派费用或者违法要求履行其他义务；

（十一）申请行政机关履行保护人身权利、财产权利、受教育权利等合法权益的法定职责，行政机关拒绝履行、未依法履行或者不予答复；

（十二）申请行政机关依法给付抚恤金、社会保险待遇或者最低生活保障等社会保障，行政机关没有依法给付；

（十三）认为行政机关不依法订立、不依法履行、未按照约定履行或者违法变更、解除政府特许经营协议、土地房屋征收补偿协议等行政协议；

（十四）认为行政机关在政府信息公开工作中侵犯其合法权益；

（十五）认为行政机关的其他行政行为侵犯其合法权益。

第十二条　下列事项不属于行政复议范围：

（一）国防、外交等国家行为；

（二）行政法规、规章或者行政机关制定、发布的具有普遍约束力的决定、命令等规范性文件；

（三）行政机关对行政机关工作人员的奖惩、任免等决定；

（四）行政机关对民事纠纷作出的调解。

第十三条　公民、法人或者其他组织认为行政机关的行政行为所依据的下列规范性文件不合法，在对行政行为申请行政复议时，可以一并向行政复议机关提出对该规范性文件的附带审查申请：

（一）国务院部门的规范性文件；

（二）县级以上地方各级人民政府及其工作部门的规范性文件；

（三）乡、镇人民政府的规范性文件；

（四）法律、法规、规章授权的组织的规范性文件。

前款所列规范性文件不含规章。规章的审查依照法律、行政法规办理。

第二节 行政复议参加人

第十四条 依照本法申请行政复议的公民、法人或者其他组织是申请人。

有权申请行政复议的公民死亡的，其近亲属可以申请行政复议。有权申请行政复议的法人或者其他组织终止的，其权利义务承受人可以申请行政复议。

有权申请行政复议的公民为无民事行为能力人或者限制民事行为能力人的，其法定代理人可以代为申请行政复议。

第十五条 同一行政复议案件申请人人数众多的，可以由申请人推选代表人参加行政复议。

代表人参加行政复议的行为对其所代表的申请人发生效力，但是代表人变更行政复议请求、撤回行政复议申请、承认第三人请求的，应当经被代表的申请人同意。

第十六条 申请人以外的同被申请行政复议的行政行为或者行政复议案件处理结果有利害关系的公民、法人或者其他组织，可以作为第三人申请参加行政复议，或者由行政复议机构通知其作为第三人参加行政复议。

第三人不参加行政复议，不影响行政复议案件的审理。

第十七条 申请人、第三人可以委托一至二名律师、基层法律服务工作者或者其他代理人代为参加行政复议。

申请人、第三人委托代理人的，应当向行政复议机构提交授权委托书、委托人及被委托人的身份证明文件。授权委托书应当载明委托事项、权限和期限。申请人、第三人变更或者解除代理人权限的，应当书面告知行政复议机构。

第十八条 符合法律援助条件的行政复议申请人申请法律援助的，法律援助机构应当依法为其提供法律援助。

第十九条 公民、法人或者其他组织对行政行为不服申请行政复议的，作出行政行为的行政机关或者法律、法规、规章授权的组织是被申请人。

两个以上行政机关以共同的名义作出同一行政行为的，共同作出行政行为的行政机关是被申请人。

行政机关委托的组织作出行政行为的，委托的行政机关是被申请人。

作出行政行为的行政机关被撤销或者职权变更的，继续行使其职权的行政机关是被申请人。

第三节　申请的提出

第二十条 公民、法人或者其他组织认为行政行为侵犯其合法权益的，可以自知道或者应当知道该行政行为之日起六十日内提出行政复议申请；但是法律规定的申请期限超过六十日的除外。

因不可抗力或者其他正当理由耽误法定申请期限的，申请期限自障碍消除之日起继续计算。

行政机关作出行政行为时，未告知公民、法人或者其他组织申请行政复议的权利、行政复议机关和申请期限的，申请期限自公民、法人或者其他组织知道或者应当知道申请行政复议的权利、行政复议机关和申请期限之日起计算，但是自知道或者应当知道行政行为内容之日起最长不得超过一年。

第二十一条 因不动产提出的行政复议申请自行政行为作出之日起超过二十年，其他行政复议申请自行政行为作出之日起超过五年的，行政复议机关不予受理。

第二十二条 申请人申请行政复议，可以书面申请；书面申请有困难的，也可以口头申请。

书面申请的，可以通过邮寄或者行政复议机关指定的互联网渠道等方式提交行政复议申请书，也可以当面提交行政复议申请书。行政机关通过互联网渠道送达行政行为决定书的，应当同时提供提交行政复议申请书的互联网渠道。

口头申请的，行政复议机关应当当场记录申请人的基本情况、行政复议请求、申请行政复议的主要事实、理由和时间。

申请人对两个以上行政行为不服的，应当分别申请行政复议。

第二十三条　有下列情形之一的，申请人应当先向行政复议机关申请行政复议，对行政复议决定不服的，可以再依法向人民法院提起行政诉讼：

（一）对当场作出的行政处罚决定不服；

（二）对行政机关作出的侵犯其已经依法取得的自然资源的所有权或者使用权的决定不服；

（三）认为行政机关存在本法第十一条规定的未履行法定职责情形；

（四）申请政府信息公开，行政机关不予公开；

（五）法律、行政法规规定应当先向行政复议机关申请行政复议的其他情形。

对前款规定的情形，行政机关在作出行政行为时应当告知公民、法人或者其他组织先向行政复议机关申请行政复议。

第四节　行政复议管辖

第二十四条　县级以上地方各级人民政府管辖下列行政复议案件：

（一）对本级人民政府工作部门作出的行政行为不服的；

（二）对下一级人民政府作出的行政行为不服的；

（三）对本级人民政府依法设立的派出机关作出的行政行为不服的；

（四）对本级人民政府或者其工作部门管理的法律、法规、规章授权的组织作出的行政行为不服的。

除前款规定外,省、自治区、直辖市人民政府同时管辖对本机关作出的行政行为不服的行政复议案件。

省、自治区人民政府依法设立的派出机关参照设区的市级人民政府的职责权限,管辖相关行政复议案件。

对县级以上地方各级人民政府工作部门依法设立的派出机构依照法律、法规、规章规定,以派出机构的名义作出的行政行为不服的行政复议案件,由本级人民政府管辖;其中,对直辖市、设区的市人民政府工作部门按照行政区划设立的派出机构作出的行政行为不服的,也可以由其所在地的人民政府管辖。

第二十五条　国务院部门管辖下列行政复议案件:

(一)对本部门作出的行政行为不服的;

(二)对本部门依法设立的派出机构依照法律、行政法规、部门规章规定,以派出机构的名义作出的行政行为不服的;

(三)对本部门管理的法律、行政法规、部门规章授权的组织作出的行政行为不服的。

第二十六条　对省、自治区、直辖市人民政府依照本法第二十四条第二款的规定、国务院部门依照本法第二十五条第一项的规定作出的行政复议决定不服的,可以向人民法院提起行政诉讼;也可以向国务院申请裁决,国务院依照本法的规定作出最终裁决。

第二十七条　对海关、金融、外汇管理等实行垂直领导的行政机关、税务和国家安全机关的行政行为不服的,向上一级主管部门申请行政复议。

第二十八条　对履行行政复议机构职责的地方人民政府司法行政部门的行政行为不服的,可以向本级人民政府申请行政复议,也可以向上一级司法行政部门申请行政复议。

第二十九条　公民、法人或者其他组织申请行政复议,行政复议机关已经依法受理的,在行政复议期间不得向人民法院提起行政诉讼。

公民、法人或者其他组织向人民法院提起行政诉讼，人民法院已经依法受理的，不得申请行政复议。

第三章　行政复议受理

第三十条　行政复议机关收到行政复议申请后，应当在五日内进行审查。对符合下列规定的，行政复议机关应当予以受理：

（一）有明确的申请人和符合本法规定的被申请人；

（二）申请人与被申请行政复议的行政行为有利害关系；

（三）有具体的行政复议请求和理由；

（四）在法定申请期限内提出；

（五）属于本法规定的行政复议范围；

（六）属于本机关的管辖范围；

（七）行政复议机关未受理过该申请人就同一行政行为提出的行政复议申请，并且人民法院未受理过该申请人就同一行政行为提起的行政诉讼。

对不符合前款规定的行政复议申请，行政复议机关应当在审查期限内决定不予受理并说明理由；不属于本机关管辖的，还应当在不予受理决定中告知申请人有管辖权的行政复议机关。

行政复议申请的审查期限届满，行政复议机关未作出不予受理决定的，审查期限届满之日起视为受理。

第三十一条　行政复议申请材料不齐全或者表述不清楚，无法判断行政复议申请是否符合本法第三十条第一款规定的，行政复议机关应当自收到申请之日起五日内书面通知申请人补正。补正通知应当一次性载明需要补正的事项。

申请人应当自收到补正通知之日起十日内提交补正材料。有正当理由不能按期补正的，行政复议机关可以延长合理的补正期限。无正当理由逾期不补正的，视为申请人放弃行政复议申请，并记录在案。

行政复议机关收到补正材料后，依照本法第三十条的规定处理。

第三十二条 对当场作出或者依据电子技术监控设备记录的违法事实作出的行政处罚决定不服申请行政复议的,可以通过作出行政处罚决定的行政机关提交行政复议申请。

行政机关收到行政复议申请后,应当及时处理;认为需要维持行政处罚决定的,应当自收到行政复议申请之日起五日内转送行政复议机关。

第三十三条 行政复议机关受理行政复议申请后,发现该行政复议申请不符合本法第三十条第一款规定的,应当决定驳回申请并说明理由。

第三十四条 法律、行政法规规定应当先向行政复议机关申请行政复议、对行政复议决定不服再向人民法院提起行政诉讼的,行政复议机关决定不予受理、驳回申请或者受理后超过行政复议期限不作答复的,公民、法人或者其他组织可以自收到决定书之日起或者行政复议期限届满之日起十五日内,依法向人民法院提起行政诉讼。

第三十五条 公民、法人或者其他组织依法提出行政复议申请,行政复议机关无正当理由不予受理、驳回申请或者受理后超过行政复议期限不作答复的,申请人有权向上级行政机关反映,上级行政机关应当责令其纠正;必要时,上级行政复议机关可以直接受理。

第四章 行政复议审理

第一节 一般规定

第三十六条 行政复议机关受理行政复议申请后,依照本法适用普通程序或者简易程序进行审理。行政复议机构应当指定行政复议人员负责办理行政复议案件。

行政复议人员对办理行政复议案件过程中知悉的国家秘密、商业秘密和个人隐私,应当予以保密。

第三十七条 行政复议机关依照法律、法规、规章审理行政复议案件。

行政复议机关审理民族自治地方的行政复议案件，同时依照该民族自治地方的自治条例和单行条例。

第三十八条 上级行政复议机关根据需要，可以审理下级行政复议机关管辖的行政复议案件。

下级行政复议机关对其管辖的行政复议案件，认为需要由上级行政复议机关审理的，可以报请上级行政复议机关决定。

第三十九条 行政复议期间有下列情形之一的，行政复议中止：

（一）作为申请人的公民死亡，其近亲属尚未确定是否参加行政复议；

（二）作为申请人的公民丧失参加行政复议的行为能力，尚未确定法定代理人参加行政复议；

（三）作为申请人的公民下落不明；

（四）作为申请人的法人或者其他组织终止，尚未确定权利义务承受人；

（五）申请人、被申请人因不可抗力或者其他正当理由，不能参加行政复议；

（六）依照本法规定进行调解、和解，申请人和被申请人同意中止；

（七）行政复议案件涉及的法律适用问题需要有权机关作出解释或者确认；

（八）行政复议案件审理需要以其他案件的审理结果为依据，而其他案件尚未审结；

（九）有本法第五十六条或者第五十七条规定的情形；

（十）需要中止行政复议的其他情形。

行政复议中止的原因消除后，应当及时恢复行政复议案件的审理。

行政复议机关中止、恢复行政复议案件的审理，应当书面告知当事人。

第四十条　行政复议期间,行政复议机关无正当理由中止行政复议的,上级行政机关应当责令其恢复审理。

第四十一条　行政复议期间有下列情形之一的,行政复议机关决定终止行政复议:

（一）申请人撤回行政复议申请,行政复议机构准予撤回;

（二）作为申请人的公民死亡,没有近亲属或者其近亲属放弃行政复议权利;

（三）作为申请人的法人或者其他组织终止,没有权利义务承受人或者其权利义务承受人放弃行政复议权利;

（四）申请人对行政拘留或者限制人身自由的行政强制措施不服申请行政复议后,因同一违法行为涉嫌犯罪,被采取刑事强制措施;

（五）依照本法第三十九条第一款第一项、第二项、第四项的规定中止行政复议满六十日,行政复议中止的原因仍未消除。

第四十二条　行政复议期间行政行为不停止执行;但是有下列情形之一的,应当停止执行:

（一）被申请人认为需要停止执行的;

（二）行政复议机关认为需要停止执行的;

（三）申请人、第三人申请停止执行,行政复议机关认为其要求合理,决定停止执行的;

（四）法律、法规、规章规定停止执行的其他情形。

第二节　行政复议证据

第四十三条　行政复议证据包括:

（一）书证;

（二）物证;

（三）视听资料;

（四）电子数据;

（五）证人证言;

（六）当事人的陈述;

（七）鉴定意见；

（八）勘验笔录、现场笔录。

以上证据经行政复议机构审查属实，才能作为认定行政复议案件事实的根据。

第四十四条 被申请人对其作出的行政行为的合法性、适当性负有举证责任。

有下列情形之一的，申请人应当提供证据：

（一）认为被申请人不履行法定职责的，提供曾经要求被申请人履行法定职责的证据，但是被申请人应当依职权主动履行法定职责或者申请人因正当理由不能提供的除外；

（二）提出行政赔偿请求的，提供受行政行为侵害而造成损害的证据，但是因被申请人原因导致申请人无法举证的，由被申请人承担举证责任；

（三）法律、法规规定需要申请人提供证据的其他情形。

第四十五条 行政复议机关有权向有关单位和个人调查取证，查阅、复制、调取有关文件和资料，向有关人员进行询问。

调查取证时，行政复议人员不得少于两人，并应当出示行政复议工作证件。

被调查取证的单位和个人应当积极配合行政复议人员的工作，不得拒绝或者阻挠。

第四十六条 行政复议期间，被申请人不得自行向申请人和其他有关单位或者个人收集证据；自行收集的证据不作为认定行政行为合法性、适当性的依据。

行政复议期间，申请人或者第三人提出被申请行政复议的行政行为作出时没有提出的理由或者证据的，经行政复议机构同意，被申请人可以补充证据。

第四十七条 行政复议期间，申请人、第三人及其委托代理人可以按照规定查阅、复制被申请人提出的书面答复、作出行政行为的证据、依据和其他有关材料，除涉及国家秘密、商业秘密、个人

231

隐私或者可能危及国家安全、公共安全、社会稳定的情形外，行政复议机构应当同意。

第三节 普通程序

第四十八条 行政复议机构应当自行政复议申请受理之日起七日内，将行政复议申请书副本或者行政复议申请笔录复印件发送被申请人。被申请人应当自收到行政复议申请书副本或者行政复议申请笔录复印件之日起十日内，提出书面答复，并提交作出行政行为的证据、依据和其他有关材料。

第四十九条 适用普通程序审理的行政复议案件，行政复议机构应当当面或者通过互联网、电话等方式听取当事人的意见，并将听取的意见记录在案。因当事人原因不能听取意见的，可以书面审理。

第五十条 审理重大、疑难、复杂的行政复议案件，行政复议机构应当组织听证。

行政复议机构认为有必要听证，或者申请人请求听证的，行政复议机构可以组织听证。

听证由一名行政复议人员任主持人，两名以上行政复议人员任听证员，一名记录员制作听证笔录。

第五十一条 行政复议机构组织听证的，应当于举行听证的五日前将听证的时间、地点和拟证事项书面通知当事人。

申请人无正当理由拒不参加听证的，视为放弃听证权利。

被申请人的负责人应当参加听证。不能参加的，应当说明理由并委托相应的工作人员参加听证。

第五十二条 县级以上各级人民政府应当建立相关政府部门、专家、学者等参与的行政复议委员会，为办理行政复议案件提供咨询意见，并就行政复议工作中的重大事项和共性问题研究提出意见。行政复议委员会的组成和开展工作的具体办法，由国务院行政复议机构制定。

审理行政复议案件涉及下列情形之一的，行政复议机构应当提请行政复议委员会提出咨询意见：

（一）案情重大、疑难、复杂；

（二）专业性、技术性较强；

（三）本法第二十四条第二款规定的行政复议案件；

（四）行政复议机构认为有必要。

行政复议机构应当记录行政复议委员会的咨询意见。

第四节 简 易 程 序

第五十三条 行政复议机关审理下列行政复议案件，认为事实清楚、权利义务关系明确、争议不大的，可以适用简易程序：

（一）被申请行政复议的行政行为是当场作出；

（二）被申请行政复议的行政行为是警告或者通报批评；

（三）案件涉及款额三千元以下；

（四）属于政府信息公开案件。

除前款规定以外的行政复议案件，当事人各方同意适用简易程序的，可以适用简易程序。

第五十四条 适用简易程序审理的行政复议案件，行政复议机构应当自受理行政复议申请之日起三日内，将行政复议申请书副本或者行政复议申请笔录复印件发送被申请人。被申请人应当自收到行政复议申请书副本或者行政复议申请笔录复印件之日起五日内，提出书面答复，并提交作出行政行为的证据、依据和其他有关材料。

适用简易程序审理的行政复议案件，可以书面审理。

第五十五条 适用简易程序审理的行政复议案件，行政复议机构认为不宜适用简易程序的，经行政复议机构的负责人批准，可以转为普通程序审理。

第五节 行政复议附带审查

第五十六条 申请人依照本法第十三条的规定提出对有关规范

性文件的附带审查申请，行政复议机关有权处理的，应当在三十日内依法处理；无权处理的，应当在七日内转送有权处理的行政机关依法处理。

第五十七条　行政复议机关在对被申请人作出的行政行为进行审查时，认为其依据不合法，本机关有权处理的，应当在三十日内依法处理；无权处理的，应当在七日内转送有权处理的国家机关依法处理。

第五十八条　行政复议机关依照本法第五十六条、第五十七条的规定有权处理有关规范性文件或者依据的，行政复议机构应当自行政复议中止之日起三日内，书面通知规范性文件或者依据的制定机关就相关条款的合法性提出书面答复。制定机关应当自收到书面通知之日起十日内提交书面答复及相关材料。

行政复议机构认为必要时，可以要求规范性文件或者依据的制定机关当面说明理由，制定机关应当配合。

第五十九条　行政复议机关依照本法第五十六条、第五十七条的规定有权处理有关规范性文件或者依据，认为相关条款合法的，在行政复议决定书中一并告知；认为相关条款超越权限或者违反上位法的，决定停止该条款的执行，并责令制定机关予以纠正。

第六十条　依照本法第五十六条、第五十七条的规定接受转送的行政机关、国家机关应当自收到转送之日起六十日内，将处理意见回复转送的行政复议机关。

第五章　行政复议决定

第六十一条　行政复议机关依照本法审理行政复议案件，由行政复议机构对行政行为进行审查，提出意见，经行政复议机关的负责人同意或者集体讨论通过后，以行政复议机关的名义作出行政复议决定。

经过听证的行政复议案件，行政复议机关应当根据听证笔录、审查认定的事实和证据，依照本法作出行政复议决定。

提请行政复议委员会提出咨询意见的行政复议案件，行政复议机关应当将咨询意见作为作出行政复议决定的重要参考依据。

第六十二条　适用普通程序审理的行政复议案件，行政复议机关应当自受理申请之日起六十日内作出行政复议决定；但是法律规定的行政复议期限少于六十日的除外。情况复杂，不能在规定期限内作出行政复议决定的，经行政复议机构的负责人批准，可以适当延长，并书面告知当事人；但是延长期限最多不得超过三十日。

适用简易程序审理的行政复议案件，行政复议机关应当自受理申请之日起三十日内作出行政复议决定。

第六十三条　行政行为有下列情形之一的，行政复议机关决定变更该行政行为：

（一）事实清楚，证据确凿，适用依据正确，程序合法，但是内容不适当；

（二）事实清楚，证据确凿，程序合法，但是未正确适用依据；

（三）事实不清、证据不足，经行政复议机关查清事实和证据。

行政复议机关不得作出对申请人更为不利的变更决定，但是第三人提出相反请求的除外。

第六十四条　行政行为有下列情形之一的，行政复议机关决定撤销或者部分撤销该行政行为，并可以责令被申请人在一定期限内重新作出行政行为：

（一）主要事实不清、证据不足；

（二）违反法定程序；

（三）适用的依据不合法；

（四）超越职权或者滥用职权。

行政复议机关责令被申请人重新作出行政行为的，被申请人不得以同一事实和理由作出与被申请行政复议的行政行为相同或者基本相同的行政行为，但是行政复议机关以违反法定程序为由决定撤销或者部分撤销的除外。

第六十五条　行政行为有下列情形之一的，行政复议机关不撤销该行政行为，但是确认该行政行为违法：

（一）依法应予撤销，但是撤销会给国家利益、社会公共利益造成重大损害；

（二）程序轻微违法，但是对申请人权利不产生实际影响。

行政行为有下列情形之一，不需要撤销或者责令履行的，行政复议机关确认该行政行为违法：

（一）行政行为违法，但是不具有可撤销内容；

（二）被申请人改变原违法行政行为，申请人仍要求撤销或者确认该行政行为违法；

（三）被申请人不履行或者拖延履行法定职责，责令履行没有意义。

第六十六条 被申请人不履行法定职责的，行政复议机关决定被申请人在一定期限内履行。

第六十七条 行政行为有实施主体不具有行政主体资格或者没有依据等重大且明显违法情形，申请人申请确认行政行为无效的，行政复议机关确认该行政行为无效。

第六十八条 行政行为认定事实清楚，证据确凿，适用依据正确，程序合法，内容适当的，行政复议机关决定维持该行政行为。

第六十九条 行政复议机关受理申请人认为被申请人不履行法定职责的行政复议申请后，发现被申请人没有相应法定职责或者在受理前已经履行法定职责的，决定驳回申请人的行政复议请求。

第七十条 被申请人不按照本法第四十八条、第五十四条的规定提出书面答复、提交作出行政行为的证据、依据和其他有关材料的，视为该行政行为没有证据、依据，行政复议机关决定撤销、部分撤销该行政行为，确认该行政行为违法、无效或者决定被申请人在一定期限内履行，但是行政行为涉及第三人合法权益，第三人提供证据的除外。

第七十一条 被申请人不依法订立、不依法履行、未按照约定履行或者违法变更、解除行政协议的，行政复议机关决定被申请人承担依法订立、继续履行、采取补救措施或者赔偿损失等责任。

被申请人变更、解除行政协议合法，但是未依法给予补偿或者补偿不合理的，行政复议机关决定被申请人依法给予合理补偿。

第七十二条　申请人在申请行政复议时一并提出行政赔偿请求，行政复议机关对依照《中华人民共和国国家赔偿法》的有关规定应当不予赔偿的，在作出行政复议决定时，应当同时决定驳回行政赔偿请求；对符合《中华人民共和国国家赔偿法》的有关规定应当给予赔偿的，在决定撤销或者部分撤销、变更行政行为或者确认行政行为违法、无效时，应当同时决定被申请人依法给予赔偿；确认行政行为违法的，还可以同时责令被申请人采取补救措施。

申请人在申请行政复议时没有提出行政赔偿请求的，行政复议机关在依法决定撤销或者部分撤销、变更罚款，撤销或者部分撤销违法集资、没收财物、征收征用、摊派费用以及对财产的查封、扣押、冻结等行政行为时，应当同时责令被申请人返还财产，解除对财产的查封、扣押、冻结措施，或者赔偿相应的价款。

第七十三条　当事人经调解达成协议的，行政复议机关应当制作行政复议调解书，经各方当事人签字或者签章，并加盖行政复议机关印章，即具有法律效力。

调解未达成协议或者调解书生效前一方反悔的，行政复议机关应当依法审查或者及时作出行政复议决定。

第七十四条　当事人在行政复议决定作出前可以自愿达成和解，和解内容不得损害国家利益、社会公共利益和他人合法权益，不得违反法律、法规的强制性规定。

当事人达成和解后，由申请人向行政复议机构撤回行政复议申请。行政复议机构准予撤回行政复议申请、行政复议机关决定终止行政复议的，申请人不得再以同一事实和理由提出行政复议申请。但是，申请人能够证明撤回行政复议申请违背其真实意愿的除外。

第七十五条　行政复议机关作出行政复议决定，应当制作行政复议决定书，并加盖行政复议机关印章。

行政复议决定书一经送达,即发生法律效力。

第七十六条 行政复议机关在办理行政复议案件过程中,发现被申请人或者其他下级行政机关的有关行政行为违法或者不当的,可以向其制发行政复议意见书。有关机关应当自收到行政复议意见书之日起六十日内,将纠正相关违法或者不当行政行为的情况报送行政复议机关。

第七十七条 被申请人应当履行行政复议决定书、调解书、意见书。

被申请人不履行或者无正当理由拖延履行行政复议决定书、调解书、意见书的,行政复议机关或者有关上级行政机关应当责令其限期履行,并可以约谈被申请人的有关负责人或者予以通报批评。

第七十八条 申请人、第三人逾期不起诉又不履行行政复议决定书、调解书的,或者不履行最终裁决的行政复议决定的,按照下列规定分别处理:

(一)维持行政行为的行政复议决定书,由作出行政行为的行政机关依法强制执行,或者申请人民法院强制执行;

(二)变更行政行为的行政复议决定书,由行政复议机关依法强制执行,或者申请人民法院强制执行;

(三)行政复议调解书,由行政复议机关依法强制执行,或者申请人民法院强制执行。

第七十九条 行政复议机关根据被申请行政复议的行政行为的公开情况,按照国家有关规定将行政复议决定书向社会公开。

县级以上地方各级人民政府办理以本级人民政府工作部门为被申请人的行政复议案件,应当将发生法律效力的行政复议决定书、意见书同时抄告被申请人的上一级主管部门。

第六章 法律责任

第八十条 行政复议机关不依照本法规定履行行政复议职责,对负有责任的领导人员和直接责任人员依法给予警告、记过、记大过的处分；经有权监督的机关督促仍不改正或者造成严重后果的，依法给予降级、撤职、开除的处分。

第八十一条 行政复议机关工作人员在行政复议活动中，徇私舞弊或者有其他渎职、失职行为的，依法给予警告、记过、记大过的处分；情节严重的，依法给予降级、撤职、开除的处分；构成犯罪的，依法追究刑事责任。

第八十二条 被申请人违反本法规定，不提出书面答复或者不提交作出行政行为的证据、依据和其他有关材料，或者阻挠、变相阻挠公民、法人或者其他组织依法申请行政复议的，对负有责任的领导人员和直接责任人员依法给予警告、记过、记大过的处分；进行报复陷害的，依法给予降级、撤职、开除的处分；构成犯罪的，依法追究刑事责任。

第八十三条 被申请人不履行或者无正当理由拖延履行行政复议决定书、调解书、意见书的，对负有责任的领导人员和直接责任人员依法给予警告、记过、记大过的处分；经责令履行仍拒不履行的，依法给予降级、撤职、开除的处分。

第八十四条 拒绝、阻挠行政复议人员调查取证，故意扰乱行政复议工作秩序的，依法给予处分、治安管理处罚；构成犯罪的，依法追究刑事责任。

第八十五条 行政机关及其工作人员违反本法规定的，行政复议机关可以向监察机关或者公职人员任免机关、单位移送有关人员违法的事实材料，接受移送的监察机关或者公职人员任免机关、单位应当依法处理。

第八十六条 行政复议机关在办理行政复议案件过程中，发现公职人员涉嫌贪污贿赂、失职渎职等职务违法或者职务犯罪的问题线索，应当依照有关规定移送监察机关，由监察机关依法调查处置。

第七章 附 则

第八十七条 行政复议机关受理行政复议申请，不得向申请人收取任何费用。

第八十八条 行政复议期间的计算和行政复议文书的送达，本法没有规定的，依照《中华人民共和国民事诉讼法》关于期间、送达的规定执行。

本法关于行政复议期间有关"三日"、"五日"、"七日"、"十日"的规定是指工作日，不含法定休假日。

第八十九条 外国人、无国籍人、外国组织在中华人民共和国境内申请行政复议，适用本法。

第九十条 本法自 2024 年 1 月 1 日起施行。

市场监督管理行政处罚程序规定

（2018 年 12 月 21 日国家市场监督管理总局令第 2 号公布　根据 2021 年 7 月 2 日国家市场监督管理总局令第 42 号《国家市场监督管理总局关于修改〈市场监督管理行政处罚程序暂行规定〉等二部规章的决定》修正　根据 2022 年 9 月 29 日国家市场监督管理总局令第 61 号《国家市场监督管理总局关于修改和废止部分部门规章的决定》修改）

第一章　总　则

第一条 为了规范市场监督管理行政处罚程序，保障市场监督管理部门依法实施行政处罚，保护自然人、法人和其他组织的合法权益，根据《中华人民共和国行政处罚法》《中华人民共和国行政强制法》等法律、行政法规，制定本规定。

第二条 市场监督管理部门实施行政处罚，适用本规定。

第三条 市场监督管理部门实施行政处罚，应当遵循公正、公开的原则，坚持处罚与教育相结合，做到事实清楚、证据确凿、适用依据正确、程序合法、处罚适当。

第四条 市场监督管理部门实施行政处罚实行回避制度。参与案件办理的有关人员与案件有直接利害关系或者有其他关系可能影响公正执法的，应当回避。

市场监督管理部门主要负责人的回避，由市场监督管理部门负责人集体讨论决定；市场监督管理部门其他负责人的回避，由市场监督管理部门主要负责人决定；其他有关人员的回避，由市场监督管理部门负责人决定。

回避决定作出之前，不停止案件调查。

第五条 市场监督管理部门及参与案件办理的有关人员对实施行政处罚过程中知悉的国家秘密、商业秘密和个人隐私应当依法予以保密。

第六条 上级市场监督管理部门对下级市场监督管理部门实施行政处罚，应当加强监督。

各级市场监督管理部门对本部门内设机构及其派出机构、受委托组织实施行政处罚，应当加强监督。

第二章 管 辖

第七条 行政处罚由违法行为发生地的县级以上市场监督管理部门管辖。法律、行政法规、部门规章另有规定的，从其规定。

第八条 县级、设区的市级市场监督管理部门依职权管辖本辖区内发生的行政处罚案件。法律、法规、规章规定由省级以上市场监督管理部门管辖的，从其规定。

第九条 市场监督管理部门派出机构在本部门确定的权限范围内以本部门的名义实施行政处罚，法律、法规授权以派出机构名义实施行政处罚的除外。

县级以上市场监督管理部门可以在法定权限内书面委托符合《中华人民共和国行政处罚法》规定条件的组织实施行政处罚。受委托组织在委托范围内，以委托行政机关名义实施行政处罚；不得再委托其他任何组织或者个人实施行政处罚。

委托书应当载明委托的具体事项、权限、期限等内容。委托行政机关和受委托组织应当将委托书向社会公布。

第十条 网络交易平台经营者和通过自建网站、其他网络服务销售商品或者提供服务的网络交易经营者的违法行为由其住所地县级以上市场监督管理部门管辖。

平台内经营者的违法行为由其实际经营地县级以上市场监督管理部门管辖。网络交易平台经营者住所地县级以上市场监督管理部门先行发现违法线索或者收到投诉、举报的，也可以进行管辖。

第十一条 对利用广播、电影、电视、报纸、期刊、互联网等大众传播媒介发布违法广告的行为实施行政处罚，由广告发布者所在地市场监督管理部门管辖。广告发布者所在地市场监督管理部门管辖异地广告主、广告经营者有困难的，可以将广告主、广告经营者的违法情况移送广告主、广告经营者所在地市场监督管理部门处理。

对于互联网广告违法行为，广告主所在地、广告经营者所在地市场监督管理部门先行发现违法线索或者收到投诉、举报的，也可以进行管辖。

对广告主自行发布违法互联网广告的行为实施行政处罚，由广告主所在地市场监督管理部门管辖。

第十二条 对当事人的同一违法行为，两个以上市场监督管理部门都有管辖权的，由最先立案的市场监督管理部门管辖。

第十三条 两个以上市场监督管理部门因管辖权发生争议的，应当自发生争议之日起七个工作日内协商解决，协商不成的，报请共同的上一级市场监督管理部门指定管辖；也可以直接由共同的上一级市场监督管理部门指定管辖。

第十四条 市场监督管理部门发现立案查处的案件不属于本部门管辖的，应当将案件移送有管辖权的市场监督管理部门。受移送的市场监督管理部门对管辖权有异议的,应当报请共同的上一级市场监督管理部门指定管辖,不得再自行移送。

第十五条 上级市场监督管理部门认为必要时,可以将本部门管辖的案件交由下级市场监督管理部门管辖。法律、法规、规章明确规定案件应当由上级市场监督管理部门管辖的,上级市场监督管理部门不得将案件交由下级市场监督管理部门管辖。

上级市场监督管理部门认为必要时,可以直接查处下级市场监督管理部门管辖的案件,也可以将下级市场监督管理部门管辖的案件指定其他下级市场监督管理部门管辖。

下级市场监督管理部门认为依法由其管辖的案件存在特殊原因,难以办理的,可以报请上一级市场监督管理部门管辖或者指定管辖。

第十六条 报请上一级市场监督管理部门管辖或者指定管辖的,上一级市场监督管理部门应当在收到报送材料之日起七个工作日内确定案件的管辖部门。

第十七条 市场监督管理部门发现立案查处的案件属于其他行政管理部门管辖的,应当及时依法移送其他有关部门。

市场监督管理部门发现违法行为涉嫌犯罪的,应当及时将案件移送司法机关,并对涉案物品以及与案件有关的其他材料依照有关规定办理交接手续。

第三章 行政处罚的普通程序

第十八条 市场监督管理部门对依据监督检查职权或者通过投诉、举报、其他部门移送、上级交办等途径发现的违法行为线索,应当自发现线索或者收到材料之日起十五个工作日内予以核查,由市场监督管理部门负责人决定是否立案;特殊情况下,经市场监督管理部门负责人批准,可以延长十五个工作日。法律、法规、规章另有规定的除外。

检测、检验、检疫、鉴定以及权利人辨认或者鉴别等所需时间,不计入前款规定期限。

第十九条　经核查，符合下列条件的，应当立案：

（一）有证据初步证明存在违反市场监督管理法律、法规、规章的行为；

（二）依据市场监督管理法律、法规、规章应当给予行政处罚；

（三）属于本部门管辖；

（四）在给予行政处罚的法定期限内。

决定立案的，应当填写立案审批表，由办案机构负责人指定两名以上具有行政执法资格的办案人员负责调查处理。

第二十条　经核查，有下列情形之一的，可以不予立案：

（一）违法行为轻微并及时改正，没有造成危害后果；

（二）初次违法且危害后果轻微并及时改正；

（三）当事人有证据足以证明没有主观过错，但法律、行政法规另有规定的除外；

（四）依法可以不予立案的其他情形。

决定不予立案的，应当填写不予立案审批表。

第二十一条　办案人员应当全面、客观、公正、及时进行案件调查，收集、调取证据，并依照法律、法规、规章的规定进行检查。

首次向当事人收集、调取证据的，应当告知其享有陈述权、申辩权以及申请回避的权利。

第二十二条　办案人员调查或者进行检查时不得少于两人，并应当主动向当事人或者有关人员出示执法证件。

第二十三条　办案人员应当依法收集证据。证据包括：

（一）书证；

（二）物证；

（三）视听资料；

（四）电子数据；

（五）证人证言；

（六）当事人的陈述；

（七）鉴定意见；

（八）勘验笔录、现场笔录。

立案前核查或者监督检查过程中依法取得的证据材料，可以作为案件的证据使用。

对于移送的案件，移送机关依职权调查收集的证据材料，可以作为案件的证据使用。

上述证据，应当符合法律、法规、规章关于证据的规定，并经查证属实，才能作为认定案件事实的根据。以非法手段取得的证据，不得作为认定案件事实的根据。

第二十四条 收集、调取的书证、物证应当是原件、原物。调取原件、原物有困难的，可以提取复制件、影印件或者抄录件，也可以拍摄或者制作足以反映原件、原物外形或者内容的照片、录像。复制件、影印件、抄录件和照片、录像由证据提供人核对无误后注明与原件、原物一致，并注明出证日期、证据出处，同时签名或者盖章。

第二十五条 收集、调取的视听资料应当是有关资料的原始载体。调取视听资料原始载体有困难的，可以提取复制件，并注明制作方法、制作时间、制作人等。声音资料应当附有该声音内容的文字记录。

第二十六条 收集、调取的电子数据应当是有关数据的原始载体。收集电子数据原始载体有困难的，可以采用拷贝复制、委托分析、书式固定、拍照录像等方式取证，并注明制作方法、制作时间、制作人等。

市场监督管理部门可以利用互联网信息系统或者设备收集、固定违法行为证据。用来收集、固定违法行为证据的互联网信息系统或者设备应当符合相关规定，保证所收集、固定电子数据的真实性、完整性。

市场监督管理部门可以指派或者聘请具有专门知识的人员，辅助办案人员对案件关联的电子数据进行调查取证。

市场监督管理部门依照法律、行政法规规定利用电子技术监控设备收集、固定违法事实的，依照《中华人民共和国行政处罚法》有关规定执行。

第二十七条 在中华人民共和国领域外形成的公文书证，应当经所在国公证机关证明，或者履行中华人民共和国与该所在国订立的有关条约中规定的证明手续。涉及身份关系的证据，应当经所在国公证机关证明，并经中华人民共和国驻该国使领馆认证，或者履行中华人民共和国与该所在国订立的有关条约中规定的证明手续。

在中华人民共和国香港特别行政区、澳门特别行政区和台湾地区形成的证据，应当履行相关的证明手续。

外文书证或者外国语视听资料等证据应当附有由具有翻译资质的机构翻译的或者其他翻译准确的中文译本，由翻译机构盖章或者翻译人员签名。

第二十八条 对有违法嫌疑的物品或者场所进行检查时，应当通知当事人到场。办案人员应当制作现场笔录，载明时间、地点、事件等内容，由办案人员、当事人签名或者盖章。

第二十九条 办案人员可以询问当事人及其他有关单位和个人。询问应当个别进行。询问应当制作笔录，询问笔录应当交被询问人核对；对阅读有困难的，应当向其宣读。笔录如有差错、遗漏，应当允许其更正或者补充。涂改部分应当由被询问人签名、盖章或者以其他方式确认。经核对无误后，由被询问人在笔录上逐页签名、盖章或者以其他方式确认。办案人员应当在笔录上签名。

第三十条 办案人员可以要求当事人及其他有关单位和个人在一定期限内提供证明材料或者与涉嫌违法行为有关的其他材料，并由材料提供人在有关材料上签名或者盖章。

市场监督管理部门在查处侵权假冒等案件过程中，可以要求权利人对涉案产品是否为权利人生产或者其许可生产的产品进行辨认，也可以要求其对有关事项进行鉴别。

第三十一条　市场监督管理部门抽样取证时，应当通知当事人到场。办案人员应当制作抽样记录，对样品加贴封条，开具清单，由办案人员、当事人在封条和相关记录上签名或者盖章。

通过网络、电话购买等方式抽样取证的，应当采取拍照、截屏、录音、录像等方式对交易过程、商品拆包查验及封样等过程进行记录。

法律、法规、规章或者国家有关规定对实施抽样机构的资质或者抽样方式有明确要求的，市场监督管理部门应当委托相关机构或者按照规定方式抽取样品。

第三十二条　为查明案情，需要对案件中专门事项进行检测、检验、检疫、鉴定的，市场监督管理部门应当委托具有法定资质的机构进行；没有法定资质机构的，可以委托其他具备条件的机构进行。检测、检验、检疫、鉴定结果应当告知当事人。

第三十三条　在证据可能灭失或者以后难以取得的情况下，市场监督管理部门可以对与涉嫌违法行为有关的证据采取先行登记保存措施。采取或者解除先行登记保存措施，应当经市场监督管理部门负责人批准。

情况紧急，需要当场采取先行登记保存措施的，办案人员应当在二十四小时内向市场监督管理部门负责人报告，并补办批准手续。市场监督管理部门负责人认为不应当采取先行登记保存措施的，应当立即解除。

第三十四条　先行登记保存有关证据，应当当场清点，开具清单，由当事人和办案人员签名或者盖章，交当事人一份，并当场交付先行登记保存证据通知书。

先行登记保存期间，当事人或者有关人员不得损毁、销毁或者转移证据。

第三十五条　对于先行登记保存的证据，应当在七个工作日内采取以下措施：

（一）根据情况及时采取记录、复制、拍照、录像等证据保全措施；

（二）需要检测、检验、检疫、鉴定的，送交检测、检验、检疫、鉴定；

（三）依据有关法律、法规规定可以采取查封、扣押等行政强制措施的，决定采取行政强制措施；

（四）违法事实成立，应当予以没收的，作出行政处罚决定，没收违法物品；

（五）违法事实不成立，或者违法事实成立但依法不应当予以查封、扣押或者没收的，决定解除先行登记保存措施。

逾期未采取相关措施的，先行登记保存措施自动解除。

第三十六条　市场监督管理部门可以依据法律、法规的规定采取查封、扣押等行政强制措施。采取或者解除行政强制措施，应当经市场监督管理部门负责人批准。

情况紧急，需要当场采取行政强制措施的，办案人员应当在二十四小时内向市场监督管理部门负责人报告，并补办批准手续。市场监督管理部门负责人认为不应当采取行政强制措施的，应当立即解除。

第三十七条　市场监督管理部门实施行政强制措施应当依照《中华人民共和国行政强制法》规定的程序进行，并当场交付实施行政强制措施决定书和清单。

第三十八条　查封、扣押的期限不得超过三十日；情况复杂的，经市场监督管理部门负责人批准，可以延长，但是延长期限不得超过三十日。法律、行政法规另有规定的除外。

延长查封、扣押的决定应当及时书面告知当事人，并说明理由。

对物品需要进行检测、检验、检疫、鉴定的，查封、扣押的期间不包括检测、检验、检疫、鉴定的期间。检测、检验、检疫、鉴定的期间应当明确，并书面告知当事人。

第三十九条 扣押当事人托运的物品，应当制作协助扣押通知书，通知有关单位协助办理，并书面通知当事人。

第四十条 对当事人家存或者寄存的涉嫌违法物品，需要扣押的，责令当事人取出；当事人拒绝取出的，应当会同当地有关部门或者单位将其取出，并办理扣押手续。

第四十一条 查封、扣押的场所、设施或者财物应当妥善保管，不得使用或者损毁；市场监督管理部门可以委托第三人保管，第三人不得损毁或者擅自转移、处置。

查封的场所、设施或者财物，应当加贴市场监督管理部门封条，任何人不得随意动用。

除法律、法规另有规定外，容易损毁、灭失、变质、保管困难或者保管费用过高、季节性商品等不宜长期保存的物品，在确定为罚没财物前，经权利人同意或者申请，并经市场监督管理部门负责人批准，在采取相关措施留存证据后，可以依法先行处置；权利人不明确的，可以依法公告，公告期满后仍没有权利人同意或者申请的，可以依法先行处置。先行处置所得款项按照涉案现金管理。

第四十二条 有下列情形之一的，市场监督管理部门应当及时作出解除查封、扣押决定：

（一）当事人没有违法行为；

（二）查封、扣押的场所、设施或者财物与违法行为无关；

（三）对违法行为已经作出处理决定，不再需要查封、扣押；

（四）查封、扣押期限已经届满；

（五）其他不再需要采取查封、扣押措施的情形。

解除查封、扣押应当立即退还财物，并由办案人员和当事人在财物清单上签名或者盖章。市场监督管理部门已将财物依法先行处置并有所得款项的，应当退还所得款项。先行处置明显不当，给当事人造成损失的,应当给予补偿。

当事人下落不明或者无法确定涉案物品所有人的,应当按照本规定第八十二条第五项规定的公告送达方式告知领取。公告期满仍无人领取的,经市场监督管理部门负责人批准,将涉案物品上缴或者依法拍卖后将所得款项上缴国库。

第四十三条 办案人员在调查取证过程中,无法通知当事人、当事人不到场或者拒绝接受调查,当事人拒绝签名、盖章或者以其他方式确认的,办案人员应当在笔录或者其他材料上注明情况,并采取录音、录像等方式记录,必要时可以邀请有关人员作为见证人。

第四十四条 进行现场检查、询问当事人及其他有关单位和个人、抽样取证、采取先行登记保存措施、实施查封或者扣押等行政强制措施时,按照有关规定采取拍照、录音、录像等方式记录现场情况。

第四十五条 市场监督管理部门在办理行政处罚案件时,确需有关机关或者其他市场监督管理部门协助调查取证的,应当出具协助调查函。

收到协助调查函的市场监督管理部门对属于本部门职权范围的协助事项应当予以协助,在接到协助调查函之日起十五个工作日内完成相关工作。需要延期完成的,应当在期限届满前告知提出协查请求的市场监督管理部门。

第四十六条 有下列情形之一的,经市场监督管理部门负责人批准,中止案件调查:

(一)行政处罚决定须以相关案件的裁判结果或者其他行政决定为依据,而相关案件尚未审结或者其他行政决定尚未作出的;

(二)涉及法律适用等问题,需要送请有权机关作出解释或者确认的;

(三)因不可抗力致使案件暂时无法调查的;

(四)因当事人下落不明致使案件暂时无法调查的;

（五）其他应当中止调查的情形。

中止调查的原因消除后，应当立即恢复案件调查。

第四十七条 因涉嫌违法的自然人死亡或者法人、其他组织终止，并且无权利义务承受人等原因，致使案件调查无法继续进行的，经市场监督管理部门负责人批准，案件终止调查。

第四十八条 案件调查终结，办案机构应当撰写调查终结报告。案件调查终结报告包括以下内容：

（一）当事人的基本情况；

（二）案件来源、调查经过及采取行政强制措施的情况；

（三）调查认定的事实及主要证据；

（四）违法行为性质；

（五）处理意见及依据；

（六）自由裁量的理由等其他需要说明的事项。

第四十九条 办案机构应当将调查终结报告连同案件材料，交由市场监督管理部门审核机构进行审核。

审核分为法制审核和案件审核。

办案人员不得作为审核人员。

第五十条 对情节复杂或者重大违法行为给予行政处罚的下列案件，在市场监督管理部门负责人作出行政处罚的决定之前，应当由从事行政处罚决定法制审核的人员进行法制审核；未经法制审核或者审核未通过的，不得作出决定：

（一）涉及重大公共利益的；

（二）直接关系当事人或者第三人重大权益，经过听证程序的；

（三）案件情况疑难复杂、涉及多个法律关系的；

（四）法律、法规规定应当进行法制审核的其他情形。

前款第二项规定的案件，在听证程序结束后进行法制审核。

县级以上市场监督管理部门可以对第一款的法制审核案件范围作出具体规定。

第五十一条　法制审核由市场监督管理部门法制机构或者其他机构负责实施。

市场监督管理部门中初次从事行政处罚决定法制审核的人员，应当通过国家统一法律职业资格考试取得法律职业资格。

第五十二条　除本规定第五十条第一款规定以外适用普通程序的案件，应当进行案件审核。

案件审核由市场监督管理部门办案机构或者其他机构负责实施。

市场监督管理部门派出机构以自己的名义实施行政处罚的案件，由派出机构负责案件审核。

第五十三条　审核的主要内容包括：

（一）是否具有管辖权；

（二）当事人的基本情况是否清楚；

（三）案件事实是否清楚、证据是否充分；

（四）定性是否准确；

（五）适用依据是否正确；

（六）程序是否合法；

（七）处理是否适当。

第五十四条　审核机构对案件进行审核，区别不同情况提出书面意见和建议：

（一）对事实清楚、证据充分、定性准确、适用依据正确、程序合法、处理适当的案件，同意案件处理意见；

（二）对定性不准、适用依据错误、程序不合法、处理不当的案件，建议纠正；

（三）对事实不清、证据不足的案件，建议补充调查；

（四）认为有必要提出的其他意见和建议。

第五十五条　审核机构应当自接到审核材料之日起十个工作日内完成审核。特殊情况下，经市场监督管理部门负责人批准可以延长。

第五十六条　审核机构完成审核并退回案件材料后，对于拟给予行政处罚的案件，办案机构应当将案件材料、行政处罚建议及审核意见报市场监督管理部门负责人批准，并依法履行告知等程序；对于建议给予其他行政处理的案件，办案机构应当将案件材料、审核意见报市场监督管理部门负责人审查决定。

第五十七条　拟给予行政处罚的案件，市场监督管理部门在作出行政处罚决定之前，应当书面告知当事人拟作出的行政处罚内容及事实、理由、依据，并告知当事人依法享有陈述权、申辩权。拟作出的行政处罚属于听证范围的，还应当告知当事人有要求听证的权利。法律、法规规定在行政处罚决定作出前需责令当事人退还多收价款的，一并告知拟责令退还的数额。

当事人自告知书送达之日起五个工作日内，未行使陈述、申辩权，未要求听证的，视为放弃此权利。

第五十八条　市场监督管理部门在告知当事人拟作出的行政处罚决定后，应当充分听取当事人的意见，对当事人提出的事实、理由和证据进行复核。当事人提出的事实、理由或者证据成立的，市场监督管理部门应当予以采纳，不得因当事人陈述、申辩或者要求听证而给予更重的行政处罚。

第五十九条　法律、法规要求责令当事人退还多收价款的，市场监督管理部门应当在听取当事人意见后作出行政处罚决定前，向当事人发出责令退款通知书，责令当事人限期退还。难以查找多付价款的消费者或者其他经营者的，责令公告查找。

第六十条　市场监督管理部门负责人经对案件调查终结报告、审核意见、当事人陈述和申辩意见或者听证报告等进行审查，根据不同情况，分别作出以下决定：

（一）确有依法应当给予行政处罚的违法行为的，根据情节轻重及具体情况，作出行政处罚决定；

（二）确有违法行为，但有依法不予行政处罚情形的，不予行政处罚；

（三）违法事实不能成立的，不予行政处罚；

（四）不属于市场监督管理部门管辖的，移送其他行政管理部门处理；

（五）违法行为涉嫌犯罪的，移送司法机关。

对本规定第五十条第一款规定的案件，拟给予行政处罚的，应当由市场监督管理部门负责人集体讨论决定。

第六十一条　对当事人的违法行为依法不予行政处罚的，市场监督管理部门应当对当事人进行教育。

第六十二条　市场监督管理部门作出行政处罚决定，应当制作行政处罚决定书，并加盖本部门印章。行政处罚决定书的内容包括：

（一）当事人的姓名或者名称、地址等基本情况；

（二）违反法律、法规、规章的事实和证据；

（三）当事人陈述、申辩的采纳情况及理由；

（四）行政处罚的内容和依据；

（五）行政处罚的履行方式和期限；

（六）申请行政复议、提起行政诉讼的途径和期限；

（七）作出行政处罚决定的市场监督管理部门的名称和作出决定的日期。

第六十三条　市场监督管理部门作出的具有一定社会影响的行政处罚决定应当按照有关规定向社会公开。

公开的行政处罚决定被依法变更、撤销、确认违法或者确认无效的，市场监督管理部门应当在三个工作日内撤回行政处罚决定信息并公开说明理由。

第六十四条　适用普通程序办理的案件应当自立案之日起九十日内作出处理决定。因案情复杂或者其他原因，不能在规定期限内作出处理决定的，经市场监督管理部门负责人批准，可以延长三十日。案情特别复杂或者有其他特殊情况，经延期仍不能作出处理决定的，应当由市场监督管理部门负责人集体讨论决定是否继续延期，决定继续延期的，应当同时确定延长的合理期限。

案件处理过程中，中止、听证、公告和检测、检验、检疫、鉴定、权利人辨认或者鉴别、责令退还多收价款等时间不计入前款所指的案件办理期限。

第六十五条 发生重大传染病疫情等突发事件，为了控制、减轻和消除突发事件引起的社会危害，市场监督管理部门对违反突发事件应对措施的行为，依法快速、从重处罚。

第四章 行政处罚的简易程序

第六十六条 违法事实确凿并有法定依据，对自然人处以二百元以下、对法人或者其他组织处以三千元以下罚款或者警告的行政处罚的，可以当场作出行政处罚决定。法律另有规定的，从其规定。

第六十七条 适用简易程序当场查处违法行为，办案人员应当向当事人出示执法证件，当场调查违法事实，收集必要的证据，填写预定格式、编有号码的行政处罚决定书。

行政处罚决定书应当由办案人员签名或者盖章，并当场交付当事人。当事人拒绝签收的，应当在行政处罚决定书上注明。

第六十八条 当场制作的行政处罚决定书应当载明当事人的基本情况、违法行为、行政处罚依据、处罚种类、罚款数额、缴款途径和期限、救济途径和期限、部门名称、时间、地点，并加盖市场监督管理部门印章。

第六十九条 办案人员在行政处罚决定作出前，应当告知当事人拟作出的行政处罚内容及事实、理由、依据，并告知当事人有权进行陈述和申辩。当事人进行陈述和申辩的，办案人员应当记入笔录。

第七十条 适用简易程序查处案件的有关材料，办案人员应当在作出行政处罚决定之日起七个工作日内交至所在的市场监督管理部门归档保存。

第五章 执行与结案

第七十一条 行政处罚决定依法作出后,当事人应当在行政处罚决定书载明的期限内予以履行。

当事人对行政处罚决定不服申请行政复议或者提起行政诉讼的,行政处罚不停止执行,法律另有规定的除外。

第七十二条 市场监督管理部门对当事人作出罚款、没收违法所得行政处罚的,当事人应当自收到行政处罚决定书之日起十五日内,通过指定银行或者电子支付系统缴纳罚没款。有下列情形之一的,可以由办案人员当场收缴罚款:

(一) 当场处以一百元以下罚款的;

(二) 当场对自然人处以二百元以下、对法人或者其他组织处以三千元以下罚款,不当场收缴事后难以执行的;

(三) 在边远、水上、交通不便地区,当事人向指定银行或者通过电子支付系统缴纳罚款确有困难,经当事人提出的。

办案人员当场收缴罚款的,必须向当事人出具国务院财政部门或者省、自治区、直辖市财政部门统一制发的专用票据。

第七十三条 办案人员当场收缴的罚款,应当自收缴罚款之日起二个工作日内交至所在市场监督管理部门。在水上当场收缴的罚款,应当自抵岸之日起二个工作日内交至所在市场监督管理部门。市场监督管理部门应当在二个工作日内将罚款缴付指定银行。

第七十四条 当事人确有经济困难,需要延期或者分期缴纳罚款的,应当提出书面申请。经市场监督管理部门负责人批准,同意当事人暂缓或者分期缴纳罚款的,市场监督管理部门应当书面告知当事人暂缓或者分期的期限。

第七十五条 当事人逾期不缴纳罚款的,市场监督管理部门可以每日按罚款数额的百分之三加处罚款,加处罚款的数额不得超出罚款的数额。

第七十六条　当事人在法定期限内不申请行政复议或者提起行政诉讼，又不履行行政处罚决定，且在收到催告书十个工作日后仍不履行行政处罚决定的，市场监督管理部门可以在期限届满之日起三个月内依法申请人民法院强制执行。

市场监督管理部门批准延期、分期缴纳罚款的，申请人民法院强制执行的期限，自暂缓或者分期缴纳罚款期限结束之日起计算。

第七十七条　适用普通程序的案件有以下情形之一的，办案机构应当在十五个工作日内填写结案审批表，经市场监督管理部门负责人批准后，予以结案：

（一）行政处罚决定执行完毕的；

（二）人民法院裁定终结执行的；

（三）案件终止调查的；

（四）作出本规定第六十条第一款第二项至五项决定的；

（五）其他应予结案的情形。

第七十八条　结案后，办案人员应当将案件材料按照档案管理的有关规定立卷归档。案卷归档应当一案一卷、材料齐全、规范有序。

案卷可以分正卷、副卷。正卷按照下列顺序归档：

（一）立案审批表；

（二）行政处罚决定书及送达回证；

（三）对当事人制发的其他法律文书及送达回证；

（四）证据材料；

（五）听证笔录；

（六）财物处理单据；

（七）其他有关材料。

副卷按照下列顺序归档：

（一）案源材料；

（二）调查终结报告；

（三）审核意见；

（四）听证报告；

（五）结案审批表；

（六）其他有关材料。

案卷的保管和查阅，按照档案管理的有关规定执行。

第七十九条 市场监督管理部门应当依法以文字、音像等形式，对行政处罚的启动、调查取证、审核、决定、送达、执行等进行全过程记录，依照本规定第七十八条的规定归档保存。

第六章 期间、送达

第八十条 期间以时、日、月计算，期间开始的时或者日不计算在内。期间不包括在途时间。期间届满的最后一日为法定节假日的，以法定节假日后的第一日为期间届满的日期。

第八十一条 市场监督管理部门送达行政处罚决定书，应当在宣告后当场交付当事人。当事人不在场的，应当在七个工作日内按照本规定第八十二条、第八十三条的规定，将行政处罚决定书送达当事人。

第八十二条 市场监督管理部门送达执法文书，应当按照下列方式进行：

（一）直接送达的，由受送达人在送达回证上注明签收日期，并签名或者盖章，受送达人在送达回证上注明的签收日期为送达日期。受送达人是自然人的，本人不在时交其同住成年家属签收；受送达人是法人或者其他组织的，应当由法人的法定代表人、其他组织的主要负责人或者该法人、其他组织负责收件的人签收；受送达人有代理人的，可以送交其代理人签收；受送达人已向市场监督管理部门指定代收人的，送交代收人签收。受送达人的同住成年家属，法人或者其他组织负责收件的人，代理人或者代收人在送达回证上签收的日期为送达日期。

（二）受送达人或者其同住成年家属拒绝签收的，市场监督管理部门可以邀请有关基层组织或者所在单位的代表到场，说明情况，在送达回证上载明拒收事由和日期，由送达人、见证人签名或者以其他方式确认，将执法文书留在受送达人的住所；也可以将执法文书留在受送达人的住所，并采取拍照、录像等方式记录送达过程，即视为送达。

（三）经受送达人同意并签订送达地址确认书，可以采用手机短信、传真、电子邮件、即时通讯账号等能够确认其收悉的电子方式送达执法文书，市场监督管理部门应当通过拍照、截屏、录音、录像等方式予以记录，手机短信、传真、电子邮件、即时通讯信息等到达受送达人特定系统的日期为送达日期。

（四）直接送达有困难的，可以邮寄送达或者委托当地市场监督管理部门、转交其他部门代为送达。邮寄送达的，以回执上注明的收件日期为送达日期；委托、转交送达的，受送达人的签收日期为送达日期。

（五）受送达人下落不明或者采取上述方式无法送达的，可以在市场监督管理部门公告栏和受送达人住所地张贴公告，也可以在报纸或者市场监督管理部门门户网站等刊登公告。自公告发布之日起经过三十日，即视为送达。公告送达，应当在案件材料中载明原因和经过。在市场监督管理部门公告栏和受送达人住所地张贴公告的，应当采取拍照、录像等方式记录张贴过程。

第八十三条　市场监督管理部门可以要求受送达人签署送达地址确认书，送达至受送达人确认的地址，即视为送达。受送达人送达地址发生变更的，应当及时书面告知市场监督管理部门；未及时告知的，市场监督管理部门按原地址送达，视为依法送达。

因受送达人提供的送达地址不准确、送达地址变更未书面告知市场监督管理部门，导致执法文书未能被受送达人实际接收的，直接送达的，执法文书留在该地址之日为送达之日；邮寄送达的，执法文书被退回之日为送达之日。

第七章　附　　则

第八十四条　本规定中的"以上""以下""内"均包括本数。

第八十五条　国务院药品监督管理部门和省级药品监督管理部门实施行政处罚，适用本规定。

法律、法规授权的履行市场监督管理职能的组织实施行政处罚，适用本规定。

对违反《中华人民共和国反垄断法》规定的行为实施行政处罚的程序，按照国务院市场监督管理部门专项规定执行。专项规定未作规定的，参照本规定执行。

第八十六条　行政处罚文书格式范本，由国务院市场监督管理部门统一制定。各省级市场监督管理部门可以参照文书格式范本，制定本行政区域适用的行政处罚文书格式并自行印制。

第八十七条　本规定自2019年4月1日起施行。1996年9月18日原国家技术监督局令第45号公布的《技术监督行政处罚委托实施办法》、2001年4月9日原国家质量技术监督局令第16号公布的《质量技术监督罚没物品管理和处置办法》、2007年9月4日原国家工商行政管理总局令第28号公布的《工商行政管理机关行政处罚程序规定》、2011年3月2日原国家质量监督检验检疫总局令第137号公布的《质量技术监督行政处罚程序规定》、2011年3月2日原国家质量监督检验检疫总局令第138号公布的《质量技术监督行政处罚案件审理规定》、2014年4月28日原国家食品药品监督管理总局令第3号公布的《食品药品行政处罚程序规定》同时废止。

农业行政处罚程序规定

（2020年1月14日农业农村部令2020年第1号公布 2021年12月21日农业农村部令2021年第4号修订 自2022年2月1日起施行）

第一章 总 则

第一条 为规范农业行政处罚程序，保障和监督农业农村主管部门依法实施行政管理，保护公民、法人或者其他组织的合法权益，根据《中华人民共和国行政处罚法》《中华人民共和国行政强制法》等有关法律、行政法规的规定，结合农业农村部门实际，制定本规定。

第二条 农业行政处罚机关实施行政处罚及其相关的行政执法活动，适用本规定。

本规定所称农业行政处罚机关，是指依法行使行政处罚权的县级以上人民政府农业农村主管部门。

第三条 农业行政处罚机关实施行政处罚，应当遵循公正、公开的原则，做到事实清楚，证据充分，程序合法，定性准确，适用法律正确，裁量合理，文书规范。

第四条 农业行政处罚机关实施行政处罚，应当坚持处罚与教育相结合，采取指导、建议等方式，引导和教育公民、法人或者其他组织自觉守法。

第五条 具有下列情形之一的，农业行政执法人员应当主动申请回避，当事人也有权申请其回避：

（一）是本案当事人或者当事人的近亲属；

（二）本人或者其近亲属与本案有直接利害关系；

（三）与本案当事人有其他利害关系，可能影响案件的公正处理。

农业行政处罚机关主要负责人的回避，由该机关负责人集体讨论决定；其他人员的回避，由该机关主要负责人决定。

回避决定作出前，主动申请回避或者被申请回避的人员不停止对案件的调查处理。

第六条　农业行政处罚应当由具有行政执法资格的农业行政执法人员实施。农业行政执法人员不得少于两人，法律另有规定的除外。

农业行政执法人员调查处理农业行政处罚案件时，应当主动向当事人或者有关人员出示行政执法证件，并按规定着装和佩戴执法标志。

第七条　各级农业行政处罚机关应当全面推行行政执法公示制度、执法全过程记录制度、重大执法决定法制审核制度，加强行政执法信息化建设，推进信息共享，提高行政处罚效率。

第八条　县级以上人民政府农业农村主管部门在法定职权范围内实施行政处罚。

县级以上地方人民政府农业农村主管部门内设或所属的农业综合行政执法机构承担并集中行使行政处罚以及与行政处罚有关的行政强制、行政检查职能，以农业农村主管部门名义统一执法。

第九条　县级以上人民政府农业农村主管部门依法设立的派出执法机构，应当在派出部门确定的权限范围内以派出部门的名义实施行政处罚。

第十条　上级农业农村主管部门依法监督下级农业农村主管部门实施的行政处罚。

县级以上人民政府农业农村主管部门负责监督本部门农业综合行政执法机构或者派出执法机构实施的行政处罚。

第十一条　农业行政处罚机关在工作中发现违纪、违法或者犯罪问题线索的，应当按照《执法机关和司法机关向纪检监察机关移送问题线索工作办法》的规定，及时移送纪检监察机关。

第二章　农业行政处罚的管辖

第十二条　农业行政处罚由违法行为发生地的农业行政处罚机关管辖。法律、行政法规以及农业农村部规章另有规定的，从其规定。

省、自治区、直辖市农业行政处罚机关应当按照职权法定、属地管理、重心下移的原则，结合违法行为涉及区域、案情复杂程度、社会影响范围等因素，厘清本行政区域内不同层级农业行政处罚机关行政执法权限，明确职责分工。

第十三条　渔业行政违法行为有下列情况之一的，适用"谁查获、谁处理"的原则：

（一）违法行为发生在共管区、叠区；

（二）违法行为发生在管辖权不明确或者有争议的区域；

（三）违法行为发生地与查获地不一致。

第十四条　电子商务平台经营者和通过自建网站、其他网络服务销售商品或者提供服务的电子商务经营者的农业违法行为由其住所地县级以上农业行政处罚机关管辖。

平台内经营者的农业违法行为由其实际经营地县级以上农业行政处罚机关管辖。电子商务平台经营者住所地或者违法物品的生产、加工、存储、配送地的县级以上农业行政处罚机关先行发现违法线索或者收到投诉、举报的，也可以管辖。

第十五条　对当事人的同一违法行为，两个以上农业行政处罚机关都有管辖权的，应当由先立案的农业行政处罚机关管辖。

第十六条　两个以上农业行政处罚机关对管辖发生争议的，应当自发生争议之日起七日内协商解决，协商不成的，报请共同的上一级农业行政处罚机关指定管辖；也可以直接由共同的上一级农业行政机关指定管辖。

第十七条 农业行政处罚机关发现立案查处的案件不属于本部门管辖的，应当将案件移送有管辖权的农业行政处罚机关。受移送的农业行政处罚机关对管辖权有异议的，应当报请共同的上一级农业行政处罚机关指定管辖，不得再自行移送。

第十八条 上级农业行政处罚机关认为有必要时，可以直接管辖下级农业行政处罚机关管辖的案件，也可以将本机关管辖的案件交由下级农业行政处罚机关管辖，必要时可以将下级农业行政处罚机关管辖的案件指定其他下级农业行政处罚机关管辖，但不得违反法律、行政法规的规定。

下级农业行政处罚机关认为依法应由其管辖的农业行政处罚案件重大、复杂或者本地不适宜管辖的，可以报请上一级农业行政处罚机关直接管辖或者指定管辖。上一级农业行政处罚机关应当自收到报送材料之日起七日内作出书面决定。

第十九条 农业行政处罚机关实施农业行政处罚时，需要其他行政机关协助的，可以向有关机关发送协助函，提出协助请求。

农业行政处罚机关在办理跨行政区域案件时，需要其他地区农业行政处罚机关协查的，可以发送协查函。收到协查函的农业行政处罚机关应当予以协助并及时书面告知协查结果。

第二十条 农业行政处罚机关查处案件，对依法应当由原许可、批准的部门作出吊销许可证件等农业行政处罚决定的，应当自作出处理决定之日起十五日内将查处结果及相关材料书面报送或告知原许可、批准的部门，并提出处理建议。

第二十一条 农业行政处罚机关发现所查处的案件不属于农业农村主管部门管辖的，应当按照有关要求和时限移送有管辖权的部门处理。

违法行为涉嫌犯罪的案件，农业行政处罚机关应当依法移送司法机关，不得以行政处罚代替刑事处罚。

农业行政处罚机关应当与司法机关加强协调配合，建立健全案件移送制度，加强证据材料移交、接收衔接，完善案件处理信息通报机制。

农业行政处罚机关应当将移送案件的相关材料妥善保管、存档备查。

第三章　农业行政处罚的决定

第二十二条　公民、法人或者其他组织违反农业行政管理秩序的行为，依法应当给予行政处罚的，农业行政处罚机关必须查明事实；违法事实不清、证据不足的，不得给予行政处罚。

第二十三条　农业行政处罚机关作出农业行政处罚决定前，应当告知当事人拟作出行政处罚内容及事实、理由、依据，并告知当事人依法享有的陈述、申辩、要求听证等权利。

采取普通程序查办的案件，农业行政处罚机关应当制作行政处罚事先告知书送达当事人，并告知当事人可以在收到告知书之日起三日内进行陈述、申辩。符合听证条件的，应当告知当事人可以要求听证。

当事人无正当理由逾期提出陈述、申辩或者要求听证的，视为放弃上述权利。

第二十四条　当事人有权进行陈述和申辩。农业行政处罚机关必须充分听取当事人的意见，对当事人提出的事实、理由和证据，应当进行复核；当事人提出的事实、理由或者证据成立的，应当予以采纳。

农业行政处罚机关不得因当事人陈述、申辩而给予更重的处罚。

第一节 简易程序

第二十五条 违法事实确凿并有法定依据，对公民处以二百元以下、对法人或者其他组织处以三千元以下罚款或者警告的行政处罚的，可以当场作出行政处罚决定。法律另有规定的，从其规定。

第二十六条 当场作出行政处罚决定时，农业行政执法人员应当遵守下列程序：

（一）向当事人表明身份，出示行政执法证件；

（二）当场查清当事人的违法事实，收集和保存相关证据；

（三）在行政处罚决定作出前，应当告知当事人拟作出决定的内容及事实、理由、依据，并告知当事人有权进行陈述和申辩；

（四）听取当事人陈述、申辩，并记入笔录；

（五）填写预定格式、编有号码、盖有农业行政处罚机关印章的当场处罚决定书，由执法人员签名或者盖章，当场交付当事人；当事人拒绝签收的，应当在行政处罚决定书上注明。

前款规定的行政处罚决定书应当载明当事人的违法行为，行政处罚的种类和依据、罚款数额、时间、地点，申请行政复议、提起行政诉讼的途径和期限以及行政机关名称。

第二十七条 农业行政执法人员应当在作出当场处罚决定之日起、在水上办理渔业行政违法案件的农业行政执法人员应当自抵岸之日起二日内，将案件的有关材料交至所属农业行政处罚机关归档保存。

第二节 普通程序

第二十八条 实施农业行政处罚，除依法可以当场作出的行政处罚外，应当适用普通程序。

第二十九条 农业行政处罚机关对依据监督检查职责或者通过投诉、举报、其他部门移送、上级交办等途径发现的违法行为线索，应当自发现线索或者收到相关材料之日起七日内予以核查，由农业行政处罚机关负责人决定是否立案；因特殊情况不能在规定期限内立案的，经农业行政处罚机关负责人批准，可以延长七日。法律、法规、规章另有规定的除外。

第三十条 符合下列条件的，农业行政处罚机关应当予以立案，并填写行政处罚立案审批表：

（一）有涉嫌违反法律、法规和规章的行为；

（二）依法应当或者可以给予行政处罚；

（三）属于本机关管辖；

（四）违法行为发生之日起至被发现之日止未超过二年，或者违法行为有连续、继续状态，从违法行为终了之日起至被发现之日止未超过二年；涉及公民生命健康安全且有危害后果的，上述期限延长至五年。法律另有规定的除外。

第三十一条 对已经立案的案件，根据新的情况发现不符合本规定第三十条规定的立案条件的，农业行政处罚机关应当撤销立案。

第三十二条 农业行政处罚机关对立案的农业违法行为，必须全面、客观、公正地调查，收集有关证据；必要时，按照法律、法规的规定，可以进行检查。

农业行政执法人员在调查或者收集证据、进行检查时，不得少于两人。当事人或者有关人员有权要求农业行政执法人员出示执法证件。执法人员不出示执法证件的，当事人或者有关人员有权拒绝接受调查或者检查。

第三十三条 农业行政执法人员有权依法采取下列措施：

（一）查阅、复制书证和其他有关材料；

（二）询问当事人或者其他与案件有关的单位和个人；

（三）要求当事人或者有关人员在一定的期限内提供有关材料；

（四）采取现场检查、勘验、抽样、检验、检测、鉴定、评估、认定、录音、拍照、录像、调取现场及周边监控设备电子数据等方式进行调查取证；

（五）对涉案的场所、设施或者财物依法实施查封、扣押等行政强制措施；

（六）责令被检查单位或者个人停止违法行为，履行法定义务；

（七）其他法律、法规、规章规定的措施。

第三十四条　农业行政处罚证据包括书证、物证、视听资料、电子数据、证人证言、当事人的陈述、鉴定意见、勘验笔录和现场笔录。

证据必须经查证属实，方可作为农业行政处罚机关认定案件事实的根据。立案前依法取得或收集的证据材料，可以作为案件的证据使用。

以非法手段取得的证据，不得作为认定案件事实的根据。

第三十五条　收集、调取的书证、物证应当是原件、原物。收集、调取原件、原物确有困难的，可以提供与原件核对无误的复制件、影印件或者抄录件，也可以提供足以反映原物外形或者内容的照片、录像等其他证据。

复制件、影印件、抄录件和照片由证据提供人或者执法人员核对无误后注明与原件、原物一致，并注明出证日期、证据出处，同时签名或者盖章。

第三十六条　收集、调取的视听资料应当是有关资料的原始载体。调取原始载体确有困难的，可以提供复制件，并注明制作方法、制作时间、制作人和证明对象等。声音资料应当附有该声音内容的文字记录。

第三十七条　收集、调取的电子数据应当是有关数据的原始载体。收集电子数据原始载体确有困难的，可以采用拷贝复制、委托分析、书式固定、拍照录像等方式取证，并注明制作方法、制作时间、制作人等。

农业行政处罚机关可以利用互联网信息系统或者设备收集、固定违法行为证据。用来收集、固定违法行为证据的互联网信息系统或者设备应当符合相关规定，保证所收集、固定电子数据的真实性、完整性。

农业行政处罚机关可以指派或者聘请具有专门知识的人员或者专业机构，辅助农业行政执法人员对与案件有关的电子数据进行调查取证。

第三十八条　农业行政执法人员询问证人或者当事人，应当个别进行，并制作询问笔录。

询问笔录有差错、遗漏的，应当允许被询问人更正或者补充。更正或者补充的部分应当由被询问人签名、盖章或者按指纹等方式确认。

询问笔录经被询问人核对无误后，由被询问人在笔录上逐页签名、盖章或者按指纹等方式确认。农业行政执法人员应当在笔录上签名。被询问人拒绝签名、盖章或者按指纹的，由农业行政执法人员在笔录上注明情况。

第三十九条　农业行政执法人员对与案件有关的物品或者场所进行现场检查或者勘验，应当通知当事人到场，制作现场检查笔录或者勘验笔录，必要时可以采取拍照、录像或者其他方式记录现场情况。

当事人拒不到场、无法找到当事人或者当事人拒绝签名或盖章的，农业行政执法人员应当在笔录中注明，并可以请在场的其他人员见证。

第四十条　农业行政处罚机关在调查案件时，对需要检测、检验、鉴定、评估、认定的专门性问题，应当委托具有法定资质的机构进行；没有具有法定资质的机构的，可以委托其他具备条件的机构进行。

检验、检测、鉴定、评估、认定意见应当由检验、检测、鉴定、评估、认定人员签名或者盖章，并加盖所在机构公章。检验、检测、鉴定、评估、认定意见应当送达当事人。

第四十一条　农业行政处罚机关收集证据时，可以采取抽样取证的方法。农业行政执法人员应当制作抽样取证凭证，对样品加贴封条，并由执法人员和当事人在抽样取证凭证上签名或者盖章。当事人拒绝签名或者盖章的，应当采取拍照、录像或者其他方式记录抽样取证情况。

农业行政处罚机关抽样送检的，应当将抽样检测结果及时告知当事人，并告知当事人有依法申请复检的权利。

非从生产单位直接抽样取证的，农业行政处罚机关可以向产品标注生产单位发送产品确认通知书，对涉案产品是否为其生产的产品进行确认，并可以要求其在一定期限内提供相关证明材料。

第四十二条　在证据可能灭失或者以后难以取得的情况下，经农业行政处罚机关负责人批准，农业行政执法人员可以对与涉嫌违法行为有关的证据采取先行登记保存措施。

情况紧急，农业行政执法人员需要当场采取先行登记保存措施的，可以采用即时通讯方式报请农业行政处罚机关负责人同意，并在二十四小时内补办批准手续。

先行登记保存有关证据，应当当场清点，开具清单，填写先行登记保存执法文书，由农业行政执法人员和当事人签名、盖章或者按指纹，并向当事人交付先行登记保存证据通知书和物品清单。

第四十三条　先行登记保存物品时，就地由当事人保存的，当事人或者有关人员不得使用、销售、转移、损毁或者隐匿。

就地保存可能妨害公共秩序、公共安全，或者存在其他不适宜就地保存情况的，可以异地保存。对异地保存的物品，农业行政处罚机关应当妥善保管。

第四十四条 农业行政处罚机关对先行登记保存的证据，应当自采取登记保存之日起七日内作出下列处理决定并送达当事人：

（一）根据情况及时采取记录、复制、拍照、录像等证据保全措施；

（二）需要进行技术检测、检验、鉴定、评估、认定的，送交有关机构检测、检验、鉴定、评估、认定；

（三）对依法应予没收的物品，依照法定程序处理；

（四）对依法应当由有关部门处理的，移交有关部门；

（五）为防止损害公共利益，需要销毁或者无害化处理的，依法进行处理；

（六）不需要继续登记保存的，解除先行登记保存。

第四十五条 农业行政处罚机关依法对涉案场所、设施或者财物采取查封、扣押等行政强制措施，应当在实施前向农业行政处罚机关负责人报告并经批准，由具备资格的农业行政执法人员实施。

情况紧急，需要当场采取行政强制措施的，农业行政执法人员应当在二十四小时内向农业行政处罚机关负责人报告，并补办批准手续。农业行政处罚机关负责人认为不应当采取行政强制措施的，应当立即解除。

查封、扣押的场所、设施或者财物，应当妥善保管，不得使用或者损毁。除法律、法规另有规定外，鲜活产品、保管困难或者保管费用过高的物品和其他容易损毁、灭失、变质的物品，在确定为罚没财物前，经权利人同意或者申请，并经农业行政处罚

271

机关负责人批准,在采取相关措施留存证据后,可以依法先行处置;权利人不明确的,可以依法公告,公告期满后仍没有权利人同意或者申请的,可以依法先行处置。先行处置所得款项按照涉案现金管理。

第四十六条　农业行政处罚机关实施查封、扣押等行政强制措施,应当履行《中华人民共和国行政强制法》规定的程序和要求,制作并当场交付查封、扣押决定书和清单。

第四十七条　经查明与违法行为无关或者不再需要采取查封、扣押措施的,应当解除查封、扣押措施,将查封、扣押的财物如数返还当事人,并由农业行政执法人员和当事人在解除查封或者扣押决定书和清单上签名、盖章或者按指纹。

第四十八条　有下列情形之一的,经农业行政处罚机关负责人批准,中止案件调查,并制作案件中止调查决定书:

(一)行政处罚决定必须以相关案件的裁判结果或者其他行政决定为依据,而相关案件尚未审结或者其他行政决定尚未作出;

(二)涉及法律适用等问题,需要送请有权机关作出解释或者确认;

(三)因不可抗力致使案件暂时无法调查;

(四)因当事人下落不明致使案件暂时无法调查;

(五)其他应当中止调查的情形。

中止调查的原因消除后,应当立即恢复案件调查。

第四十九条　农业行政执法人员在调查结束后,应当根据不同情形提出如下处理建议,并制作案件处理意见书,报请农业行政处罚机关负责人审查:

(一)确有应受行政处罚的违法行为的,根据情节轻重及具体情况,建议作出行政处罚;

(二)违法事实不能成立的,建议不予行政处罚;

（三）违法行为轻微并及时改正，没有造成危害后果的，建议不予行政处罚；

（四）当事人有证据足以证明没有主观过错的，建议不予行政处罚，但法律、行政法规另有规定的除外；

（五）初次违法且危害后果轻微并及时改正的，建议可以不予行政处罚；

（六）违法行为超过追责时效的，建议不再给予行政处罚；

（七）违法行为不属于农业行政处罚机关管辖的，建议移送其他行政机关；

（八）违法行为涉嫌犯罪应当移送司法机关的，建议移送司法机关；

（九）依法作出处理的其他情形。

第五十条　有下列情形之一，在农业行政处罚机关负责人作出农业行政处罚决定前，应当由从事农业行政处罚决定法制审核的人员进行法制审核；未经法制审核或者审核未通过的，农业行政处罚机关不得作出决定：

（一）涉及重大公共利益的；

（二）直接关系当事人或者第三人重大权益，经过听证程序的；

（三）案件情况疑难复杂、涉及多个法律关系的；

（四）法律、法规规定应当进行法制审核的其他情形。

农业行政处罚法制审核工作由农业行政处罚机关法制机构负责；未设置法制机构的，由农业行政处罚机关确定的承担法制审核工作的其他机构或者专门人员负责。

案件查办人员不得同时作为该案件的法制审核人员。农业行政处罚机关中初次从事法制审核的人员，应当通过国家统一法律职业资格考试取得法律职业资格。

第五十一条　农业行政处罚决定法制审核的主要内容包括：

（一）本机关是否具有管辖权；

（二）程序是否合法；

（三）案件事实是否清楚，证据是否确实、充分；

（四）定性是否准确；

（五）适用法律依据是否正确；

（六）当事人基本情况是否清楚；

（七）处理意见是否适当；

（八）其他应当审核的内容。

除本规定第五十条第一款规定以外，适用普通程序的其他农业行政处罚案件，在作出处罚决定前，应当参照前款规定进行案件审核。审核工作由农业行政处罚机关的办案机构或其他机构负责实施。

第五十二条　法制审核结束后，应当区别不同情况提出如下建议：

（一）对事实清楚、证据充分、定性准确、适用依据正确、程序合法、处理适当的案件，拟同意作出行政处罚决定；

（二）对定性不准、适用依据错误、程序不合法或者处理不当的案件，建议纠正；

（三）对违法事实不清、证据不充分的案件，建议补充调查或者撤销案件；

（四）违法行为轻微并及时纠正没有造成危害后果的，或者违法行为超过追责时效的，建议不予行政处罚；

（五）认为有必要提出的其他意见和建议。

第五十三条　法制审核机构或者法制审核人员应当自接到审核材料之日起五日内完成审核。特殊情况下，经农业行政处罚机关负责人批准，可以延长十五日。法律、法规、规章另有规定的除外。

第五十四条　农业行政处罚机关负责人应当对调查结果、当事人陈述申辩或者听证情况、案件处理意见和法制审核意见等进行全面审查，并区别不同情况分别作出如下处理决定：

（一）确有应受行政处罚的违法行为的，根据情节轻重及具体情况，作出行政处罚决定；

（二）违法事实不能成立的，不予行政处罚；

（三）违法行为轻微并及时改正，没有造成危害后果的，不予行政处罚；

（四）当事人有证据足以证明没有主观过错的，不予行政处罚，但法律、行政法规另有规定的除外；

（五）初次违法且危害后果轻微并及时改正的，可以不予行政处罚；

（六）违法行为超过追责时效的，不予行政处罚；

（七）不属于农业行政处罚机关管辖的，移送其他行政机关处理；

（八）违法行为涉嫌犯罪的，将案件移送司法机关。

第五十五条 下列行政处罚案件，应当由农业行政处罚机关负责人集体讨论决定：

（一）符合本规定第五十九条所规定的听证条件，且申请人申请听证的案件；

（二）案情复杂或者有重大社会影响的案件；

（三）有重大违法行为需要给予较重行政处罚的案件；

（四）农业行政处罚机关负责人认为应当提交集体讨论的其他案件。

第五十六条 农业行政处罚机关决定给予行政处罚的，应当制作行政处罚决定书。行政处罚决定书应当载明以下内容：

（一）当事人的姓名或者名称、地址；

（二）违反法律、法规、规章的事实和证据；

（三）行政处罚的种类和依据；

（四）行政处罚的履行方式和期限；

（五）申请行政复议、提起行政诉讼的途径和期限；

（六）作出行政处罚决定的农业行政处罚机关名称和作出决定的日期。

农业行政处罚决定书应当加盖作出行政处罚决定的行政机关的印章。

第五十七条 在边远、水上和交通不便的地区按普通程序实施处罚时，农业行政执法人员可以采用即时通讯方式，报请农业行政处罚机关负责人批准立案和对调查结果及处理意见进行审查。报批记录必须存档备案。当事人可当场向农业行政执法人员进行陈述和申辩。当事人当场书面放弃陈述和申辩的，视为放弃权利。

前款规定不适用于本规定第五十五条规定的应当由农业行政处罚机关负责人集体讨论决定的案件。

第五十八条 农业行政处罚案件应当自立案之日起九十日内作出处理决定；因案情复杂、调查取证困难等需要延长的，经本农业行政处罚机关负责人批准，可以延长三十日。案情特别复杂或者有其他特殊情况，延期后仍不能作出处理决定的，应当报经上一级农业行政处罚机关决定是否继续延期；决定继续延期的，应当同时确定延长的合理期限。

案件办理过程中，中止、听证、公告、检验、检测、鉴定等时间不计入前款所指的案件办理期限。

第三节 听证程序

第五十九条 农业行政处罚机关依照《中华人民共和国行政处罚法》第六十三条的规定，在作出较大数额罚款、没收较大数额违法所得、没收较大价值非法财物、降低资质等级、吊销许可证件、责令停产停业、责令关闭、限制从业等较重农业行政处罚决定前，应当告知当事人有要求举行听证的权利。当事人要求听证的，农业行政处罚机关应当组织听证。

前款所称的较大数额、较大价值，县级以上地方人民政府农业农村主管部门按所在省、自治区、直辖市人民代表大会及其常委会或者人民政府规定的标准执行。农业农村部规定的较大数额、较大价值，对个人是指超过一万元，对法人或者其他组织是指超过十万元。

第六十条 听证由拟作出行政处罚的农业行政处罚机关组织。具体实施工作由其法制机构或者相应机构负责。

第六十一条 当事人要求听证的，应当在收到行政处罚事先告知书之日起五日内向听证机关提出。

第六十二条 听证机关应当在举行听证会的七日前送达行政处罚听证会通知书，告知当事人及有关人员举行听证的时间、地点、听证人员名单及当事人可以申请回避和可以委托代理人等事项。

当事人可以亲自参加听证，也可以委托一至二人代理。当事人及其代理人应当按期参加听证，无正当理由拒不出席听证或者未经许可中途退出听证的，视为放弃听证权利，行政机关终止听证。

第六十三条 听证参加人由听证主持人、听证员、书记员、案件调查人员、当事人及其委托代理人等组成。

听证主持人、听证员、书记员应当由听证机关负责人指定的法制工作机构工作人员或者其他相应工作人员等非本案调查人员担任。

当事人委托代理人参加听证的，应当提交授权委托书。

第六十四条 除涉及国家秘密、商业秘密或者个人隐私依法予以保密等情形外，听证应当公开举行。

第六十五条 当事人在听证中的权利和义务：

（一）有权对案件的事实认定、法律适用及有关情况进行陈述和申辩；

（二）有权对案件调查人员提出的证据质证并提出新的证据；

（三）如实回答主持人的提问；

（四）遵守听证会场纪律，服从听证主持人指挥。

第六十六条　听证按下列程序进行：

（一）听证书记员宣布听证会场纪律、当事人的权利和义务，听证主持人宣布案由、核实听证参加人名单、宣布听证开始；

（二）案件调查人员提出当事人的违法事实、出示证据，说明拟作出的农业行政处罚的内容及法律依据；

（三）当事人或者其委托代理人对案件的事实、证据、适用的法律等进行陈述、申辩和质证，可以当场向听证会提交新的证据，也可以在听证会后三日内向听证机关补交证据；

（四）听证主持人就案件的有关问题向当事人、案件调查人员、证人询问；

（五）案件调查人员、当事人或者其委托代理人相互辩论；

（六）当事人或者其委托代理人作最后陈述；

（七）听证主持人宣布听证结束。听证笔录交当事人和案件调查人员审核无误后签字或者盖章。

当事人或者其代理人拒绝签字或者盖章的，由听证主持人在笔录中注明。

第六十七条　听证结束后，听证主持人应当依据听证情况，制作行政处罚听证会报告书，连同听证笔录，报农业行政处罚机关负责人审查。农业行政处罚机关应当根据听证笔录，按照本规定第五十四条的规定，作出决定。

第六十八条　听证机关组织听证，不得向当事人收取费用。

第四章 执法文书的送达和处罚决定的执行

第六十九条 农业行政处罚机关送达行政处罚决定书,应当在宣告后当场交付当事人;当事人不在场的,应当在七日内依照《中华人民共和国民事诉讼法》的有关规定将行政处罚决定书送达当事人。

当事人同意并签订确认书的,农业行政处罚机关可以采用传真、电子邮件等方式,将行政处罚决定书等送达当事人。

第七十条 农业行政处罚机关送达行政执法文书,应当使用送达回证,由受送达人在送达回证上记明收到日期,签名或者盖章。

受送达人是公民的,本人不在时交其同住成年家属签收;受送达人是法人或者其他组织的,应当由法人的法定代表人、其他组织的主要负责人或者该法人、其他组织负责收件的有关人员签收;受送达人有代理人的,可以送交其代理人签收;受送达人已向农业行政处罚机关指定代收人的,送交代收人签收。

受送达人、受送达人的同住成年家属、法人或者其他组织负责收件的有关人员、代理人、代收人在送达回证上签收的日期为送达日期。

第七十一条 受送达人或者他的同住成年家属拒绝接收行政执法文书的,送达人可以邀请有关基层组织或者其所在单位的代表到场,说明情况,在送达回证上记明拒收事由和日期,由送达人、见证人签名或者盖章,把行政执法文书留在受送达人的住所;也可以把行政执法文书留在受送达人的住所,并采用拍照、录像等方式记录送达过程,即视为送达。

第七十二条 直接送达行政执法文书有困难的,农业行政处罚机关可以邮寄送达或者委托其他农业行政处罚机关代为送达。

受送达人下落不明,或者采用直接送达、留置送达、委托送达等方式无法送达的,农业行政处罚机关可以公告送达。

委托送达的,受送达人的签收日期为送达日期;邮寄送达的,以回执上注明的收件日期为送达日期;公告送达的,自发出公告之日起经过六十日,即视为送达。

第七十三条 当事人应当在行政处罚决定书确定的期限内,履行处罚决定。

农业行政处罚决定依法作出后,当事人对行政处罚决定不服,申请行政复议或者提起行政诉讼的,除法律另有规定外,行政处罚决定不停止执行。

第七十四条 除依照本规定第七十五条、第七十六条的规定当场收缴罚款外,农业行政处罚机关及其执法人员不得自行收缴罚款。决定罚款的农业行政处罚机关应当书面告知当事人在收到行政处罚决定书之日起十五日内,到指定的银行或者通过电子支付系统缴纳罚款。

第七十五条 依照本规定第二十五条的规定当场作出农业行政处罚决定,有下列情形之一,农业行政执法人员可以当场收缴罚款:

(一)依法给予一百元以下罚款的;

(二)不当场收缴事后难以执行的。

第七十六条 在边远、水上、交通不便地区,农业行政处罚机关及其执法人员依照本规定第二十五条、第五十四条、第五十五条的规定作出罚款决定后,当事人到指定的银行或者通过电子支付系统缴纳罚款确有困难,经当事人提出,农业行政处罚机关及其执法人员可以当场收缴罚款。

第七十七条 农业行政处罚机关及其执法人员当场收缴罚款的,应当向当事人出具国务院财政部门或者省、自治区、直辖市财政部门统一制发的专用票据,不出具财政部门统一制发的专用票据的,当事人有权拒绝缴纳罚款。

第七十八条　农业行政执法人员当场收缴的罚款，应当自返回农业行政处罚机关所在地之日起二日内，交至农业行政处罚机关；在水上当场收缴的罚款，应当自抵岸之日起二日内交至农业行政处罚机关；农业行政处罚机关应当自收到款项之日起二日内将罚款交至指定的银行。

第七十九条　对需要继续行驶的农业机械、渔业船舶实施暂扣或者吊销证照的行政处罚，农业行政处罚机关在实施行政处罚的同时，可以发给当事人相应的证明，责令农业机械、渔业船舶驶往预定或者指定的地点。

第八十条　对生效的农业行政处罚决定，当事人拒不履行的，作出农业行政处罚决定的农业行政处罚机关依法可以采取下列措施：

（一）到期不缴纳罚款的，每日按罚款数额的百分之三加处罚款，加处罚款的数额不得超出罚款的数额；

（二）根据法律规定，将查封、扣押的财物拍卖、依法处理或者将冻结的存款、汇款划拨抵缴罚款；

（三）依照《中华人民共和国行政强制法》的规定申请人民法院强制执行。

第八十一条　当事人确有经济困难，需要延期或者分期缴纳罚款的，应当在行政处罚决定书确定的缴纳期限届满前，向作出行政处罚决定的农业行政处罚机关提出延期或者分期缴纳罚款的书面申请。

农业行政处罚机关负责人批准当事人延期或者分期缴纳罚款后，应当制作同意延期（分期）缴纳罚款通知书，并送达当事人和收缴罚款的机构。农业行政处罚机关批准延期、分期缴纳罚款的，申请人民法院强制执行的期限，自暂缓或者分期缴纳罚款期限结束之日起计算。

第八十二条　除依法应当予以销毁的物品外，依法没收的非法财物，必须按照国家规定公开拍卖或者按照国家有关规定处理。处理没收物品，应当制作罚没物品处理记录和清单。

第八十三条 罚款、没收的违法所得或者没收非法财物拍卖的款项，必须全部上缴国库，任何行政机关或者个人不得以任何形式截留、私分或者变相私分。

罚款、没收的违法所得或者没收非法财物拍卖的款项，不得同作出农业行政处罚决定的农业行政处罚机关及其工作人员的考核、考评直接或者变相挂钩。除依法应当退还、退赔的外，财政部门不得以任何形式向作出农业行政处罚决定的农业行政处罚机关返还罚款、没收的违法所得或者没收非法财物拍卖的款项。

第五章 结案和立卷归档

第八十四条 有下列情形之一的，农业行政处罚机关可以结案：

（一）行政处罚决定由当事人履行完毕的；

（二）农业行政处罚机关依法申请人民法院强制执行行政处罚决定，人民法院依法受理的；

（三）不予行政处罚等无须执行的；

（四）行政处罚决定被依法撤销的；

（五）农业行政处罚机关认为可以结案的其他情形。

农业行政执法人员应当填写行政处罚结案报告，经农业行政处罚机关负责人批准后结案。

第八十五条 农业行政处罚机关应当按照下列要求及时将案件材料立卷归档：

（一）一案一卷；

（二）文书齐全，手续完备；

（三）案卷应当按顺序装订。

第八十六条 案件立卷归档后，任何单位和个人不得修改、增加或者抽取案卷材料，不得修改案卷内容。案卷保管及查阅，按档案管理有关规定执行。

第八十七条　农业行政处罚机关应当建立行政处罚工作报告制度，并于每年1月31日前向上级农业行政处罚机关报送本行政区域上一年度农业行政处罚工作情况。

第六章　附　　则

第八十八条　本规定中的"以上""以下""内"均包括本数。

第八十九条　本规定中"二日""三日""五日""七日"的规定是指工作日，不含法定节假日。

期间以时、日、月、年计算。期间开始的时或者日，不计算在内。

期间届满的最后一日是节假日的，以节假日后的第一日为期间届满的日期。

行政处罚文书的送达期间不包括在路途上的时间，行政处罚文书在期满前交邮的，视为在有效期内。

第九十条　农业行政处罚基本文书格式由农业农村部统一制定。各省、自治区、直辖市人民政府农业农村主管部门可以根据地方性法规、规章和工作需要，调整有关内容或者补充相应文书，报农业农村部备案。

第九十一条　本规定自2022年2月1日起实施。2020年1月14日农业农村部发布的《农业行政处罚程序规定》同时废止。

证券期货违法行为行政处罚办法

(2021年7月14日中国证券监督管理委员会令第186号公布　自公布之日起施行)

第一条　为了规范中国证券监督管理委员会（以下简称中国证监会）及其派出机构行政处罚的实施，维护证券期货市场秩序，保护公民、法人和其他组织的合法权益，根据《中华人民共和国行政处罚法》《中华人民共和国证券法》《中华人民共和国证券投资基金法》《期货交易管理条例》等法律、法规，制定本办法。

第二条　中国证监会依法对全国证券期货市场实行集中统一监督管理。中国证监会派出机构按照授权，依法履行行政处罚职责。

第三条　自然人、法人或者其他组织违反证券期货法律、法规和规章规定，应当给予行政处罚的，中国证监会及其派出机构依照有关法律、法规、规章和本办法规定的程序实施。

第四条　中国证监会及其派出机构实施行政处罚，遵循公开、公平、公正、效率和审慎监管原则，依法、全面、客观地调查、收集有关证据。

第五条　中国证监会及其派出机构作出的行政处罚决定，应当事实清楚、证据确凿、依据正确、程序合法、处罚适当。

第六条　中国证监会及其派出机构发现自然人、法人或者其他组织涉嫌违反证券期货法律、法规和规章，符合下列条件，且不存在依法不予行政处罚等情形的，应当立案：

（一）有明确的违法行为主体；

（二）有证明违法事实的证据；

（三）法律、法规、规章规定有明确的行政处罚法律责任；

（四）尚未超过二年行政处罚时效。涉及金融安全且有危害后果的，尚未超过五年行政处罚时效。

第七条 中国证监会及其派出机构通过文字记录等形式对行政处罚进行全过程记录，归档保存。根据需要，可以对容易引发争议的行政处罚过程进行音像记录，被调查的单位和个人不配合的，执法人员对相关情况进行文字说明。

第八条 中国证监会及其派出机构执法人员必须忠于职守，依法办事，公正廉洁，不得滥用权力，或者利用职务便利牟取不正当利益；严格遵守保密规定，不得泄露案件查办信息，不得泄露所知悉的国家秘密、商业秘密和个人隐私；对于依法取得的个人信息，应当确保信息安全。

第九条 中国证监会及其派出机构进行调查时，执法人员不得少于二人，并应当出示执法证和调查通知书等执法文书。执法人员少于二人或者未出示执法证和调查通知书等执法文书的，被调查的单位和个人有权拒绝。

执法人员应当在询问笔录或现场笔录等材料中对出示情况进行记录。

第十条 被调查的单位和个人应当配合调查，如实回答询问，按要求提供有关文件和资料，不得拒绝、阻碍和隐瞒。

第十一条 中国证监会及其派出机构调查、收集的证据包括：

（一）书证；

（二）物证；

（三）视听资料；

（四）电子数据；

（五）证人证言；

（六）当事人的陈述；

（七）鉴定意见；

（八）勘验笔录、现场笔录。

证据必须经查证属实，方可作为认定案件事实的根据。

以非法手段取得的证据,不得作为认定案件事实的根据。

第十二条 书证原则上应当收集原件。收集原件确有困难的,可以收集与原件核对无误的复印件、照片、节录本。复印件、照片、节录本由证据提供人核对无误后注明与原件一致,同时由证据提供人逐页签名或者盖章。提供复印内容较多且连续编码的,可以在首尾页及骑缝处签名、盖章。

第十三条 物证原则上应当收集原物。收集原物确有困难的,可以收集与原物核对无误的复制品或者证明该物证的照片、录像等其他证据。原物为数量较多的种类物的,可以收集其中一部分。收集复制品或者影像资料的,应当在现场笔录中说明取证情况。

第十四条 视听资料原则上应当收集有关资料的原始载体。收集原始载体确有困难的,可以收集与原始载体核对无误的复制件,并以现场笔录或其他方式注明制作方法、制作时间、制作人和证明对象等。声音资料应当附有该录音内容的文字记录。

第十五条 电子数据原则上应当收集有关数据的原始载体。收集电子数据原始载体确有困难的,可以制作复制件,并以现场笔录或其他方式记录参与人员、技术方法、收集对象、步骤和过程等。具备条件的,可以采取拍照或录像等方式记录取证过程。对于电子数据的关键内容,可以直接打印或者截屏打印,并由证据提供人签字确认。

第十六条 当事人的陈述、证人证言可以通过询问笔录、书面说明等方式调取。询问应当分别单独进行。询问笔录应当由被询问人员及至少二名参与询问的执法人员逐页签名并注明日期;如有修改,应当由被询问人签字确认。

通过书面说明方式调取的,书面说明应当由提供人逐页签名或者盖章并注明日期。

第十七条 对于涉众型违法行为,在能够充分证明基本违法事实的前提下,执法人员可以按一定比例收集和调取书证、证人证言等证据。

第十八条 下列证据材料，经审查符合真实性、合法性及关联性要求的，可以作为行政处罚的证据：

（一）中国证监会及其派出机构在立案前调查或者监督检查过程中依法取得的证据材料；

（二）司法机关、纪检监察机关、其他行政机关等保存、公布、移交的证据材料；

（三）中国证监会及其派出机构通过依法建立的跨境监督管理合作机制获取的证据材料；

（四）其他符合真实性、合法性及关联性要求的证据材料。

第十九条 中国证监会及其派出机构根据案情需要，可以委托下列单位和人员提供协助：

（一）委托具有法定鉴定资质的鉴定机构对涉案相关事项进行鉴定，鉴定意见应有鉴定人签名和鉴定机构盖章；

（二）委托会计师事务所、资产评估事务所、律师事务所等中介机构以及专家顾问提供专业支持；

（三）委托证券期货交易场所、登记结算机构等检验、测算相关数据或提供与其职能有关的其他协助。

第二十条 中国证监会及其派出机构可以依法要求当事人或与被调查事件有关的单位和个人，在指定的合理期限内，通过纸质、电子邮件、光盘等指定方式报送与被调查事件有关的文件和资料。

第二十一条 中国证监会及其派出机构依法需要采取冻结、查封、扣押、限制证券买卖等措施的，按照《中华人民共和国行政强制法》等法律、法规以及中国证监会的有关规定办理。

第二十二条 中国证监会及其派出机构依法需要采取封存、先行登记保存措施的，应当经单位负责人批准。

遇有紧急情况，需要立即采取上述措施的，执法人员应当在二十四小时内向单位负责人报告，并补办批准手续。单位负责人认为不应当采取的，应当立即解除。

第二十三条 采取封存、先行登记保存措施的，应当当场清点，出具决定书或通知书，开列清单并制作现场笔录。

对于封存、先行登记保存的证据，中国证监会及其派出机构可以自行或采取委托第三方等其他适当方式保管，当事人和有关人员不得隐藏、转移、变卖或者毁损。

第二十四条 对于先行登记保存的证据，应当在七日内采取下列措施：

（一）根据情况及时采取记录、复制、拍照、录像、提取电子数据等证据保全措施；

（二）需要检查、检验、鉴定、评估的，送交检查、检验、鉴定、评估；

（三）依据有关法律、法规可以采取查封、扣押、封存等措施的，作出查封、扣押、封存等决定；

（四）违法事实不成立，或者违法事实成立但依法不应予以查封、扣押、封存的，决定解除先行登记保存措施。

第二十五条 执法人员制作现场笔录的，应当载明时间、地点和事件等内容，并由执法人员和当事人等在场有关人员签名或者盖章。

当事人或者有关人员拒绝或不能在现场笔录、询问笔录、证据材料上签名、盖章的，执法人员应当在现场笔录、询问笔录、证据材料上说明或以录音录像等形式加以证明。必要时，执法人员可以请无利害关系第三方作为见证人签名。

第二十六条 实施行政处罚过程中，有下列情形之一的，中国证监会可以通知出境入境管理机关依法阻止涉嫌违法人员、涉嫌违法单位的主管人员和其他直接责任人员出境：

（一）相关人员涉嫌违法行为情节严重、影响恶劣，或存在本办法第三十八条规定的行为，出境后可能对行政处罚的实施产生不利影响的；

(二) 相关人员涉嫌构成犯罪，可能承担刑事责任的；

(三) 存在有必要阻止出境的其他情形的。

阻止出境的期限按照出境入境管理机关的规定办理，需要延长期限的，应当通知出境入境管理机关。到期不通知的，由出境入境管理机关按规定解除阻止出境措施。

经调查、审理，被阻止出境人员不属于涉嫌违法人员或责任人员，或者中国证监会认为没有必要继续阻止出境的，应当通知出境入境管理机关依法解除对相关人员的阻止出境措施。

第二十七条 案件调查终结，中国证监会及其派出机构根据案件不同情况，依法报单位负责人批准后，分别作出如下决定：

(一) 确有应受行政处罚的违法行为的，根据情节轻重及具体情况，作出行政处罚决定；

(二) 违法行为轻微，依法可以不予行政处罚的，不予行政处罚；

(三) 违法事实不能成立的，不予行政处罚；

(四) 违法行为涉嫌犯罪的，依法移送司法机关。

对情节复杂或者重大违法行为给予行政处罚，中国证监会及其派出机构负责人应当集体讨论决定。

第二十八条 中国证监会设立行政处罚委员会，对按照规定向其移交的案件提出审理意见、依法进行法制审核，报单位负责人批准后作出处理决定。

中国证监会派出机构负责人作出行政处罚的决定之前，依法由从事行政处罚决定法制审核的人员进行法制审核。

第二十九条 中国证监会及其派出机构在行政处罚过程中发现违法行为涉嫌犯罪的，应当依法、及时将案件移送司法机关处理。

司法机关依法不追究刑事责任或者免予刑事处罚，但应当给予行政处罚的，中国证监会及其派出机构依法作出行政处罚决定。

第三十条 行政处罚决定作出前,中国证监会及其派出机构应当向当事人送达行政处罚事先告知书,载明下列内容:

(一) 拟作出行政处罚的事实、理由和依据;

(二) 拟作出的行政处罚决定;

(三) 当事人依法享有陈述和申辩的权利;

(四) 符合《中国证券监督管理委员会行政处罚听证规则》所规定条件的,当事人享有要求听证的权利。

第三十一条 当事人要求听证的,按照听证相关规定办理。

当事人要求陈述、申辩但未要求听证的,应当在行政处罚事先告知书送达后五日内提出,并在行政处罚事先告知书送达后十五日内提出陈述、申辩意见。当事人书面申请延长陈述、申辩期限的,经同意后可以延期。

当事人存在下列情形的,视为明确放弃陈述、申辩、听证权利:

(一) 当事人未按前两款规定提出听证要求或陈述、申辩要求的;

(二) 要求听证的当事人未按听证通知书载明的时间、地点参加听证,截至听证当日也未提出陈述、申辩意见的;

(三) 要求陈述、申辩但未要求听证的当事人,未在规定时间内提出陈述、申辩意见的。

第三十二条 中国证监会及其派出机构对已经送达的行政处罚事先告知书认定的主要事实、理由、依据或者拟处罚决定作出调整的,应当重新向当事人送达行政处罚事先告知书,但作出对当事人有利变更的除外。

第三十三条 当事人收到行政处罚事先告知书后,可以申请查阅涉及本人行政处罚事项的证据,但涉及国家秘密、他人的商业秘密和个人隐私的内容除外。

第三十四条 证券期货违法行为的违法所得,是指通过违法行为所获利益或者避免的损失,应根据违法行为的不同性质予以认定,具体规则由中国证监会另行制定。

第三十五条 中国证监会及其派出机构应当自立案之日起一年内作出行政处罚决定。有特殊情况需要延长的,应当报经单位负责人批准,每次延长期限不得超过六个月。

中国证监会及其派出机构作出行政处罚决定的,应当依照《中华人民共和国行政处罚法》的规定,在七日内将行政处罚决定书送达当事人,并按照政府信息公开等规定予以公开。

第三十六条 行政执法文书可以采取《中华人民共和国民事诉讼法》规定的方式送达当事人。当事人同意的,可以采用传真、电子邮件等方式送达。

第三十七条 申请适用行政执法当事人承诺制度的,按照有关规定办理。

第三十八条 有下列拒绝、阻碍执法情形之一的,按照《证券法》第二百一十八条的规定追究责任:

(一)殴打、围攻、推搡、抓挠、威胁、侮辱、谩骂执法人员的;

(二)限制执法人员人身自由的;

(三)抢夺、毁损执法装备及执法人员个人物品的;

(四)抢夺、毁损、伪造、隐藏证据材料的;

(五)不按要求报送文件资料,且无正当理由的;

(六)转移、变卖、毁损、隐藏被依法冻结、查封、扣押、封存的资金或涉案财产的;

(七)躲避推脱、拒不接受、无故离开等不配合执法人员询问,或在询问时故意提供虚假陈述、谎报案情的;

(八)其他不履行配合义务的情形。

第三十九条 本办法所称派出机构,是指中国证监会派驻各省、自治区、直辖市和计划单列市监管局。

中国证监会稽查总队、证券监管专员办事处根据职责或授权对证券期货违法行为进行立案、调查的，依照本办法执行。

第四十条　行政处罚相关信息记入证券期货市场诚信档案数据库。

第四十一条　本办法自公布之日起施行。

国家金融监督管理总局
行政处罚裁量权实施办法

（2024年3月27日国家金融监督管理总局令2024年第5号公布　自2024年5月1日起施行）

第一章　总　　则

第一条　为规范国家金融监督管理总局及其派出机构行政处罚裁量权，维护银行业保险业市场秩序，保护行政相对人合法权益，根据《中华人民共和国行政处罚法》《中华人民共和国银行业监督管理法》《中华人民共和国商业银行法》《中华人民共和国保险法》等相关法律，制定本办法。

第二条　本办法所称行政处罚裁量权，是指国家金融监督管理总局及其派出机构在实施行政处罚时，根据法律、行政法规和银行保险监管规定，综合考虑违法行为的事实、性质、情节、危害后果以及主观过错等因素，决定是否给予行政处罚、给予行政处罚种类及处罚幅度的权限。

银行保险机构、其他单位和个人（以下简称当事人）违反法律、行政法规和银行保险监管规定，国家金融监督管理总局及其派出机构依法给予行政处罚的，按照本办法行使行政处罚裁量权。法律、行政法规、国家金融监督管理总局另有规定的除外。

第三条　是否给予行政处罚、行政处罚裁量的种类和幅度，应当与违法行为事实、性质、情节、危害后果以及主观过错程度相匹配。

第四条　行使处罚裁量权，应当严格遵守法定程序，对情节复杂或者重大违法行为给予行政处罚的，国家金融监督管理总局或者派出机构负责人应当集体讨论决定。未经法定程序，任何单位或者个人不得擅自作出或者变更行政处罚决定。

第五条　实施行政处罚，适用违法行为发生时的法律、行政法规、银行保险监管规定。但是，作出行政处罚决定时，法律、行政法规及相关监管规定已被修改或者废止，且新的规定处罚较轻或者不认为是违法的，适用新的规定。

第六条　两个以上当事人共同实施违法行为的，应当区分其在共同违法行为中所起的主次作用，分别实施相应的行政处罚。

第七条　根据法律、行政法规、银行保险监管规定，对于逾期不改正才予以行政处罚的，应当先责令当事人限期改正，逾期不改正的，依法予以行政处罚。限期改正应明确合理的改正时间。

第八条　当事人违法行为涉嫌犯罪的，应当依照有关规定及时移送司法机关或者纪检监察机关，依法追究刑事责任，不得以行政处罚代替刑事处罚。违法行为构成犯罪，人民法院已经判处罚金时，行政机关尚未给予当事人罚款的，不再给予罚款。

第九条　违法行为在二年内未被发现的，不再给予行政处罚；涉及金融安全且有危害后果的，上述期限延长至五年。法律另有规定的除外。

前款规定的期限，从违法行为发生之日起计算；违法行为有连续或者继续状态的，从行为终了之日起计算。

违法行为的连续状态，指基于同一个违法故意，连续实施数个独立的违法行为，并违反同一个监管规定的情形。

违法行为的继续状态，是指一个违法行为实施后，其行为的违法状态仍处于延续之中。

第二章 裁量阶次与适用情形

第十条 依法减轻处罚,是指在法律、行政法规和规章规定的处罚种类及其幅度以下进行处罚,但适用警告、通报批评和没收违法所得的除外。

没有规定最低罚款金额只规定最高罚款金额的,不适用减轻罚款。

第十一条 依法从轻处罚,是指在法律、行政法规和规章规定的处罚种类及其幅度内,适用较轻的处罚,但适用警告、通报批评和没收违法所得的除外。

第十二条 依法从重处罚,是指在法律、行政法规和规章规定的处罚种类及其幅度内,适用较重的处罚,但适用警告、通报批评和没收违法所得的除外。

第十三条 有下列情形之一的,依法不予处罚:

(一)违法行为轻微并及时改正,没有造成危害后果的;

(二)当事人有证据足以证明没有主观过错的,法律、行政法规另有规定的,从其规定;

(三)违法行为已超出法定处罚时效的;

(四)法律、行政法规规定的其他不予行政处罚的情形。

初次违法且危害后果轻微并及时改正的,可以不予处罚。

依法不予行政处罚的,应当对当事人进行教育。

第十四条 当事人有下列情形之一的,应当依法减轻处罚:

(一)受他人严重胁迫或者严重诱骗实施违法行为的;

(二)配合国家金融监督管理总局及其派出机构查处违法行为有重大立功表现的;

(三)在国家金融监督管理总局及其派出机构检查前主动供述监管尚未掌握的违法行为的;

(四)在国家金融监督管理总局及其派出机构检查前主动消除或

者减轻违法行为危害后果的；

（五）当事人主动退赔，消除违法行为危害后果的；

（六）法律、行政法规、规章规定其他依法减轻处罚的。

第十五条 当事人有下列情形之一的，应当依法从轻处罚：

（一）受他人胁迫或者诱骗实施违法行为的；

（二）配合国家金融监督管理总局及其派出机构查处违法行为有立功表现的；

（三）在国家金融监督管理总局及其派出机构检查结束前主动供述监管尚未掌握的违法行为的；

（四）在国家金融监督管理总局及其派出机构检查结束前主动消除或者减轻违法行为危害后果的；

（五）当事人主动退赔，减轻违法行为危害后果的；

（六）法律、行政法规、规章规定其他依法从轻处罚的。

违法行为轻微，主观过错较小，或者涉案金额明显较低或发生次数明显较少，且危害后果轻微的，可以从轻处罚。

在共同违法行为中起次要作用的，可以从轻处罚。

第十六条 有下列情形之一的，应当依法从重处罚：

（一）严重违反审慎经营规则，已经造成或者可能造成案件或者重大风险事件的；

（二）严重违反市场公平竞争规定，影响金融市场秩序稳定的；

（三）严重侵害消费者权益，社会关注度高、影响恶劣的；

（四）不依法配合监管执法的；

（五）同一责任主体受到国家金融监督管理总局及其派出机构行政处罚或者被责令改正后五年内，再次实施违反同一定性依据的同一类违法行为的；

（六）机构内控严重缺失或者严重失效，违法行为涉及面广，影响程度大或者具有普遍性、群体性特征的；

（七）多次实施违法行为，违法行为持续时间长，涉案金额大或者违法业务占比较大的；

（八）诱骗、指使或者胁迫他人违法或者代为承担法律责任的；

（九）对举报人、证人、检查人员或者其他监管工作人员进行打击报复的；

（十）性质恶劣、情节严重，社会危害性较大的其他情形。

第十七条 除依法不予行政处罚外，不存在本办法规定的减轻、从轻或者从重处罚情形的，依法适中处罚。

第十八条 当事人同时存在从轻或者减轻、从重处罚等情形的，可以根据案件具体情况，结合当地执法实践、经济社会发展水平，合理考虑机构层级、市场规模、违法业务占比、涉案金额等其他因素，确定最终裁量阶次。

第十九条 给予银行保险机构行政处罚的同时，根据法律、行政法规、规章规定应当对相关责任人行政处罚的，应当依法处罚责任人，不得仅以机构内部问责作为从轻、减轻或者不予处罚的理由。

第二十条 责任人认定应当综合考察当事人岗位职责及履职情况、与违法行为的关联性、违法行为危害后果、制止或者反对违法行为实施情况、对违法行为予以纠正情况等因素。

同一事项处罚多名责任人员时，应当区分责任主次，对直接负责或者对违法行为发挥决定性作用的管理人员应当依法给予比普通工作人员等其他责任人员更重的处罚。

在认定责任人责任时，不得以不直接从事经营管理活动，能力不足，无相关职业背景，受到股东、实际控制人控制或者其他外部干预等情形作为不予处罚理由。

第三章 罚款与没收违法所得

第二十一条 罚款数额有一定幅度的，在相应的幅度范围内分为从轻罚款、适中罚款、从重罚款。

第二十二条 银行业罚款原则上按照以下标准确定幅度：

（一）法定罚款幅度为5万元至50万元的，按照5万元至20万元以下、20万元至35万元以下、35万元至50万元的标准，分别把握从轻、适中、从重罚款；

（二）法定罚款幅度为10万元至30万元的，按照10万元至15万元以下、15万元至25万元以下、25万元至30万元的标准，分别把握从轻、适中、从重罚款；

（三）法定罚款幅度为20万元至50万元的，按照20万元至30万元以下、30万元至40万元以下、40万元至50万元的标准，分别把握从轻、适中、从重罚款；

（四）法定罚款幅度为50万元至200万元的，按照50万元至100万元以下、100万元至150万元以下、150万元至200万元的标准，分别把握从轻、适中、从重罚款。

第二十三条　保险业罚款原则上按照以下标准确定幅度：

（一）从轻罚款，在法定最低罚款金额以上、法定最高罚款金额40%以下处以罚款；

（二）适中罚款，在法定最高罚款金额40%以上、70%以下处以罚款；

（三）从重罚款，在法定最高罚款金额70%以上、不超过法定最高罚款金额处以罚款。

第二十四条　对当事人的同一违法行为，不得给予两次以上罚款的行政处罚。同一个违法行为违反的多个法律规范均规定应当给予罚款的，应当依照罚款数额较高的规定给予罚款处罚。

第二十五条　违法所得是指实施违法行为所取得的款项，包括已实际收到的款项以及因实施违法行为减少的支出等款项，该款项的获得应当与实施违法行为具有直接因果关系。

第二十六条　当事人有违法所得的，原则上按照以下标准予以没收：

（一）实施违法行为所取得的款项，扣除合法必要支出后的余

额,作为违法所得予以没收;

(二)当事人在行政处罚决定作出前已经依法退赔的款项,应当在违法所得款项中予以扣除。处违法所得倍数罚款时一般不计入违法所得计算基数,但违法行为性质恶劣、危害后果严重的除外。

(三)当事人提供相关票据、账册等能够证明直接相关的税款及其他合法必要支出,可以在违法所得款项中予以扣除。

第四章 附 则

第二十七条 国家金融监督管理总局省级派出机构可以结合各地经济社会发展状况,根据本办法对辖内行政处罚阶次、幅度以及适用情形进行合理细化量化。

第二十八条 适用本办法可能出现明显不当、显失公平,或者处罚裁量权基准适用的客观情况发生变化的,经国家金融监督管理总局主要负责人批准或者集体讨论通过后可以调整适用,批准材料或者集体讨论记录应作为执法案卷的一部分归档保存。省级派出机构调整适用本办法的,应当报经国家金融监督管理总局批准。

第二十九条 对于在行使行政处罚裁量权过程中滥用职权、徇私舞弊、玩忽职守、擅自改变行政处罚决定种类和幅度等严重违反行政处罚工作纪律的人员,依法给予处分;构成犯罪的,依法追究刑事责任。

第三十条 本办法部分用语含义界定如下:

(一)"受他人胁迫或者诱骗"是指当事人受到他人威胁可能造成较大声誉或者财产损失等情形,或者受到他人引诱、蒙蔽或者欺骗,并非完全基于自主意愿实施违法行为的情形;"严重胁迫"是指受到威胁可能造成人身伤害,或者重大声誉、财产损失等情形;"严重诱骗"是指当事人被蒙蔽或者欺骗,基于重大错误认识,导致违法行为发生的情形。

(二)"立功表现"是指检举国家金融监督管理总局及其派出机

构尚未掌握的其他人或者其他机构的违法行为或者案件线索，经查证属实的情形；"重大立功表现"是指有立功表现且使案情有重大突破的，或者检举国家金融监督管理总局及其派出机构未掌握的其他人或其他机构的重大违法行为或者重大案件线索，经查证属实的情形。

（三）"检查前"是指国家金融监督管理总局及其派出机构正式开展稽查、检查、调查之前，一般应当在《现场检查通知书》或者其他正式稽查、检查、调查通知送达之前。"检查结束前"是指国家金融监督管理总局及其派出机构稽查、检查、调查离场前。

（四）"不依法配合监管执法"是指采取拖延、懈怠、逃避等消极方式不依法配合国家金融监督管理总局及其派出机构的监督检查工作，但情节尚未构成法律规定"拒绝或者妨碍依法监督检查"的行为。

（五）本办法所称"以上"含本数，"以下"不含本数。

第三十一条　本办法所称银行保险机构，是指在中华人民共和国境内依法设立的商业银行、农村合作银行、农村信用合作社等吸收公众存款的金融机构以及开发性金融机构、政策性银行、保险集团（控股）公司、保险公司、保险资产管理公司、保险中介机构。

中华人民共和国境内依法设立的金融资产管理公司、金融资产投资公司、信托公司、金融租赁公司、财务公司、消费金融公司、汽车金融公司、货币经纪公司、理财公司、金融控股公司以及国家金融监督管理总局及其派出机构监管的其他机构适用本办法。

第三十二条　本办法由国家金融监督管理总局负责解释，自2024年5月1日起施行。

自然资源行政处罚办法

(2014年4月10日国土资源部令第60号公布 根据2020年3月20日《自然资源部关于第二批废止和修改的部门规章的决定》修正 根据2024年1月24日自然资源部第1次部务会议修订)

第一章 总 则

第一条 为规范自然资源行政处罚的实施，保障和监督自然资源主管部门依法履行职责，保护公民、法人或者其他组织的合法权益，根据《中华人民共和国行政处罚法》以及《中华人民共和国土地管理法》《中华人民共和国城市房地产管理法》《中华人民共和国矿产资源法》《中华人民共和国测绘法》《中华人民共和国城乡规划法》等自然资源管理法律法规，制定本办法。

第二条 县级以上自然资源主管部门依照法定职权和程序，对公民、法人或者其他组织违反土地、矿产、测绘地理信息、城乡规划等自然资源管理法律法规的行为实施行政处罚，适用本办法。

综合行政执法部门、乡镇人民政府、街道办事处等依法对公民、法人或者其他组织违反土地、矿产、测绘地理信息、城乡规划等自然资源法律法规的行为实施行政处罚，可以适用本办法。

第三条 自然资源主管部门实施行政处罚，遵循公正、公开的原则，做到事实清楚，证据确凿，定性准确，依据正确，程序合法，处罚适当。

第四条 自然资源行政处罚包括：

（一）警告、通报批评；

（二）罚款、没收违法所得、没收非法财物；

（三）暂扣许可证件、降低资质等级、吊销许可证件；

（四）责令停产停业；

（五）限期拆除在非法占用土地上的新建建筑物和其他设施；

（六）法律法规规定的其他行政处罚。

第五条 省级自然资源主管部门应当结合本地区社会经济发展的实际情况，依法制定行政处罚裁量基准，规范行使行政处罚裁量权，并向社会公布。

第二章 管辖和适用

第六条 土地、矿产、城乡规划违法案件由不动产所在地的县级自然资源主管部门管辖。

测绘地理信息违法案件由违法行为发生地的县级自然资源主管部门管辖。难以确定违法行为发生地的，可以由涉嫌违法的公民、法人或者其他组织的单位注册地、办公场所所在地、个人户籍所在地的县级自然资源主管部门管辖。

法律法规另有规定的除外。

第七条 自然资源部管辖全国范围内重大、复杂和法律法规规定应当由其管辖的自然资源违法案件。

前款规定的全国范围内重大、复杂的自然资源违法案件，是指：

（一）党中央、国务院要求自然资源部管辖的自然资源违法案件；

（二）跨省级行政区域的自然资源违法案件；

（三）自然资源部认为应当由其管辖的其他自然资源违法案件。

第八条 省级、市级自然资源主管部门管辖本行政区域内重大、复杂的，涉及下一级人民政府的和法律法规规定应当由其管辖的自然资源违法案件。

第九条　有下列情形之一的，上级自然资源主管部门有权管辖下级自然资源主管部门管辖的案件：

（一）下级自然资源主管部门应当立案而不予立案的；

（二）案情复杂，情节恶劣，有重大影响，需要由上级自然资源主管部门管辖的。

上级自然资源主管部门可以将本级管辖的案件交由下级自然资源主管部门管辖，但是法律法规规定应当由其管辖的除外。

第十条　两个以上自然资源主管部门都有管辖权的，由最先立案的自然资源主管部门管辖。

自然资源主管部门之间因管辖权发生争议的，应当协商解决。协商不成的，报请共同的上一级自然资源主管部门指定管辖；也可以直接由共同的上一级自然资源主管部门指定管辖。

上一级自然资源主管部门应当在收到指定管辖申请之日起七日内，作出管辖决定。

第十一条　自然资源主管部门发现违法案件不属于本部门管辖的，应当移送有管辖权的自然资源主管部门或者其他部门。

受移送的自然资源主管部门对管辖权有异议的，应当报请上一级自然资源主管部门指定管辖，不得再自行移送。

第十二条　自然资源主管部门实施行政处罚时，依照《中华人民共和国行政处罚法》第二十六条规定，可以向有关机关提出协助请求。

第十三条　违法行为涉嫌犯罪的，自然资源主管部门应当及时将案件移送司法机关。发现涉及国家公职人员违法犯罪问题线索的，应当及时移送监察机关。

自然资源主管部门应当与司法机关加强协调配合，建立健全案件移送制度，加强证据材料移交、接收衔接，完善案件处理信息通报机制。

第十四条　自然资源行政处罚当事人有违法所得，除依法应当退赔的外，应当予以没收。

违法所得是指实施自然资源违法行为所取得的款项，但可以扣除合法成本和投入，具体扣除办法由自然资源部另行规定。

第三章　立案、调查和审理

第十五条　自然资源主管部门发现公民、法人或者其他组织行为涉嫌违法的，应当及时核查。对正在实施的违法行为，应当依法及时下达责令停止违法行为通知书予以制止。

责令停止违法行为通知书应当记载下列内容：

（一）违法行为人的姓名或者名称；

（二）违法事实和依据；

（三）其他应当记载的事项。

第十六条　符合下列条件的，自然资源主管部门应当在发现违法行为后及时立案：

（一）有明确的行为人；

（二）有违反自然资源管理法律法规的事实；

（三）依照自然资源管理法律法规应当追究法律责任；

（四）属于本部门管辖；

（五）违法行为没有超过追诉时效。

违法行为轻微并及时纠正，没有造成危害后果的，可以不予立案。

第十七条　立案后，自然资源主管部门应当指定具有行政执法资格的承办人员，及时组织调查取证。

调查取证时，案件调查人员不得少于两人，并应当主动向当事人或者有关人员出示执法证件。当事人或者有关人员有权要求调查人员出示执法证件。调查人员不出示执法证件的，当事人或者有关人员有权拒绝接受调查或者检查。

当事人或者有关人员应当如实回答询问，并协助调查或者检查,不得拒绝或者阻挠。

第十八条 调查人员与案件有直接利害关系或者有其他关系可能影响公正执法的,应当回避。

当事人认为调查人员与案件有直接利害关系或者有其他关系可能影响公正执法的,有权申请回避。

当事人提出回避申请的,自然资源主管部门应当依法审查,由自然资源主管部门负责人决定。决定作出之前,不停止调查。

第十九条 自然资源主管部门进行调查取证,有权采取下列措施:

(一)要求被调查的单位或者个人提供有关文件和资料,并就与案件有关的问题作出说明;

(二)询问当事人以及相关人员,进入违法现场进行检查、勘测、拍照、录音、摄像,查阅和复印相关材料;

(三)依法可以采取的其他措施。

第二十条 当事人拒绝调查取证或者采取暴力、威胁的方式阻碍自然资源主管部门调查取证的,自然资源主管部门可以提请公安机关、检察机关、监察机关或者相关部门协助,并向本级人民政府或者上一级自然资源主管部门报告。

第二十一条 调查人员应当收集、调取与案件有关的书证、物证、视听资料、电子数据的原件、原物、原始载体;收集、调取原件、原物、原始载体确有困难的,可以收集、调取复印件、复制件、节录本、照片、录像等。声音资料应当附有该声音内容的文字记录。

第二十二条 证人证言应当符合下列要求:

(一)注明证人的姓名、年龄、性别、职业、住址、联系方式等基本情况;

(二)有与案件相关的事实;

(三)有证人的签名,不能签名的,应当按手印或者盖章;

（四）注明出具日期；

（五）附有居民身份证复印件等证明证人身份的文件。

第二十三条 当事人请求自行提供陈述材料的，应当准许。必要时，调查人员也可以要求当事人自行书写。当事人应当在其提供的陈述材料上签名、按手印或者盖章。

第二十四条 询问应当个别进行，并制作询问笔录。询问笔录应当记载询问的时间、地点和询问情况等。

第二十五条 现场勘验一般由案件调查人员实施，也可以委托有资质的单位实施。现场勘验应当通知当事人到场，制作现场勘验笔录，必要时可以采取拍照、录像或者其他方式记录现场情况。

无法找到当事人或者当事人拒不到场、当事人拒绝签名或盖章的，调查人员应当在笔录中注明事由，可以邀请有关基层组织的代表见证。

第二十六条 为查明事实，需要对案件中的有关问题进行认定或者鉴定的，自然资源主管部门可以根据实际情况出具认定意见，也可以委托具有相应资质的机构出具鉴定意见。

第二十七条 因不可抗力、意外事件等致使案件暂时无法调查的，经自然资源主管部门负责人批准，中止调查。中止调查情形消失，自然资源主管部门应当及时恢复调查。自然资源主管部门作出调查中止和恢复调查决定的，应当以书面形式在三个工作日内告知当事人。

第二十八条 有下列情形之一的，经自然资源主管部门负责人批准，终止调查：

（一）调查过程中，发现违法事实不成立的；

（二）违法行为已过行政处罚追诉时效的；

（三）不属于本部门管辖，需要向其他部门移送的；

（四）其他应当终止调查的情形。

第二十九条 案件调查终结，案件承办人员应当提交调查报告。调查报告应当包括当事人的基本情况、违法事实以及法律依据、相关证据、违法性质、违法情节、违法后果，并提出依法是否应当给予行政处罚以及给予何种行政处罚的处理意见。

涉及需要追究党纪、政务或者刑事责任的，应当提出移送有权机关的建议。

第三十条 自然资源主管部门在审理案件调查报告时，应当就下列事项进行审理：

（一）是否符合立案条件；

（二）违法主体是否认定准确；

（三）事实是否清楚、证据是否确凿；

（四）定性是否准确；

（五）适用法律是否正确；

（六）程序是否合法；

（七）拟定的处理意见是否适当；

（八）其他需要审理的内容和事项。

经审理发现调查报告存在问题的，可以要求调查人员重新调查或者补充调查。

第四章 决 定

第三十一条 审理结束后，自然资源主管部门根据不同情况，分别作出下列决定：

（一）违法事实清楚、证据确凿、依据正确、调查审理符合法定程序的，作出行政处罚决定；

（二）违法行为轻微，依法可以不给予行政处罚的，不予行政处罚；

（三）初次违法且危害后果轻微并及时改正的，可以不予行政处罚；

（四）违法事实不能成立的，不予行政处罚；

（五）违法行为涉及需要追究党纪、政务或者刑事责任的，移送有权机关。

对情节复杂或者重大违法行为给予行政处罚，行政机关负责人应当集体讨论决定。

第三十二条 在自然资源主管部门作出重大行政处罚决定前，应当进行法制审核；未经法制审核或者审核未通过的，自然资源主管部门不得作出决定。

自然资源行政处罚法制审核适用《自然资源执法监督规定》。

第三十三条 违法行为依法需要给予行政处罚的，自然资源主管部门应当制作行政处罚告知书，告知当事人拟作出的行政处罚内容及事实、理由、依据，以及当事人依法享有的陈述、申辩权利，按照法律规定的方式，送达当事人。

当事人要求陈述和申辩的，应当在收到行政处罚告知书后五日内提出。口头形式提出的，案件承办人员应当制作笔录。

第三十四条 拟作出下列行政处罚决定的，自然资源主管部门应当制作行政处罚听证告知书，按照法律规定的方式，送达当事人：

（一）较大数额罚款；

（二）没收违法用地上的新建建筑物和其他设施；

（三）没收较大数额违法所得、没收较大价值非法财物；

（四）限期拆除在非法占用土地上的新建建筑物和其他设施；

（五）暂扣许可证件、降低资质等级、吊销许可证件；

（六）责令停产停业；

（七）其他较重的行政处罚；

（八）法律、法规、规章规定的其他情形。

当事人要求听证的，应当在收到行政处罚听证告知书后五日内提出。自然资源行政处罚听证的其他规定，适用《自然资源听证规定》。

第三十五条 当事人未在规定时间内陈述、申辩或者要求听证的，以及陈述、申辩或者听证中提出的事实、理由或者证据不成立的，自然资源主管部门应当依法制作行政处罚决定书，并按照法律规定的方式，送达当事人。

行政处罚决定书中应当记载行政处罚告知、当事人陈述、申辩或者听证的情况，并加盖作出处罚决定的自然资源主管部门的印章。

行政处罚决定书一经送达，即发生法律效力。当事人对行政处罚决定不服申请行政复议或者提起行政诉讼的，行政处罚不停止执行，法律另有规定的除外。

第三十六条 法律法规规定的责令改正或者责令限期改正，可以与行政处罚决定一并作出，也可以在作出行政处罚决定之前单独作出。

第三十七条 当事人有两个以上自然资源违法行为的，自然资源主管部门可以制作一份行政处罚决定书，合并执行。行政处罚决定书应当明确对每个违法行为的处罚内容和合并执行的内容。

违法行为有两个以上当事人的，可以并列当事人分别作出行政处罚决定，制作一式多份行政处罚决定书，分别送达当事人。行政处罚决定书应当明确给予每个当事人的处罚内容。

第三十八条 自然资源主管部门应当自立案之日起九十日内作出行政处罚决定；案情复杂不能在规定期限内作出行政处罚决定的，经本级自然资源主管部门负责人批准，可以适当延长，但延长期限不得超过三十日，案情特别复杂的除外。

案件办理过程中，鉴定、听证、公告、邮递在途等时间不计入前款规定的期限；涉嫌犯罪移送的，等待公安机关、检察机关作出决定的时间，不计入前款规定的期限。

第三十九条 自然资源主管部门应当依法公开具有一定社会影响的行政处罚决定。

公开的行政处罚决定被依法变更、撤销、确认违法或者确认无效的，自然资源主管部门应当在三日内撤回行政处罚决定信息并公开说明理由。

第五章 执 行

第四十条 行政处罚决定生效后，当事人逾期不履行的，自然资源主管部门除采取法律法规规定的措施外，还可以采取以下措施：

（一）向本级人民政府和上一级自然资源主管部门报告；

（二）向当事人所在单位或者其上级主管部门抄送；

（三）依照法律法规停止办理或者告知相关部门停止办理当事人与本案有关的许可、审批、登记等手续。

第四十一条 自然资源主管部门申请人民法院强制执行前，有充分理由认为被执行人可能逃避执行的，可以申请人民法院采取财产保全措施。

第四十二条 当事人确有经济困难，申请延期或者分期缴纳罚款的，经作出处罚决定的自然资源主管部门批准，可以延期或者分期缴纳罚款。

第四十三条 自然资源主管部门作出没收矿产品、建筑物或者其他设施的行政处罚决定后，应当在行政处罚决定生效后九十日内移交本级人民政府或者其指定的部门依法管理和处置。法律法规另有规定的，从其规定。

第四十四条 自然资源主管部门申请人民法院强制执行前，应当催告当事人履行义务。

当事人在法定期限内不申请行政复议或者提起行政诉讼，又不履行的，自然资源主管部门可以自期限届满之日起三个月内，向有管辖权的人民法院申请强制执行。

第四十五条 自然资源主管部门向人民法院申请强制执行，应当提供下列材料：

（一）强制执行申请书；

（二）行政处罚决定书及作出决定的事实、理由和依据；

（三）当事人的意见以及催告情况；

（四）申请强制执行标的情况；

（五）法律法规规定的其他材料。

强制执行申请书应当加盖自然资源主管部门的印章。

第四十六条 符合下列条件之一的，经自然资源主管部门负责人批准，案件结案：

（一）案件已经移送管辖的；

（二）终止调查的；

（三）决定不予行政处罚的；

（四）执行完毕的；

（五）终结执行的；

（六）已经依法申请人民法院或者人民政府强制执行；

（七）其他应当结案的情形。

涉及需要移送有关部门追究党纪、政务或者刑事责任的，应当在结案前移送。

第四十七条 自然资源主管部门应当依法以文字、音像等形式，对行政处罚的启动、调查取证、审核、决定、送达、执行等进行全过程记录，归档保存。

第六章 监督管理

第四十八条 自然资源主管部门应当通过定期或者不定期检查等方式，加强对下级自然资源主管部门实施行政处罚工作的监督，并将发现和制止违法行为、依法实施行政处罚等情况作为监督检查的重点内容。

第四十九条　自然资源主管部门应当建立重大违法案件挂牌督办制度。

省级以上自然资源主管部门可以对符合下列情形之一的违法案件挂牌督办，公开督促下级自然资源主管部门限期办理，向社会公开处理结果，接受社会监督：

（一）违反城乡规划和用途管制，违法突破耕地和永久基本农田、生态保护红线、城镇开发边界等控制线，造成严重后果的；

（二）违法占用耕地，特别是占用永久基本农田面积较大、造成种植条件严重毁坏的；

（三）违法批准征占土地、违法批准建设、违法批准勘查开采矿产资源，造成严重后果的；

（四）严重违反国家土地供应政策、土地市场政策，以及严重违法开发利用土地的；

（五）违法勘查开采矿产资源，情节严重或者造成生态环境严重损害的；

（六）严重违反测绘地理信息管理法律法规的；

（七）隐瞒不报、压案不查、久查不决、屡查屡犯，造成恶劣社会影响的；

（八）需要挂牌督办的其他情形。

第五十条　自然资源主管部门应当建立重大违法案件公开通报制度，将案情和处理结果向社会公开通报并接受社会监督。

第五十一条　自然资源主管部门应当建立违法案件统计制度。下级自然资源主管部门应当定期将本行政区域内的违法形势分析、案件发生情况、查处情况等逐级上报。

第五十二条　自然资源主管部门应当建立自然资源违法案件错案追究制度。行政处罚决定错误并造成严重后果的，作出处罚决定的机关应当承担相应的责任。

第五十三条 自然资源主管部门应当配合有关部门加强对行政处罚实施过程中的社会稳定风险防控。

第七章 法律责任

第五十四条 县级以上自然资源主管部门直接负责的主管人员和其他直接责任人员，违反本办法规定，有下列情形之一，致使公民、法人或者其他组织的合法权益、公共利益和社会秩序遭受损害的，应当依法给予处分：

（一）对违法行为未依法制止的；

（二）应当依法立案查处，无正当理由未依法立案查处的；

（三）在制止以及查处违法案件中受阻，依照有关规定应当向本级人民政府或者上级自然资源主管部门报告而未报告的；

（四）应当依法给予行政处罚而未依法处罚的；

（五）应当依法申请强制执行、移送有关机关追究责任，而未依法申请强制执行、移送有关机关的；

（六）其他徇私枉法、滥用职权、玩忽职守的情形。

第八章 附 则

第五十五条 依法经书面委托的自然资源主管部门执法队伍在受委托范围内，以委托机关的名义对公民、法人或者其他组织违反土地、矿产、测绘地理信息、城乡规划等自然资源法律法规的行为实施行政处罚，适用本办法。

第五十六条 自然资源行政处罚法律文书格式，由自然资源部统一制定。

第五十七条 本办法中"三日""五日""七日""十日"指工作日，不含法定节假日。

第五十八条 本办法自2024年5月1日起施行。

附录二

本书所涉文件目录

法律

2012 年 10 月 26 日	中华人民共和国国家赔偿法
2015 年 4 月 24 日	中华人民共和国税收征收管理法
2017 年 6 月 27 日	中华人民共和国行政诉讼法
2011 年 6 月 30 日	中华人民共和国行政强制法
2020 年 6 月 20 日	中华人民共和国公职人员政务处分法
2021 年 1 月 22 日	中华人民共和国行政处罚法
2021 年 4 月 29 日	中华人民共和国道路交通安全法
2021 年 4 月 29 日	中华人民共和国广告法
2021 年 6 月 10 日	中华人民共和国安全生产法
2021 年 8 月 20 日	中华人民共和国个人信息保护法
2022 年 9 月 2 日	中华人民共和国反电信网络诈骗法
2023 年 3 月 13 日	中华人民共和国立法法
2023 年 9 月 1 日	中华人民共和国民事诉讼法
2023 年 9 月 1 日	中华人民共和国行政复议法
2023 年 12 月 29 日	中华人民共和国刑法
2025 年 6 月 27 日	中华人民共和国治安管理处罚法

行政法规及文件

1997 年 11 月 17 日	罚款决定与罚款收缴分离实施办法
2000 年 2 月 12 日	违反行政事业性收费和罚没收入收支两条线管理规定行政处分暂行规定
2022 年 3 月 29 日	中华人民共和国海关行政处罚实施条例

部门规章

2009 年 5 月 7 日	著作权行政处罚实施办法
2013 年 5 月 12 日	旅游行政处罚办法
2015 年 4 月 2 日	安全生产违法行为行政处罚办法
2019 年 5 月 21 日	生态环境部关于进一步规范适用环境行政处罚自由裁量权的指导意见
2019 年 9 月 23 日	规范住房和城乡建设部工程建设行政处罚裁量权实施办法
2020 年 4 月 7 日	道路交通安全违法行为处理程序规定
2020 年 6 月 15 日	中国银保监会行政处罚办法
2021 年 2 月 9 日	文化市场综合执法行政处罚裁量权适用办法
2021 年 6 月 11 日	医疗保障行政处罚程序暂行规定
2021 年 6 月 15 日	海关办理行政处罚案件程序规定
2021 年 6 月 30 日	交通运输行政执法程序规定
2021 年 7 月 14 日	证券期货违法行为行政处罚办法
2021 年 7 月 2 日	市场监督管理行政处罚听证办法
2021 年 7 月 30 日	市场监督管理行政处罚信息公示规定
2021 年 9 月 1 日	海上海事行政处罚规定
2021 年 12 月 10 日	广播电视行政处罚程序规定
2021 年 12 月 21 日	农业行政处罚程序规定
2022 年 2 月 11 日	商务部行政处罚实施办法
2022 年 3 月 10 日	住房和城乡建设行政处罚程序规定
2022 年 4 月 14 日	中国人民银行行政处罚程序规定
2022 年 5 月 11 日	国家外汇管理局行政处罚办法
2022 年 9 月 29 日	市场监督管理行政处罚程序规定
2022 年 10 月 8 日	市场监管总局关于规范市场监督管理行政处罚裁量权的指导意见
2024 年 1 月 31 日	自然资源行政处罚办法
2024 年 12 月 30 日	民用航空行政处罚实施办法

2025年1月17日	中国证监会行政处罚裁量基本规则

司法解释及文件

2018年2月6日	最高人民法院关于适用《中华人民共和国行政诉讼法》的解释

图书在版编目（CIP）数据

行政处罚法一本通 / 法规应用研究中心编. -- 2 版.
-- 北京 ：中国法治出版社，2025.7. --（法律一本通）.
-- ISBN 978-7-5216-5163-8

Ⅰ．D922.112.4

中国国家版本馆 CIP 数据核字第 2025LF5122 号

责任编辑：李若瑶　　　　　　　　　　　　封面设计：杨泽江

行政处罚法一本通
XINGZHENG CHUFAFA YIBENTONG

编者/法规应用研究中心
经销/新华书店
印刷/保定市中画美凯印刷有限公司
开本/880 毫米×1230 毫米　32 开　　　　印张/ 10.25　字数/ 236 千
版次/2025 年 7 月第 2 版　　　　　　　　2025 年 7 月第 1 次印刷

中国法治出版社出版
书号 ISBN 978-7-5216-5163-8　　　　　　　　　　定价：39.00 元

北京市西城区西便门西里甲 16 号西便门办公区
邮政编码：100053　　　　　　　　　　传真：010-63141600
网址：http://www.zgfzs.com　　　　　编辑部电话：010-63141793
市场营销部电话：010-63141612　　　　印务部电话：010-63141606

（如有印装质量问题，请与本社印务部联系。）